Die 66-Seen-Wanderung

Zu den Naturschönheiten rund um Berlin
Aufgezeichnet von Mafred Reschke
Im Zusammenwirken mit dem brandenburgischen Wanderzentrum ›Theodor Fontane‹ e.V.

Trescher
Reihe Berlin-Brandenburg

3., aktualisierte und erweiterte
Auflage 2005

Trescher Verlag
Reinhardtstraße 9
10117 Berlin
www.trescherverlag.de
post@trescherverlag.de

ISBN 3-89794-057-4

Satz und Bildbearbeitung: Ulla Nickl
Lektorat: Corinna Grulich, Hinnerk Dreppenstedt
Kartennutzung mit Genehmigung der Landesvermessung und Geobasisinformation Brandenburg: Nummer GB-D 15/05
Kartengrundlage: DTK50-V
Kartenergänzung: Johann Maria Just, Bernd Schwenkros

Alle Angaben in diesem Buch wurden sorgfältig recherchiert und überprüft, trotzdem kann für die Richtigkeit keine Gewähr übernommen werden. Hinweise und Informationen unserer Leserinnen und Leser nimmt der Verlag gerne entgegen. Bitte schreiben oder mailen Sie unter obiger Adresse.

Gedruckt auf chlorfrei gebleichtem Papier
Printed in Germany

Schwarzerle
Biesenthal Bhf. 10,1 km
Hellmühle 3,7 km
Hellsee 1,7 km
Melchow
Biesenthal Markt

ORTOLAN-
RUNDWEG
STÜCKEN
2 KM

Vorwort

Wanderer und Nordic Walker, die den Weg entlang der 66 Seen oder Teile davon begehen möchten, werden eine Landschaft kennenlernen, die in Deutschland einzigartig und keinesfalls, wie oft vermutet, eintönig ist: Die Mark Brandenburg.

Es gibt auf diesem Weg ganz unterschiedliche Landschaftsformen zu entdecken, die gleichermaßen typisch für die Mark sind und dennoch nur ein kleiner Teil ihrer Reize. Die hier genannten und erreichten Seen, von ganz unterschiedlicher Beschaffenheit und Größe, sind beispielsweise nur ein Teil der über 3000 Seen, die es im Land Brandenburg gibt. Die Wanderroute benennt deshalb im Titel ohne Übertreibung dieses besonders herausragende Element der Region, repräsentiert aber wesentlich mehr an Vielfalt und Fülle. Unser Rundkurs von Potsdam nach Potsdam führt ja nicht nur an Seen vorbei; zahlreiche weitere Gewässer wie Dorf- und Fischteiche, Wald- und Wiesentümpel liegen entlang der Strecke, dazu unzählige Wasserläufe, einige Quellen, von den kleinen Entwässerungsgräben bis zu den Schiffahrtskanälen, von kleinen Bächlein über Flüßchen wie Briese und Löcknitz, die Spree bis zur behäbigen Havel. An und zwischen ihnen werden wir den ganzen Reichtum der märkischen Landschaft erleben: Märkische Heide, märkischer Sand, dunkle Kiefernwälder, aber auch Laubwälder, Mischwälder, uralte Eichen, Birkenalleen, Felder und Wiesen, Auwaldgebiete, Sümpfe und Feuchtbiotope, die aus verlandeten Gewässern entstanden, säumen die Strecke.

Die Wanderung beginnt in der lebendigen Landeshauptstadt, führt durch kleinere Städtchen, die teils von ihrer langen Geschichte erzählen, sich teils im modernen Gewand präsentieren. Dazwischen finden sich immer wieder ruhig und verträumt daliegende kleine Dörfer, in denen die Zeit langsamer zu vergehen scheint.

Bekannt sind die Schlösser und Parks in der einzigartigen Potsdamer Kulturlandschaft. Verstreut über das ganze Land finden sich aber auch an anderen Orten teils mehr, teils weniger bekannte Kleinode der Bau- und Gartenkunst.

Berggipfel hat die Mark nicht zu bieten, der höchste Punkt dieser Wanderung ist lediglich 150 Meter hoch, doch weite Blicke ermöglichen manches Seeufer und mancher Hügel, auch einige Aussichtspunkte entlang des Weges bieten immer wieder eine erstaunlich weite Sicht in das Land – und ohne daß dabei mühsam ein Berg erklommen werden muß.

Auch die Vielfalt der Tier- und Pflanzenwelt wird auf dieser Wanderung überraschen. So kann man neben sehr vielen Singvögeln unter anderem auch Spechte, Eichelhäher, Bussarde, Milane, Falken und an Gewässern nicht nur Enten, sondern auch Bläßhühner, Haubentaucher, Graureiher, gelegentlich Kormorane, Schwäne und zu entsprechender Jahreszeit Störche, Wildgänse und Kraniche beobachten. Mit viel Glück können wir auch einmal einen an den kleinen Kanälen nistenden Eisvogel bemerken oder – in der Region um Leibsch – den majestätisch am Himmel kreisenden Seeadler. Die anderen Greifvögel werden uns oft am Himmel ihre Kunststücke vorführen im Spiel miteinander oder auf der Futtersuche. In offenem Feld- und Heideland leben nach wie vor die bunten Fasane mit ihren unscheinbaren braunen Weibchen.

An Vierbeinern bleiben die nachtaktiven Wildschweine, deren Spuren oft zu sehen sind, tagsüber verborgen, aber wir treffen possierliche Eichhörnchen, erblicken gelegentlich Rehe, schrecken manchmal einen Hasen auf und überraschen vielleicht auch einen Fuchs.

Die Pflanzenwelt beeindruckt immer wieder. Bunte Wiesen, Felder und gepflegte Gärten wechseln sich mit der Fülle wildwachsender Flora ab, in den verschiedenartigen Wäldern wachsen zahlreiche Baumgiganten und eindrucksvolle urwüchsige Baumveteranen.

Die Wanderung in 17 Etappen ist die bisher bewährteste Variante und ein Vorschlag, denn der Routenverlauf ist so weit als möglich so gestaltet, daß die Einteilung in andere Teilstrecken nach eigenem Ermessen möglich ist und Übernachtungsmöglichkeiten oder Verbindungen mit öffentlichen Verkehrsmitteln dennoch vorhanden sind. In der Vergangenheit haben findige Wanderer die Gesamtstrecke bereits in Kurztouren mit mehr als 30 Etappen zerlegt.

Das Land reizt zum Verweilen und Wiederkommen, deshalb sind diverse Empfehlungen für gesonderte Ausflüge benannt. Die Touristinformationen bieten noch eine Fülle weiterer Möglichkeiten an, und obwohl diese Wanderroute bereits recht lang ist, sind längst nicht alle reizvollen Gebiete Brandenburgs darin enthalten. Das Havelseengebiet, das Ruppiner Land, die Schorfheide, die Buckower Schweiz, der Spreewald, der Fläming, die Elbe- und Oderniederungen, die Regional- und Naturparks laden zu weiteren Reisen nach Brandenburg ein.

Die 66-Seen-Wanderung ist die Beschreibung eines Fußweges. Selbstverständlich kann man Teilstrecken auch mit dem Fahrrad zurücklegen. Fahrradfahrer werden allerdings an vielen Stellen schieben müssen, denn es gibt viele Sandwege, auch schmale Waldwege, einerseits sumpfig weiche und andererseits holprige Streckenteile.

Die Region um Berlin weist ein sehr gutes Netz öffentlicher Verkehrsmittel auf. Dadurch sind alle Anfangs- und Endpunkte der Routen und darüber hinaus auch viele der dazwischen liegenden Orte mit Bus und Bahn erreichbar, die Zugfolge ist oft stündlich oder zweistündlich, und schon die Anreise, beispielsweise in der oberen Etage eines Regionalzuges, kann zu einer stimmungsvollen Annäherung an die Mark Brandenburg werden. Sie präsentiert sich zuweilen etwas spröde, ihre Reize sind nicht immer auf den ersten Blick auszumachen. Mit dem vorliegenden Band werden sie dem aufmerksamen Wanderer jedoch erschlossen.

Übersicht über den Gesamtverlauf der 66-Seen- Wanderung

- Tour 1: Potsdam Hauptbahnhof–Bhf. Marquardt: 20 km
  Bornstedter See, Heiliger See, Jungfernsee, Weißer See, Schlänitzsee
- Tour 2: Bhf. Marquardt–Bhf. Wustermark: 13 km
  Wustermark–Brieselang: 7 km
  Havelkanal
- Tour 3: Bhf. Brieselang–Bhf. Hennigsdorf: 23,5 km
  Havelkanal
- Tour 4: Bhf. Hennigsdorf–Bhf. Birkenwerder: 11,5 km
  Bhf. Birkenwerder–Bhf. Wensickendorf: 13,5 km
  Mönchsee, Boddensee, Briesesee
- Tour 5: Bhf. Wensickendorf–Bhf Wandlitzsee: 8,5 km
  Bhf. Wandlitzsee–Bhf. Melchow: 19,5 km
  Stolzenhagener See, Wandlitzer See, Die drei Heiligen Pfühle, Regenbogensee, Liepnitzsee, Obersee, Hellsee
- Tour 6: Bhf. Melchow–Leuenberg: 29 km oder Bhf. Melchow–Bahnhof Falkenberg: 23 km
  Bahnhof Falkenberg–Leuenberg 17 km
  Nördlicher Gamensee, Teufelssee, Buchsee, Nördlicher Langer See, Röthsee
- Tour 7: Leuenberg–Bahnhof Tiefensee 6 km
  Bahnhof Tiefensee–Strausberg/Straßenbahn 22 km
  oder: Leuenberg–Strausberg/Straßenbahn: 25 km
  Südlicher Langer See, Mittelsee, Südlicher Gamensee, Torfstich-See/Paradiessee, Fängersee, Bötzsee, Straussee.
- Tour 8: Strausberg/Straßenbahn–Bhf. Hegermühle: 4 km
  Bhf. Hegermühle–Bhf. Strausberg: 4 km.
  Bhf. Strausberg–Rüdersdorf: 13 km
  Herrensee, Schwanensee, Kleiner Stienitzsee, Großer Stienitzsee
- Tour 9: Rüdersdorf/Straßenbahn–Woltersdorf/Straßenbahn: 6,5 km
  Woltersdorf/Straßenbahn–Fangschleuse (Straße): 8,5 km (zum Bahnhof zusätzlich 0,4 km)
  Fangschleuse (Straße)–Bhf, Hangelsberg: 7,5 km
  Kalksee, Flakensee, Wupatzsee
- Tour 10: Bhf. Hangelsberg–Fürstenwalde: 13 km (zum Bahnhof 0,5 km)
  Fürstenwalde–Petersdorf bei Bad Saarow/Bus: 12 km
  Die Spree, Petersdorfer See

- Tour 11: Petersdorf/Bus–Bhf. Bad Saarow: 2,5 km
  Bhf. Bad Saarow–Bhf. Wendisch Rietz: 24 km
  Scharmützelsee (Märkisches Meer), Großer Kolpiner See, Kleiner Kolpiner See, Storkower/Dolgensee
- Tour 12: Wendisch Rietz–Leibsch/Bus: 25 km
  Abkürzung zusammen mit Tour 13 Bahnhof Wendisch Rietz–Bhf. Halbe 31 km
  Kleiner Glubigsee, Großer Glubigsee, Springsee, Melangsee, Tiefer See/Grubensee, Godnasee, Neuendorfer See
- Tour 13: Leibsch/Bus–Halbe: 23 km
  Köthener See, Triftsee, Pichersee, Mittelsee, Schwanensee, Tschibingsee, Wehrigsee.
- Tour 14: Bhf. Halbe–Bhf. Wünsdorf: 28 km
  Heidesee, Nicolassee, Tietschensee, Tornower See, Teupitzer See, Kleiner Zeschsee, Wolziger See
- Tour 15: Bhf. Wünsdorf–Bhf. Trebbin: 28 km
  Großer Wünsdorfer See, Fauler See, Gips-Seen, Sperenberger See, Gadsdorfer Seen, Torfstich-Seen
- Tour 16: Trebbin–Seddin/Bus: 28 km
  Blankensee, Kähnsdorfer See, Großer Seddiner See
- Tour 17: Seddin/Bus–Bhf. Ferch-Lienewitz: 9 km
  Bhf. Ferch-Lienewitz–Caputh/Bus: 6 km
  Caputh/Bus–Potsdam/Straßenbahn: 9,5 km
  Kleiner Seddiner See, Teufelssee, Kleiner Lienewitzsee, Großer Lienewitzsee, Caputher See, Templiner See, die Havel

Bewohner des Straussees

Der 66-Seen-Wanderweg – Streckenlänge in Abschnitten

Bezugspunkt	Kilometer	
Potsdam, Brandenburger Tor, B/G/Ü	0,0	Hauptbahnhof 1,8 km
Ruinenberg, B	2,2	
Pfingstberg, B	7,5	
Weißer See, B/G	11	
Marquardt Kirche, B/G/Ü	19,3	Bahnhof 0,7 km
Autobahnbrücke hinter Satzkorn	23,6	
Havelkanalufer	26,3	
Brücke Buchow-Karpzow, B	28	
Alte B5, Brücke in Wustermark, B/G/Ü	31,8	Bahnhof 1,3 km
Campingplatz Zeestow, G	35,3	
Brieselang-Bahnunterführung; ‹	37,8	G u. Bahnhof 2,2 km
Brücke Alt Brieselang	42,3	
Schleuse Schönwalde	48,3	
Ortsanfang Schönwalde, B/G (Ü)	51	
Brandstreifen neben Hauptstraße	54,5 bis 55	

Das Brandenburger Tor ist Ausgangs- und Endpunkt der 66-Seen-Wanderung

Bezugspunkt	Kilometer	
Bahnhof Hennigsdorf, B/G/Ü	60	Bahnhof 0 km
Waldbeginn Ampelkreuzung	61	
Eisenbahnbrücke Hohenschöpping	65	
Wegabzweig ›Havelbaude‹, G	68,3	
1. Briesebrücke, Anfang Uferweg	70	
Brücke an der B 96 im Ort Birkenwerder, B/G/Ü	71,5	Bahnhof 0,7 km
Autobahnbrücke am Ortsende	73,3	
Briesesee, G	75	
Forsthaus Wensickendorf (im Wald am Weg), G	80,1	
Zühlsdorfer Mühle	82	
Wensickendorf B/G/Ü	85	Bahnhof 0 km
Stolzenhagener See, Anfang Uferpromenade	89,2	
Wandlitzer See, 1. Uferrastplatz	90,6	
Abzweig Uferweg zum Wandlitzsee	92,3	
Bahnhof Wandlitzsee, B/G/Ü	93,5	Bahnhof 0 km
Ützdorf, Anfang	98,2	
Rastplatz vor der Badestelle am Obersee, G/Ü	100	
Eingang Gutspark Lanke, G/Ü	101	
Hellmühle	103,6	
Biesenthal Straßenecke u. Platz im Ortszentrum, G/Ü	107	
Biesenthal Bahnhof, B	110,3	Bahnhof 0 km
Melchow Bahnhof, B	113,2	Bahnhof 0 km
Melchow Tierpflegestation/Waldbeginn	115	
Schönholz, Ortsmitte, G	118	
Trampe, Kirche, G	125,2	
Trampe, Hotel, Ü		1,3 km abseits
Nordspitze Gamensee	130,4	
Bahnhof Falkenberg/Mark		5,5 km abseits
Leuenberg, Kirche und Bushaltestelle, B	142	Bus täglich zweistündlich (Hinweis im Text beachten)
Forsthaus Leuenberg, G/Ü	abseits bei km 145	
Wesendahler Mühle, G/Ü	157,3	

Bezugspunkt	**Kilometer**	
Spitzmühle, G	159,5	
Straussee Südspitze, B	166,8	
Käthe-Kollwitz-Straße, B/G/Ü	168	Tramhaltestelle
Brücke am Bahnhof Hegermühle, B	172,2	Bahnhof 0,4 km
Bahnübergang am Bahnhof Strausberg	175,7	Bahnhof 0,5 km
Hennickendorf Kirche, B/G (Ü)	180	
Tasdorf Bundesstraßenübergang	186	
Museumspark Rüdersdorf, Eingang, B	189	Tramhaltestelle 0,3 km
Autobahnbrücke	192	
Woltersdorfer Schleuse, B/G/Ü	195,3	Tramhaltestelle
Hubertusbrücke (Holzbrücke über die Löcknitz)	199,9	
Froschbrücke	200,7	
Abzweig, Straße zum Bahnhof Fangschleuse	203,8	Bahnhof 0,6 km
Klein Wall, G	207,3	
Bahnhof Hangelsberg, B/G	211,5	Bahnhof 0 km
Große Tränke	220	
Fürstenwalde Ortsanfang, Abzweig Bahnhof, B/G/Ü	224	Bahnhof 0,4 km
Autobahnbrücke Rauener Berge	231	
Petersdorf, Seeufer und Bushaltestelle, B/G/Ü	235,5	Bus
Bad Saarow Kurpark, B/G/Ü	238	Bahnhof 0,5 km
Kolpin Straßenanfang	244,5	
Kolpin Straßenende	245,5	
Reichenwalde 1. Haus	248	
Storkow, Straßenüberquerung, B/G/Ü	253	
Dahmsdorf Kirche	257	
Wendisch Rietz, Bahnhof, B/G/Ü	261,5	Bahnhof 0 km
Springsee Südspitze, G	267,8	
Nordspitze Neuendorfer See	275,8	
Campingplatz, Eingang Straße	278,5	
Neuendorf am See, Bushaltestelle, B	280,8	Bushaltestelle
Neuendorf am See, Spreeufer, G/Ü	281	
Hohenbrück, Windmühle, G/Ü	283	
Straße vor Leibsch, Zugang vom Wiesenweg, G/‹	285,7	

Bezugspunkt	Kilometer	
Straße vor Leibsch, Abgang zum Spreeufer, B	286,1	Bus 0,4 km
Kanalufer-Anfang	287,2	ab Bushaltestelle 0,6 km
Köthen, Badestelle im Ortszentrum, G/Ü	293,1	
Neuköthen, Ortmitte	300	
Märkisch-Buchholz, G/Ü/B Brücke und Kaskade	304,4	
Halbe, Bahnhof, B/G	309,6	Bahnhof 0 km
Autobahnbrücke	315,6	
Tornower See, Anfang des Uferweges, B/G/Ü	319,7	
Mittelmühle, G	322,6	
Eggsdorf, Seeufer, B	323,9	
Zesch, Ortsmitte, Gaststätten, G/Ü	329,4	
Lindenbrück, Ortsanfang	332,6	

Am Köthener See

Bezugspunkt	Kilometer	
Wolziger See Uferpromenade Anfang, G	334,1	
Wünsdorf, Ortsanfang, Straßenanfang	335,3	
Wünsdorf, Abzweig Bahnhof, B	337,6	Bahnhof 0,6 km
Wünsdorf, Kirche 338,1		
Sperenberg, Kirche, B/G	347,8	
Kummersdorf, G/Ü	351	
Saalower Häuser (Ende der langen Gerade)	355,6	
Christinendorf	362,4	
Trebbin Bahnhof, B/G/Ü	366,1	Bahnhof 0 km
Blankensee, Kirche, G/Ü	377	
Stücken Bus H	380,6	
Wildenbruch Kirche	386,1	Bus 0,5 km
Seddin, Unterführung Bundesstraße, B/G/Ü	391,1	Bus 0,3 km
Kleiner Lienewitzsee	399,5–400,5	
Schloß Caputh, B/G/Ü	405,6	
Uferpromenadenende am Yachthafen, B	412,7	
Straßenbahnhaltestelle Hauptstraßenkreuzung	412,8	
Brandenburger Tor durch den Park von Sanssouci	416	
Potsdam, B/G/Ü		

Hinweise

1. Die Abkürzungen bedeuten: B = Bus oder Bahnanschluß, G = Gaststätte, Ü=Übernachtungsmöglichkeit günstig, (Ü) = ungünstig gelegen oder geringe Kapazitäten
2. Der Stand ist Jahresende 2004.
3. An mehreren Stellen erfolgte eine Wegverlängerung auf Wunsch der örtlichen Regionen.
4. Es wurde hier nur die längere Variante als Hauptweg berücksichtigt.
5. Während bisher Entfernungen nur aus Kartenmaterial heraus ermittelt wurden, basieren diese Maßangaben auf dem Computerprogramm des Landesvermessungsamtes Brandenburg ›Top 50‹. Ein Zuschuß in Höhe von etwa zwei Prozent für Ungenauigkeiten wurde dennoch zusätzlich eingearbeitet.

Hinweise zur Benutzung

Die vorliegende Rundwanderung wurde nach dem aktuellen Routenverlauf des 66-Seen-Wanderweges sorgfältig zusammengestellt. Dabei werden zusätzlich Empfehlungen für abweichende Varianten ausgewiesen. Grundsätzlich gilt, daß die Wege sehr unterschiedlich und daher im Hinblick auf ihre Funktion als Wanderwege auch von unterschiedlicher Qualität sind.

Dazu gehört auch die Ausschilderung. Die Gesamtroute ist mit einem blauen Punkt auf weißem Feld markiert, jedoch nicht immer durchgängig. Um den Lesern dieses Buches möglichst eindeutige Hinweise zu geben, sind die Wegbeschreibungen mitunter recht ausführlich. Sie sollen vor allem als Hilfsmittel und Anhaltspunkt in Zweifelsfällen weiterhelfen, denn das beigefügte Kartenmaterial

Wegweiser an der Alten Post in Kolpin

und die Markierungen in der Landschaft werden in der Regel zur Orientierung ausreichen.

Aufgrund von Geländeveränderungen, veränderten Nutzungen oder Verbesserungen in der Routenführung können bekanntlich Änderungen nicht ausgeschlossen werden. Deshalb gilt bei Abweichungen jeweils die mit blauem Punkt markierte Route als offiziell. Soweit am Anfang des Jahres 2005 für später vorgesehene Veränderungen in der Routenführung oder hinsichtlich möglicher Änderungen der Verkehrsverbindungen bekannt waren, gibt es an entsprechender Stelle im Text Hinweise. Es ist daher ratsam, vor jeder Wanderung den gesamten Text der vorgesehenen Strecke zumindest flüchtig zu lesen.

In den Karten im hinteren Teil dieses Buches ist der Routenverlauf am Anfang des Jahres 2005 als durchgehende Linie dargestellt. Die punktierten Linien beziehen sich auf die in den Texten genannten Hinweise. Es können geplante Wegveränderungen, empfohlene unmarkierte Varianten oder Hinweise zu Rundwanderungen oder besonderen Ausflügen sein.

Besonders wird darauf hingewiesen, daß an vielen Stellen der Strecke mit kurzer Fahrt mit Bahn oder Bus zu einem der nächstgelegenen Bahnhöfe eine wesentlich größere Auswahl der Übernachtungsmöglichkeiten besteht und es auch Beherbergungsbetriebe gibt, die Sie von der Strecke abholen und am nächsten Tag wieder zurückbringen. Ebenso ist auch ein Service hinsichtlich Gepäcktransfer in Planung. Die Tourismusverbände sind bestrebt, diese Serviceangebote ständig zu verbessern. Es empfiehlt sich daher, sich auch hinsichtlich Übernachtungswünschen an die zuständigen Verbände zu wenden. Dort kann man auch die aktuellen Informationen zu den Verkehrsverbindungen erfragen.

Aus unterschiedlichen Gründen kann nicht jeder gangbare und erlaubte Weg markiert werden. Deshalb sind im Text Vorschläge für mögliche Varianten – etwa Abkürzungen – zu finden. Hier ist anzumerken, daß unmarkierte Wege durchaus in sehr schlechtem Zustand sein können und die Benutzung der Wege und Pfade in allen Fällen auf eigene Gefahr geschieht. Daß in Naturschutzgebieten keinesfalls von Wegen abgewichen werden darf, ist allgemein bekannt und wird von Wanderern selbstverständlich respektiert.

Zu beachten ist weiterhin, daß die diesem Wanderführer beigefügten Karten des Landesvermessungsamtes Brandenburg auf dem neuesten veröffentlichten Stand basieren, dennoch aber in der Landschaft häufig mehr Wegverzweigungen und insbesondere mehr Waldwege zu finden sind, als die Karten ausweisen.

Weiterhin empfiehlt es sich, die Touren im Uhrzeigersinn gemäß Buchbeschreibung zu wandern, da die Markierungen in dieser Richtung vollständiger und wesentlich besser erkennbar sind. Auch ist es angeraten, mit den Wanderungen in Potsdam zu beginnen, da die Streckenlängen der ersten Touren problemlos verändert werden können und sowohl Übernachtungsmöglichkeiten als auch Verkehrsverbindungen vielfältigere Möglichkeiten zulassen. Hinsichtlich Orientierung werden Sie mit diesem Wanderbuch in Verbindung mit den landschaftlichen Orientierungshilfen keine weitere Hilfe benötigen.

Im Jahre 2003 wurde der ›Förderverein 66-Seen-Wanderweg e.V‹ gegründet. In der Geschäftsstelle, die in der Touristinformation des Dahme-Seen-Gebietes untergebracht ist – Tel. 033 75/25 20 14, Am Bahnhof, 15711 Königs Wusterhausen erhält man alle aktuelllen Informationen zum Wanderweg, kann Abzeichen und T-Shirts bestellen sowie Urkunden für die Absolvierung der Gesamtstrecke erhalten. Dazu müssen mittels eines Wanderpasses die gewanderten Touren nachgewiesen werden. Ein entsprechender Vordruck ist noch in Vorbereitung, kann aber auch selbst erstellt werden. Der Nachweis erfolgter Wanderungen geschieht durch Stempelabdrucke unterwegs aufgesuchter Gaststätten, Übernachtungsstätten, kleiner Läden, in denen Proviant gekauft wurde, oder durch Einkleben von Stempelabdrucken der Fahrkartenentwerter oder der Zugschaffner, wodurch die Rückfahrt von der Wanderroute dokumentiert ist. Vorgesehen ist, daß auch andere Touristinformationen entlang der Strecke diesen Service anbieten.

Falls Interesse an einer ehrenamtlichen Mitarbeit in diesem Förderverein oder Unterstützung hinsichtlich der Optimierung dieser Wanderroute besteht: Sie sind herzlich willkommen.

Am Obersee in Lanke

Das Markierungssystem in der Landschaft

Wanderwege: Es gibt ein System der Markierungsarten von Wanderwegen. Dabei haben die Farben unterschiedliche Bedeutungen. Gelb: örtliche Nahdistanz, Grün: Gebietswanderweg, Rot: gebietsübergreifender Wanderweg, Blau: Fernwanderweg über mehrere Landkreise. Der auf weißem Feld befindliche vollflächige Kreis weist einen Rundweg aus, der waagerechte Balken einen Streckenweg mit unterschiedlichem Anfang und Ende. Kreuzmarkierungen können für beide Wegarten dann verwandt werden, wenn es sonst zu Verwechslungen kommen kann. Diagonale farbige Markierungen auf weißem Feld zeigen einen Lehrpfad an.

Zeichen, Logos oder von der Verordnung abweichende Markierungen für spezielle Wege sollten nur auf Schildern vorhanden sein, da sie als Wegmarkierung nicht zulässig sind, werden aber dennoch zunehmend angebracht und beziehen sich auf regionale Wander- oder Spazierwege mit zumeist kurzen Distanzen oder Nordic-Walking-Trails.

Sperrgebiete: Ehemalige und noch nicht absolut sicher von gefährlichen Kriegshinterlassenschaften, geräumte und noch bestehende militärische Gebiete sind an den Grenzen des Gebietes mit zahlreichen Schildern deutlich gekennzeichnet, weisen zusätzlich farbige Kennzeichen an Bäumen auf und sollten keinesfalls betreten werden. Bei Benutzung von Wegen ist ein versehentliches Verirren in derartige Gebiete ausgeschlossen. Die Markierungen bedeuten:

Karten gehören zur Wanderausrüstung

Rot: Höchste Gefährdungsstufe, höchste Lebensgefahr, verborgene scharfe Munition, Blindgänger, Minen.

Blau: Verborgene gefährliche Gegenstände in unbekannter Anzahl vorhanden, Lebensgefahr.

Gelb: Vorsichtsmaßnahme mit geringerer Gefährdungsstufe, gefährliche Gegenstände können vorhanden sein, Betreten gefährlich.

Praktische Hinweise

Ohne Anstrengung ist auch eine lange Flachlandtour nicht zu bewältigen, und Nachlässigkeit in der Ausrüstung kann auch hier die Freude zur Qual werden lassen. Sehr gute und nicht zu kleine Wanderschuhe sind erforderlich. Falls Sie doch in Alltagsschuhen laufen, sollten diese nicht neu und sehr bequem sein, keine oder nur flache Absätze sowie Profil unter der Sohle haben. Wollstrümpfe sind auch im Sommer für das Wohlbefinden unentbehrlich.

Bei der Oberbekleidung ist das bekannte ›Zwiebelprinzip‹ anzuraten: Es ist besser, mehrere leichte Kleidungsstücke übereinander zu tragen als nur wenige dickere. Denn wechselnde Temperaturen und, je nach Gelände, die unterschiedliche Anstrengung machen ein problemloses Wechseln der Bekleidung erforderlich. Beim Zwiebelprinzip ist das mit wenig Gewicht realisierbar. Kopfbedeckung, Schal und Handschuhe sollten im Zweifelsfalle mitgenommen werden, Regenschutz und ein dünnes Halstuch immer. Mitunter ist ein Nässeschutz für den Fußbereich empfehlenswert (Überzieh-Fußmanschetten), denn in feuchten Wiesen und bei feuchter Witterung verhalten sich manche Hosen wie ein Schwamm.

Zusätzlich gehören Wanderkarten und Wanderführer in den Rucksack, wie auch einige Kunststofftüten. Sie eignen sich nicht nur als Sitzunterlage, sondern auch zum Rücktransport eigener Abfälle. Denn was wir gefüllt von zu Hause mitnehmen, können wir leer auch wieder zurücktransportieren, mindestens bis zur nächsten öffentlichen Mülltonne. In, auf oder neben bereits volle Behälter gehört kein Abfall, denn das nachts kommende Wild und der Wind verteilen ihn in der Landschaft.

Auch an Getränke sollte man denken – im Sommer nicht zu knapp bemessen –, und an etwas Proviant, auch wenn eine Einkehr vorgesehen ist. Wichtig sind auch Stift und Zettel, Taschenmesser und Taschentücher, Heftpflaster und ein kleines Handtuch.

Zusätzlich sind Fernglas, Kopfschmerztablette, Elastikbinde, Erfrischungstücher, ein Kompaß und im Sommer Mückenschutz und Sonnencreme zu empfehlen.

Ein Hinweis zur Zeiteinteilung für touristisches Wandern: Man sollte früh aufbrechen, eine Startzeit von 8 bis 8.30 Uhr ist ideal, bei Strecken von mehr als 20 Kilometern auf jeden Fall vor 9 Uhr. Es ist anzustreben, daß bis zur Mittagsrast mehr als die Hälfte der Gesamtstrecke zurückgelegt ist. Touristisches Wandern mit Erlebnischarakter unterscheidet sich vom Wandersport in der Schrittgeschwindigkeit.

Dazu eine Empfehlung für eine Zeiteinteilung als Anhaltspunkt:
2 Stunden Wanderzeit, 1/2 Std. Rast,
2 Stunden Wanderzeit, 1–2 Std. große Pause,
1,5 Stunden Wanderzeit, 1/2 Std. Rast,
maximal weitere 1,5 Stunden bis zum Ziel.

Die gesamte Wanderzeit von etwa sieben Stunden beinhaltet die kurzen Halte zum Beobachten der Landschaft und ergibt ein zügiges Wandertempo von etwa vier Kilometern in der Stunde.

Zum Gebrauch eines Kompasses

Erstaunlicherweise scheuen viele Wanderer den Gebrauch eines Kompasses. Aber besonders in Brandenburg in den ebenen Wäldern mit vielen Wegen, von denen eine große Anzahl in keiner Karte verzeichnet sind, ist ein Kompaß bei bedecktem Himmel ein wertvolles Hilfsmittel. Mobiltelefone helfen im Falle des Verirrens kaum, weil einerseits im Wald häufig keine Verbindung möglich ist, andererseits niemand helfen kann, wenn Sie selber nicht wissen, wo Sie sind.

Auf der 66-Seen-Route können Sie ohne Kompaß wandern, bei anderen Wanderrouten in Waldgebieten wird ein Kompaß als Hilfsmittel und ›Rettungsanker‹ bei Unklarheiten sehr hilfreich sein.

Bekanntlich weist die markierte Nadelspitze des Kompasses immer nach Norden. Starkstromleitungen über oder unter der Erde in unmittelbarer Nähe können mit ihren magnetischen Ausstrahlungen mitunter den Kompaß irritieren.

Stellen Sie sich also so hin, daß das ›N‹ auf der Skala und die markierte Magnetnadel auf dem waagerecht gehaltenen Kompaß deckungsgleich sind. So kann man alle Himmelsrichtungen erkennen.

Weiterhin ist es so, daß alle Wanderkarten so gestaltet sind, daß die Oberseite der lesbaren Schrift Norden anzeigt, also ein ›I‹ nach oben ebenfalls Norden anzeigt und fast immer ein Richtungspfeil mit ›N‹ für Norden auf der Karte zu finden ist. Einfacher ausgedrückt heißt das, daß die Oberseite aller Wanderkarten Norden anzeigt. Die Kartenausschnitte dieses Buches mußten aus Platzgründen teils im Hochformat, teils im Querformat und teils schräg angeordnet werden, das System stimmt dennoch und ist aus der Übersicht auf Seite 225 erkennbar. Die

Schrift steht entsprechend auf den Karten, die Nordpfeile auf allen Kartenblättern jeweils links oder rechts unten. Selbst bei der Karte auf Kartenblatt 3 ist somit erkennbar, daß Nord–Süd schräg angeordnet sind.

Wenn Sie nun den Kompaß auf die waagerecht gehaltene Wanderkarte legen und sich selbst damit so in Stellung bringen, daß markierte Nadelspitze (also Nord), Kompaß-Skalenanzeige Nord und Oberseite der Karte=Nord übereinstimmen, können Sie anhand der Karte erkennen, in welcher Richtung Ihr Ziel zu finden ist. Wenn Sie nun westwärts wandern wollen, halten Sie dennoch den Kompaß immer mit Nordnadelspitze und Kompaßskala ›N‹ deckungsgleich und wandern so, daß daß ›W‹ in Ihre Laufrichtung zeigt.

Wenn Sie merken, daß Sie die Orientierung verloren haben, sollten Sie schnell reagieren, um so besser können Sie den gegenwärtigen Standort annähernd bestimmen.

Beispiel: Sie befinden sich gemäß Kartenblatt 17 mitten in dem Gebiet der Rauener Berge und mitten im Wald und wissen nicht mehr, wo Sie sind, denn das Waldgebiet ist in allen Richtungen mehrere Kilometer breit. Sie erkennen auf dem Kartenblatt im Norden die Autobahn, im Westen, Süden und Osten die durch Doppellinien dargestellten kleinen Straßen, und Sie wissen, wo Sie hin wollen, zum Beispiel nach Bad Saarow. Nun ermitteln Sie gemäß obigen Hinweisen die Himmelsrichtungen an Ihrem Standort.

Egal, wo im Wald Sie sind, liegt Ihr Ziel entweder im Süden, im Osten oder im Südosten. Nun entscheiden Sie sich für eine bestimmte Himmelsrichtung und suchen sich Wege, die in der von Ihnen gewählten Richtung verlaufen. Bei Wegkurven und abweichenden Wegverläufen korrigieren Sie so bald als möglich in Ihre gewahlte Richtung, verlassen aber die Wege nicht, denn überall können Sie unpassierbare Waldgebiete am Weiterkommen hindern.

Irgendwann erreichen Sie entweder die südlich oder östlich verlaufende kleine Straße. Bad Saarow kann, wenn Sie immer Richtung Osten wanderten, nur südlich liegen, wenn Sie Richtung Süden gewandert sind, nur östlich. Im südöstlichen Zweifelsfalle erkennen Sie am Straßenverlauf, welche Straße Sie erreicht haben, müssen also der Straße entweder in Richtung Osten oder Süden folgen. In beiden Fällen scheidet eine Richtung gemäß Straßenverlauf aus.

Egal, wo Sie sich verirrt haben, immer gibt es in allen Richtungen irgendwo deutlich erkennbare Leitlinien in der Landschaft, also Straßen, Wasser, Hochspannungsleitungen, und immer heißt es, sich für eine Richtung zu entscheiden und konsequent die ausgewählte Leitlinie anzusteuern.

Bei Zeitproblemen sollte man möglichst in Richtung Auto oder Verkehrsverbindungen gehen, denn unklar bleiben Zeit und Streckenlänge, die das Verirren gekostet hat. Auch diese sind umso geringer, je eher Sie ihr Verirren bemerken und korrigieren.

Landschaften

›Märkische Heide, märkischer Sand …‹ So beginnt das bekannte Lied der Mark Brandenburg, die oft als ›Des Heiligen Römischen Reiches Streusandbüchse‹ verspottet worden ist. Beides suggeriert eine trostlose Landschaft. Doch wer genau den gesamten Text der heimlichen Nationalhymne Brandenburgs liest – die der im Jahre 1996 verstorbene Berliner Wandervogel Gustav Büchsenschütz am Anfang des vorigen Jahrhunderts verfaßt hat –, wird auf etwas anderes gestoßen, denn in

Findlinge am Waldrand

den weiteren Strophen werden ›uralte Eichen, dunkler Buchenhain, grünende Birken, blauende Seen, Wiesen und Moor, liebliche Täler, schwankendes Rohr‹ besungen. Zusammen mit der Heide und dem Sand ergibt sich schon ein differenzierteres Bild, das Brandenburg in seiner ganzen Vielfalt aber noch nicht abdeckt: Bäche, Flüsse und Kanäle, Schlösser, Parks und Gärten, Felder, Obstplantagen und Alleen prägen ebenso das Land.

Märkische Heide, märkischer Sand

Text und Melodie von Gustav Büchsenschütz

1. Märkische Heide, märkischer Sand
sind des Märkers Freude, sind sein Heimatland
sind des Märkers Freude, sind sein Heimatland

Refrain:
Steige hoch, du roter Adler,
hoch über Sumpf und Sand
hoch über dunkle Kiefernwälder
heil dir mein Brandenburger Land.

2. Uralte Eichen, dunkler Buchenhain
|: grünende Birken steh'n am Wiesenrain. :|

3. Blauende Seen, Wiesen und Moor,
|: liebliche Täler, schwankendes Rohr. :|

4. Knorrige Kiefern, leucht'n im Abendrot
|: sah'n wohl frohe Zeiten, sah'n auch märk'sche Not. :|

5. ›Brandenburg allwege‹ sei unser Losungswort,
|: Brandenburg die Treue in allen Zeiten fort. :|

Im Gegensatz etwa zu Küsten und Gebirgen kündigen sich diese Schönheiten nicht spektakulär an, sondern sind verborgen, verstecken sich im Wald. Zudem werden sie von den Brandenburgern selbst eher verschwiegen als herausgestellt.

In Brandenburg gibt es den prozentual größten Anteil an Natur- und Landschaftsschutzgebieten in Deutschland, seltene Tierarten kommen hier in einem Umfang vor wie nirgends sonst in Deutschland. Auch hat die dem Erhalt der Natur verpflichtete Heinz-Sielmann-Stiftung nirgends soviel Flächen und nirgends soviel Gönner und Spender wie im Lande Brandenburg. Viel wird für den Erhalt der Landschaften getan.

Über ihre Entstehung ist fast nur zu lesen, daß die Eiszeit sie geformt habe. Doch bei näherem Hinsehen erkennt man sehr schnell, daß menschliche Eingriffe in die Landschaftsgestaltung seit Jahrhunderten und bis in die Gegenwart die Landschaft entscheidend, aber überwiegend positiv geprägt haben und weiterhin prägen werden.

Die Grundstruktur der Fläche entstand durch die letzte Eiszeit. Erdmaterial und Gestein wurde vom Eis geschoben, abfließendes Schmelzwasser formte Rinnen und Seen. Mit der Erwärmung des Gebietes konnte sich die Vegetation entwickeln. Bevor Menschen die Landschaft gestalteten, wuchsen hier zunächst Birken, dann Buchen und andere Baumarten und bildeten schließlich einen Urwald. Erst menschliche Bewirtschaftung schuf durch Rodungen freie Landflächen für Orte, Land- und Viehwirtschaft. Das zunächst planlose Vorgehen wurde hierzulande schon sehr früh abgelöst durch planvolle Bewirtschaftung der Landflächen und insbesondere auch der Wälder. Die vorhandenen Wälder sind überwiegend Ergebnisse der Forstwirtschaft, also menschlicher Landschaftsgestaltung, Kiefernwälder gab es hier zum Beispiel vor der Einführung der Forstwirtschaft nicht.

Die Landschaft wurde aber auch durch die Flüsse geformt, die in diesem flachen Gebiet mitunter auch den Lauf wechselten oder sich schließlich mit ihren Verzweigungen oder seeähnlichen Ausbuchtungen durch das Land schlängelten. Spree und Oder wurden erst durch menschliche Eingriffe in ein festes Bett gezwungen, die weiten Uferbereiche des Oderbruches durch Kanäle urbar gemacht; die Havel dagegen bildet noch immer mit ihren Seen, Seitenarmen und sumpfigen Uferpartien ein einmalig schönes Landschaftsensemble.

Viele der Seen aus der Eiszeit sind inzwischen verlandet, bilden Sümpfe und Feuchtgebiete. Doch auch neue Seen entstanden aus vielen unterschiedlichen Gründen durch Menschenhand: Kiesgruben, Torfstiche, Tongruben, Bergwerkstagebaue und sogar einer der jüngsten in der Mitte des vorigen Jahrhunderts durch Abbau von Erde für Bahn- und Autobahndämme. Gegenwärtig entstehen neue Seen, werden weite Landschaftsgebiete in den ehemaligen Tagebaugebieten Südbrandenburgs völlig neu gestaltet.

Daneben prägen künstliche Wasserwege das Land. Es gibt die kleinen Entwässerungsgräben, kleine Kanäle, frühere Transportwege, die von Bahn und Auto in stille Beschaulichkeit versetzt wurden und der Pflanzen- und Tierwelt zusätzliche Lebensräume bieten. Es gibt die Verbindungskanäle zwischen den Seen und die großen für die Schiffahrt. Doch auch hierbei bilden selbst Uferbefestigungen fast immer harmonische Teile der Natur, kaum wahrnehmbar, die nicht das Bild der Landschaftsharmonie stören. Auch die Landgebiete sind hierzulande überwiegend von Menschenhand gestaltet worden: durch Hecken und Gehölzen an Feldrändern, Bäumen und Büschen an Feldwegen. Es werden noch immer Laubbäume und Obstbäume an Feldwegen neu angepflanzt. Schließlich tragen die unterschiedlichen Wälder und vielen großen Gutsparks zu der abwechslungsreichen Landschaftsvielfalt in ganz erheblichem Maße bei.

Die im Verhältnis zu anderen Landschaften Deutschlands geringe Besiedlungsdichte ergibt mit überwiegend harmonisch in die Landschaft eingebetteten Orten ebenfalls eine positive menschliche Landschaftsgestaltung und gleichzeitig in weiten Teilen des Landes eine noch immer vorhandene ungewöhnliche Ruhe.

Beeinträchtigungen erfuhr das Landschaftsbild vor allem in jüngerer Zeit, vor allem durch den Aus- und Neubau von Schnellstraßen. So wurden Wälder geopfert und Erholungsgebiete zerschnitten, verschwinden Querungsmöglichkeiten, zum Beispiel Unterführungen für Radfahrer, Fußgänger und Reiter, aus Kostengründen. Oft sind an beiden Seiten der Autobahn die alten Chausseen erkennbar, die bei neuen Strecken keine Querung mehr zulassen. Für die 66-Seen-Wanderroute wurden dennoch gefahrlose Querungsmöglichkeiten gefunden, wenn auch mitunter die Streckenführung geändert werden mußte.

Neben dem bekanntesten speziellen Landschaftsteil Brandenburgs, dem Spreewald, gibt es im Land weitere charakteristische Landschaftsformen. Vier unterschiedliche Landschaften zeigt der 66-Seen-Wanderweg: Potsdam und Havelland, Barnimer Land, Spree-und Dahmeseengebiet, Fläming.

Potsdam und Havelland sind als Landschaft betrachtet nicht deckungsgleich mit den gleichnamigen Landkreisen. Sie beginnt südlich vor Caputh und reicht nördlich bis etwa Birkenwerder, umfaßt hier also die Etappen 1 bis 4 und 17.

Der Charakter dieser Landschaft wird durch die Havel geprägt. Sie fließt behäbig durch das flache Land, bildet Seen, Überschwemmungsgebiete, Seitenarme und wird nur selten durch Uferbefestigungen in ein Bett gezwängt. Der Havelkanal fügt sich reizvoll in die Landschaft ein. Im Norden dieser Region wechseln sich kleine Mischwaldgebiete mit Feldern, Wiesen, Gartenlandschaften, kleinen Orten und dem Havelkanal ab. Zusätzlich ist hier ein kleiner Nebenfluß der Havel besonders reizvoll, die Briese, die naturbelassen durch Wald und Wiese plätschert und sich in Auwaldgebieten in kleinen Sümpfen und Tümpeln auflöst und wieder sammelt.

Im Süden dominieren ausgedehnte Laubwälder, in die zahlreiche Seen und kleine Tümpel eingebettet sind. Die Havel stellt sich hier ebenfalls weitgehend als Seenkette dar.

Potsdam mit seinen 15 Schlössern des preußischen Herrscherhauses bietet weit mehr als Historie. Von den Aussichtspunkten in der Stadt und beim Wandern entsteht der Eindruck, als ob die von Parks, Seen und der Havel durchzogene Stadt inmitten einer großen Parkanlage liegt, und auch die Umgebung vermittelt diesen Eindruck.

Auch das Barnimer Land ist als Landschaftsform nicht mit den Landkreisgrenzen deckungsgleich. Es reicht auf unserer Wanderroute ab dem Briesetal bis etwa südlich Strausberg, die Etappen 4 bis 8 führen hindurch.

Blühende Rapsfelder im Frühjahr

Das Barnimer Land, auch der Barnim genannt, erstreckt sich nördlich von Berlin bis zur Schorfheide. Es ist ein lieblich gewelltes Land, in dem sich große Laubwaldgebiete mit großflächigen Kulturlandschaften abwechseln, in die Gewässer unterschiedlicher Arten eingebettet sind. Die sanften Hügel bieten mitunter beeindruckende Weitsichten. Eine Einmaligkeit ist in dieser Region ein etwa 40 Kilometer langes abgelegenes und unbesiedeltes Laubwald- und Seengebiet, das über weite Strecken in einer bewaldeten, teils sumpfigen Senke verläuft. Es ist in der Eiszeit entstanden, bis heute weitgehend naturbelassen und daher mit seinen recht urwüchsigem Laubwald und Seen besonders beeindrukkend. Sowohl auf den Feldwegen im offenen Land als auch an den Seeufern der vertieft liegenden Seen ist vielfach absolute Stille zu erleben.

Das Spree-und Dahmeseengebiet ist ebenfalls nicht identisch mit Landkreisgrenzen. Im Rahmen der 66-Seen-Wanderung ist es auf den Etappen 9 bis 14 zu erleben, also zwischen Rüdersdorf und Teupitz einschließlich dem Schenkeländchen.

Es ist ein Gebiet mit ganz eigenem Flair. Viele unterschiedliche Seen finden sich auch hier, doch es gibt ganz besondere Eigenheiten. Während es sonst nur Sandberge gibt, befand sich hier der einzige aus Stein. 750 Jahre Steinbruch ließen daraus eine Bergschlucht entstehen, die bis unter den Meeresspiegel reicht. Die höchsten Erhebungen gibt es hier im weiten Umkreis mit Aussichtsturm. Einige Quellen, zwei kräftig sprudelnd und noch immer naturbelassen, der größte See Brandenburgs mit 12 Kilometern Länge und die größten Findlingssteine des Landes sind weitere Natursehenswürdigkeiten. Dörfer, ein Städtchen, ein moderner Kurort, Urlaubsorte wechseln sich ab mit Wasser und Wald. Die Löcknitz, ein kleines Flüßchen und die bekannte Spree sind hier naturbelassen. Entsprechend anmutig sind die Wald- und Wiesengebiete, durch die sie sich dahinschlängeln. Die Dahme, ein Fluß, der kaum als solcher erkennbar ist, verbindet überwiegend eine große Anzahl von Seen miteinander, bis er in die Spree mündet. Die Wanderstrecke reicht bis an die Nordspitze des Spreewaldes, der sich diesem Gebiet südlich anschließt. Typisch sind die Storchennester in den Dörfern dieser Region. Die Wälder wechseln unmerklich den Charakter: Im Norden überwiegend Laubwald, im Süden hügeliges Kiefernwaldgebiet.

Badefreuden im Dahme-Seen-Gebiet

Der Fläming ist ebenfalls eine Landschaft mit eigenem Charakter. In Richtung Süden wird diese Landschaft zunehmend hügeliger und wasserarm, der Nordteil, den der Wanderweg durchquert, weist nur wenige aber beeindruckende Erhebungen auf, einige Seen und das ungewöhnlich schöne Dorf Blankensee. Als einzige der vier hier vorgestellten Landschaften entspricht der Fläming dem bekannten Klischee der Mark Brandenburg: Kiefernwald und Sand dominieren neben Wiesen, Feldern und Seen. Wenig bekannt sind die Reize, die zum Beispiel lange von Birken gesäumte Waldwege bieten und Heidegebiete, die man eher der Gegend um Lüneburg zuordnen würde.

Die brandenburgischen Seen

Man kann sie ohne Übertreibung als Perlen der märkischen Landschaft bezeichnen, die zwischen Wäldern, Wiesen und Feldern eingebetteten, zum Teil hinter leichten Hügeln verborgenen Seen. Manchmal nur liegen sie an den großen Verkehrswegen, dennoch sollte man sie auf Wanderungen durch die Mark nicht links liegen lassen. Über 3000 Seen gibt es im Land Brandenburg, davon knapp 2200 mit einer Größe von mehr als 10 000 Quadratmetern.

Sie sind ein Hinsehen wert, bringen sie dem Wanderer doch nicht nur Entspannung bei einer Rast, sondern geben dem geübten Auge auch viele Hinweise auf ihren Charakter, auf den Gewässertyp, wie Fachleute es nennen.

Auch die Pflanzen und Tiere in Wald und Flur sind uns zunächst mehr oder weniger verborgen, lassen sich bei genauem Beobachten aber finden. Aber die Seen lassen nur erahnen, was sich in ihren Tiefen verbirgt. Dabei kann man durchaus anhand verschiedener Merkmale Wesentliches erkennen, bis hin zu ihren typischen Fischarten.

Die Seen haben ihre heutige morphologische Form während des Brandenburger Stadiums der Weichseleiszeit (etwa 20 000 bis 10 000 Jahre vor unserer Zeit) erhalten. Flußseen wie die Havelgewässer wurden durch sie ebenso geprägt wie die tieferen Rinnenseen. Nicht unverändert blieben allerdings die Wasserkörper der Seen selbst, die Wasserqualität, die Wassertiefe und auch die Uferbeschaffenheit.

In Brandenburg finden sich sehr unterschiedliche Seen: verträumt, …

... verschilft ...

Jeder See unterliegt einer natürlichen ›Alterung‹, die mit Moorbildung und Verlandung endet. Ursache dieses Alterungsprozesses sind vor allem die dem Wasserkörper ständig zugeführten Stickstoff- und Phosphorverbindungen, ob auf natürliche Weise durch Regen und Oberflächenwasser oder durch Abwässer der menschlichen Zivilisation. Sie lassen in Verbindung mit dem Sonnenlicht kleinste Planktonalgen wie auch größere Wasserpflanzen prächtig gedeihen. Ist deren Lebenszyklus beendet, sinken sie auf den Gewässerboden hinab und werden zu Schlamm. Dieser Prozeß wiederholt sich Jahr für Jahr, bis nach Jahrhunderten der See verlandet. Darüber hinaus sind die Gewässertiefe, die Lage des Sees im Wald oder auf freier Flur von Einfluß und auch die Durchströmung oder Stagnation des Wasserkörpers.

Dieses jeweils unterschiedliche Zusammenspiel verschiedener Ursachen führt dazu, daß kein See dem anderen im Detail gleicht, daß wir auf unseren Wanderungen klare und trübe Seen finden, Seen mit Schwimmblattpflanzen wie etwa den gelb oder weiß blühenden Seerosen sowie Seen mit mehr oder weniger breiten Schilf- und Rohrgürteln.

Seen werden nicht nur hinsichtlich ihres Gehaltes an Nährstoffen unterschieden – man spricht von oligotrophen (wenig Nährstoffe) und eutrophen (viel Nährstoffe) Seen –, man teilt sie zudem in Gewässertypen ein, die nach den Fischarten benannt sind, die in ihnen besonders gut leben und sich vermehren können.

Die Maräne vermehrt sich beispielsweise nur in Seen, die relativ tief sind, deren Wasser mit einer Sichttiefe von mehr als sechs Metern besonders klar ist und in denen am Grund stets genügend Sauerstoff vorhanden ist. Also entsprechen klare, tiefe Seen bei hohem Sauerstoffgehalt bis zum Grund dem Typ des Maränensees (Die Maräne laicht im Herbst, die Eier sinken bis auf den Seeboden und benötigen mehrere Monate bis zum Schlupf der Fischbrut). Der Zander dagegen benötigt einen ganz anderen Lebensraum. So gelten flache und trübe Landseen mit reichlich Schlamm am Grund – zum Teil nach Schwefelwasserstoff riechend – als typische Zanderseen.

Solche Seen gelten landläufig oft auch als stark verschmutzt. Doch das ist ein Irrtum, denn starke Wassertrübung – eine Sichttiefe von oftmals nur zehn Zentimetern – kann nicht mit allgemeiner Gewässerverschmutzung gleichgesetzt werden. Die durch Planktonalgen hervorgerufene Wassertrübung ist ein natürlicher Prozeß und – abgesehen von vereinzelt möglichem Auftreten von Algenarten, die Hautreizungen auslösen können – für Badende völlig ungefährlich.

Der Wanderer wird beobachten, daß die Wassertrübung eines Sees je nach Jahreszeit sehr unterschiedlich sein kann. Das hängt unter anderem mit dem wechselnden Gehalt an Algennährstoffen, der Wassertemperatur und der Sonnenscheindauer zusammen. Natürlich ist der Badespaß in einem klaren See größer, aber ein Garant für Schadstofffreiheit ist auch klares Wasser mit großer Sichttiefe nicht.

Hinsichtlich ihres Alterungsprozesses als fortgeschritten gelten die Hecht- und Schleiseen. Diese Gewässer, oft Waldseen, sind meist nicht mehr als fünf Meter tief und durch klares Wasser gekennzeichnet. Oft lassen sich in ihnen wunderschöne Unterwasserpflanzen – auch Krautwiesen genannt – entdecken. Wenn sie fehlen, liegt das daran, daß die Wasseroberfläche mit Schwimmblattpflanzen bedeckt ist, die allen anderen Wasserpflanzen das Licht entziehen.

So wie unterschiedliche Bedingungen der Seen hinsichtlich Wassertiefe, Sauerstoffgehalt, Nährstoffgehalt und Sichttiefe verschiedenen Fischarten besonders gute oder weniger gute Lebensbedingungen bieten, reagieren auch Insekten, Krebse und Muscheln auf die Umwelt. Der Gewässerökologe kann entsprechend dem Vorkommen verschiedener Arten von Pflanzen und Tieren auf den Typ des Gewässers und die Belastung mit Nährstoffen schließen. Eine Planktonprobe mit feinmaschigen Netzen sowie eine Untersuchung des Gewässergrundes hinsichtlich der tierischen Besiedlung sagt oft mehr über den Zustand des Gewässers aus als eine chemische Analyse des Sees, zumal diese immer nur den Augenblickszustand erfaßt.

Die beschriebenen Wanderwege berühren Seen der unterschiedlichsten Art. Dem kleinen idyllischen Waldsee mit klarem, ›schwarzen‹ Wasser folgt der große und trübe See zwischen Äckern und Wiesen oder umgekehrt.

In den Seen des Berliner Umlandes sind nicht nur die bereits erwähnten Fischarten heimisch. Der passionierte Angler weiß, daß Plötze, Rotfeder, Blei und Barsch überall anzutreffen sind. Zwar ist die Fischgröße unterschiedlich, doch muß der Berufsfischer keine Hege- oder Besatzmaßnahmen vornehmen.

Seit Jahrzehnten wird dagegen der Hecht wegen des Fehlens natürlicher Ablaichflächen – beispielsweise Überschwemmungswiesen – zusätzlich in speziellen Anlagen vermehrt und als Jungfisch von Fischern und Anglern ausgesetzt. Auch die Aale rekrutieren sich heute fast ausschließlich aus Besatzmaßnahmen. Allerdings ist zu hoffen, daß mit der Verbesserung der Wasserqualität in Elbe und Oder wieder eine natürliche Zuwanderung erfolgt.

Zunächst erstaunlich ist die Tatsache, das beispielsweise Regenbogenforellen in Seen vorgefunden werden, die nicht ihren Anforderungen hinsichtlich Wasserströmung oder geringem Trübungsgrad entsprechen. Auch sie bilden keine natürliche Population; ihre Existenz rührt daher aus den Zeiten, in denen die Berufsfischer Forellen in Netzkäfigen fütterten und einige Exemplare ›entwischten‹, sich aber nicht in unseren Seen vermehren können. Auch kapitale Karpfen entstammen Besatzmaßnahmen.

Weitere Fischarten, die ebenfalls keine natürlichen Populationen bilden und sich in unseren Seen nicht vermehren können, sind mancherorts noch vorhandenen Restbestände der aus Asien eingeführten sogenannten Pflanzenfresser, die Gewichte über 50 Kilogramm erreichen. Die in den Seen Brandenburgs größte anzutreffende Fischart ist aber der heimische Wels, der ein Gewicht bis zu 100 Kilogramm bei annähernd 2,5 Metern Länge erreichen kann. Fänge dieser Größe sind aber die Ausnahme.

... oder beliebt als Bademöglichkeit

Die Berufsfischer bringen in der Regel aus ihren Netzen und Reusen Aal, Barsch, Blei, Hecht, Plötze, Schlei und Zander an Land. An manchen Seen lohnt es sich, nach einem Fischereigehöft Ausschau zu halten, denn nirgendwo ist der Fisch frischer zu erwerben als hier. Oft ergänzt eine kleine Räucherei das Angebot. Und der interessierte Wanderer wird Auskunft über die nicht immer romantische Arbeit des Fischers erhalten.

Durch den Berufsfischer kaum gefangen – aber mitunter reichlich vorhanden – sind neben den genannten Arten Gründling, Güster, Karausche, Kaulbarsch, Moderlieschen, Schlammpeitzger, Stichling, Stint und Ukelei. Sie dienen zum Teil als wichtige Nahrung für Raubfische. Dazu kommen noch Bitterling und Giebel.

Einzelne in den Brandenburger Seen vorkommende Fischarten gelten in ihrem Vorkommen als mehr oder weniger stark gefährdet. Dazu zählen unter anderem Bitterling, Schlammpeitzger, Wels, Stint, Moderlieschen, Gründling und auch die Stichlinge. Details dazu und weitere Informationen über die Fischarten der Seen bietet eine ausgezeichnete Dauerausstellung mit lebenden einheimischen Fischen in der Naturschutzstation Berlin-Malchow (Dorfstraße 35, 13051 Berlin, Tel. 030/ 92 79 98 30, direkt an der Bundesstraße 2 gelegen und mit dem BVG-Bus vom S-Bahnhof Berlin-Buch oder Berlin-Hohenschönhausen gut zu erreichen).

Nicht nur Wald und Flur lohnen einen genauen Blick – auch die Gewässer offenbaren dem interessierten Wanderer ihren ganz eigenen Charakter und tragen zur Mannigfaltigkeit der märkischen Landschaft bei.

Dr. Wolfgang Schlumpberger
Diplom-Fischwirt und Fachingenieur im Fischgesundheitsdienst i.R.

Feldsteine und Findlinge

Eine typische Besonderheit Brandenburgs und anderer nördlicher Landschaften sind die vielen abgerundet geschliffenen Steine, die Feldsteine und Findlinge.

Die Landschaft wurde geformt, als in der letzten Eiszeit die Eismassen das Gestein aus dem skandinavischen Raum nach Süden schoben, später beim Zurückweichen mit abfließendem Schmelzwasser den Boden formten und Seen entstehen ließen. Das Gestein schliff sich dabei ab und blieb zurück, teils feingeschliffen als Sand und Kies, teils in größeren Formen.

Ab einem Kubikmeter Größe wird ein Stein offiziell als Findling bezeichnet. In der Bevölkerung hat sich diese Bezeichnung aber auch für kleinere Steine eingebürgert, wobei der Übergang vom Feldstein zum Findling fließend ist. Das Material dieser Steine ist sehr unterschiedlich, es entspricht den Gesteinsarten der skandinavischen Gebirge. Geologen konnten hiesige Steine genau der Herkunftsregion zuordnen und dabei auch die Fließrichtung der Eismassen bestimmen.

Bei der Feldbearbeitung mögen die Steine lästig sein, dennoch ist ihnen von jeher eine besondere Bedeutung zugeschrieben worden. Einige haben Namen, und Sagen ranken sich um sie. Die größten unter ihnen sind zu Sehenswürdigkeiten avanciert, so etwa die Markgrafensteine zwischen Rauen und Bad Saarow. Einerseits ist bemerkenswert, daß die zwei größten Steine des Landes nebeneinander und auf der höchsten Erhebung in weitem Umkreis zum Liegen kamen, andererseits beeindruckt die Größe. Der kleinere ist mehr als fünf Meter lang, breit und hoch. Der größere Stein wurde geteilt und ein Teil zu der Granitschale verarbeitet, die im Berliner Lustgarten steht. Der größte bekannte Findling liegt jenseits der Oder im polnischen Tychowo, 35 Kilometer südlich von Koszalin, hat Abmessungen von 16 mal 11 mal 3,5 Meter, ragt nur zum Teil aus dem Boden und drückt bereits mit seinem Namen ›Triglav‹ aus, daß er bereits seit Urzeiten bekannt und vermutlich Orakelstein und Opferstein für den heidnischen Gott Triglav war.

Findling als Wanderwegweiser

Die aus Findlingen errichteten Hügelgräber – auch Hünengräber genannt –, werden als in der Steinzeit und Bronzezeit entstanden datiert. Vor einigen Jahrhunderten bildeten Findlinge auch Grenzsteine von Landesgrenzen und dienten als Grundlage für Taufsteine in Dorfkirchen. In der jüngeren Vergangenheit wurden Findlinge für Gedenkstätten und als Hinweis auf historische Begebenheiten der unterschiedlichsten Art verwandt. Auch als Wegweiser kann man sie in der Landschaft entdecken. Schließlich sind Findlinge in der Gegenwart als Schmuckstücke für Parks und Gärten derart gefragt, daß sie als kostbare Handelsware gelten. Übrigens sind Findlinge und Feldsteine immer Eigentum des jeweiligen Landbesitzers. Die unberechtigte Entfernung ist Diebstahl. Einige Findlinge stehen ohnehin unter Denkmalsschutz und dürfen auch vom Eigentümer nicht verändert oder verkauft werden.

Die kleinen Geschwister der Findlinge, die Feldsteine, waren und sind noch immer ein vielseitig zu verwendendes Material. Sie dienten als Baumaterial für Burgen, Befestigungsanlagen, Stadtmauern, später auch für Häuser, Scheunen,

Backöfen, Begrenzungsmauern und als Straßenbelag. Vor allem viele Dorfkirchen sind ganz oder teilweise aus Feldstein errichtet worden. An ihnen ist besonders deutlich erkennbar, daß Feldsteinbauten nicht einfach aus aufgeschichteten Steinen bestehen, sondern die Feldsteine sorgfältig bearbeitet wurden und kunstvoll zusammengefügt wurden.

Bemerkenswert ist auch, daß in manchen Dörfern Wohnhäuser und Scheunen aus bearbeiteten Feldsteinen zu bewundern sind, die erst im 19. Jahrhundert errichtet wurden. Und über viele Jahrhunderte hinweg verwendete man zum Bau der Fundamente, Sockel und Keller Feldsteine, auch wenn darüber ein Herrenhaus, Schloß oder anderes Bauwerk aus ganz anderem Material entstand.

Brandenburg ist im Wortsinn steinreich, und gerade Wanderer erleben diesen Reichtum unmittelbar. Denn es finden sich an vielen Stellen noch immer viele alte Straßen aus Feldsteinen, meist als unbeachtete Feld- und Waldwege im Lande, oft mehrere Kilometer lang.

Dorfkirchen

Brandenburg ist in weiten Teilen von kleineren Ortschaften geprägt. Räumliche und ideelle Mittelpunkte bilden in vielen Dörfern die Schlösser und Herrenhäuser und vor allem die rund 1400 Dorfkirchen, die oftmals schon aus größerer Entfernung auszumachen sind.

Später als andere Gebiete Deutschlands, erst seit dem 12. Jahrhundert, wurde das Land östlich der Elbe christianisiert, zunächst durch die Zisterzienser, deren Klosteranlagen heute noch teilweise erhalten sind. Die in diesem Rahmen errichteten Kirchen können als die ältesten der Mark gelten. Sie wurden in Ziegelbauweise ausgeführt.

Im 13. Jahrhundert begann der Bau von Dorfkirchen. Es waren zumeist sehr einfach gehaltene, aus behauenen Feldsteinen errichtete Bauten, die lediglich aus einem Versammlungsort mit sehr kleinen Öffnungen bestanden. Türme wurden erst in deutlich späteren Zeiten im jeweiligen Stil der Zeit angefügt, so daß die Bauten heute bei näherer Betrachtung ihre verschiedenen Bauphasen verraten. Neben der Verwendung der Feldsteine wurden bereits in der Frühzeit des Kirchenbaues auch die im Feuer gehärteten Ziegel, Backsteine genannt, eingesetzt. So gibt es viele Kirchen, bei denen sowohl Feldsteine als auch Ziegel, teils bunt vermischt, verarbeitet wurden.

In den 700 Jahren ihres Bestehens wurden zumeist nur die Fensteröffnungen verändert und die Innenräume den jeweiligen Bedürfnissen und verbesserten Ausstattungsmöglichkeiten angepaßt. Die meisten Dorfkirchen aus Feldsteinen werden auch heute noch regelmäßig für Gottesdienste genutzt und dürften damit zu den ältesten Gebäuden Deutschlands gehören, die ihrem ursprünglichen Zweck dienen.

In der Regel waren diese Kirchen auch als Zufluchtsort für die Dorfbewohner konzipiert. Sie haben deshalb besonders dicke Mauern und hatten früher kleinere Fenster und anfangs keinen Turm. Das Baumaterial fand und findet sich auch heute noch in der Landschaft. Überraschend ist, daß die Feldsteine bei den älte-

Die Feldsteinkirche in Leuenberg

sten Kirchen am sorgfältigsten bearbeitet und verarbeitet wurden. In Melchow, Trampe, Leuenberg und in anderen Orten finden sich zudem auch einige alte Scheunen, Wohnhäuser und Begrenzungsmauern, die dieses Baumaterial aufweisen. Es verleiht vielen gepflegten Gebäuden eine reizvolle Schönheit.

Während des Dreißigjährigen Krieges und der nachfolgenden mühsamen Erholung wurden in der Mark Brandenburg nur wenige Kirchen gebaut. Bevorzugte Bauart während der Aufbauzeit nach diesem Krieg war die Fachwerkkonstruktion, bei der Balken als tragende Teile benutzt und die Zwischenräume mit Ziegeln und Lehm ausgefüllt wurden.

Während die Feldsteinkirchen ständig modernisiert wurden, entstanden später, in der Zeit des Klassizismus, dann verstärkt auch wieder neue Kirchen, denen man den Einfluß Karl Friedrich Schinkels deutlich ansieht. Daneben gibt es auch einige Exoten aus verschiedenen Zeitepochen. Sie sind rein quantitativ aber nicht so bedeutend wie die älteren Gotteshäuser.

Die Dorfkirchen im Land Brandenburg stellen ein Kulturerbe dar, dessen Erhalt für nachfolgende Generationen keineswegs gesichert ist. Die Zahl der Gläubigen ist rückläufig, viele Kirchengemeinden können ihre Kirche nicht mehr unterhalten, und auch der Landeskirche fehlen die Mittel dafür. Eine Lösung wurde in machen Gemeinden in der Umnutzung gefunden. So dienen zahlreiche Kirchen heute auch kulturellen Zwecken.

Die Bevölkerung

Die Bevölkerungsentwicklung Brandenburgs ist durch Eigenheiten geprägt, die in anderen Regionen Deutschlands so nicht aufgetreten sind. Das Land unterscheidet sich in dieser Hinsicht von der inmitten ihr liegenden Großstadt Berlin. Die Berliner sind keine Brandenburger, die in der Stadt leben, sondern überwiegend in den letzten 150 Jahren aus anderen Gebieten zugezogen.

Nach Abzug noch älterer Völker besiedelten slawische Volksstämme die Region und wurden auf Dauer seßhaft, Reste haben sich im Spreewald bis in die Gegenwart mit ihrer Kultur und bis vor etwa hundert Jahren mit eigener Umgangssprache erhalten. Aber bereits vor etwa 1000 Jahren begannen germanische Völker vom Westen einzudringen. Sie verdrängten nicht die Menschen, wohl aber ihre Kultur und Sprache. An Familiennamen und Ortsbezeichnungen kann man slawische Wurzeln noch heute erkennen. Namen mit der Endung -ke sind häufig, mit -ow fast immer slawischen Ursprungs. Bei Orten ist das ebenso. Orts- und Familiennamen wie Buchholz sind deutschen Ursprungs, Buckow das slawische Gegenstück dazu, denn beide Namen gehen auf die Buche zurück. Der Endbuchstabe ›w‹ wird hierbei weder in deutschen Familiennamen noch in Ortsbezeichnungen mitgesprochen.

Charakteristisch für Brandenburg ist die von den Herrschern wiederholt vorgenommene gezielte Ansiedlung von Menschen, um das Land nach Seuchen oder Kriegen wieder nach vorn zu bringen.

Über die Jahrhunderte kamen Flamen – der Fläming hat seinen Namen daher–, Glaubensflüchtlinge aus Frankreich und Böhmen, Deutsche aus anderen Landesteilen schon zu früheren Zeiten, verlockte der König Auswanderer, hier zu bleiben und gab ihnen Land. Dörfer in Brandenburg mit Namen Neu Boston und Philadelphia zeugen davon. Schließlich wurde das Oderbruch entwässert und landwirtschaftlich nutzbar gemacht und Landflächen an Einwanderer verlost. Orte mit der Endung -loose sind durch diese Einwanderer entstanden. Allein in der Regierungszeit Friederichs des Großen kamen mehr als 57 000 Familien, über 100 000 Menschen, nach Brandenburg. Die Brandenburger sind also Nachkommen der slawischen Urbevölkerung, der Germanen aus anderen deutschen Gebieten, der Franzosen, Holländer, Böhmen.

Nach dem Zweiten Weltkrieg fand erneut ein größerer Bevölkerungsaustausch statt: Im Zuge der Kollektivierung in der Landwirtschaft verließen viele Bauern ihre Heimat und gingen in den Westen, andererseits nahm das Land Flüchtlinge aus dem Osten auf. Der planmäßige Aufbau der Industrie brachte den Zuzug vor allem junger Menschen aus allen Teilen der DDR.

Nach der Wende bildete sich um Berlin der sogenannte Speckgürtel aus. Er ist durch Industrieansiedlungen geprägt und gerade auch durch zahlreiche neue Wohngebiete, in die vor allem Berliner zogen.

Brandenburgische Geschichte

Ausgrabungen belegen, daß auf dem Gebiet des heutigen Brandenburg nach der letzten Eiszeit der beginnenden Vegetation auch Tiere und Jäger folgten, Menschen hier also bereits seit mindestens 10 000 Jahren leben. Für die Zeit vor der Zeitenwende weisen Ausgrabungen teils auf nordische Völker als auch auf andere Völker hin, man datiert einige Funde, die den Kelten zuzuordnen sind, auf die Zeitenwende. Es gab Völkerwanderungen auch hier, die germanischen Völker zogen westwärts. Ab dem 6. Jahrhundert wanderten slawische Völker in das zu dieser Zeit zunächst dichte Urwaldgebiet ein und siedelten überwiegend in Wassernähe, bildeten Siedlungen und traten mit ihren deutlichen Strukturen in die Geschichte des Landes ein. Es bildeten sich Siedlungsgebiete mit Namen, die wir noch heute vorfinden. Den Hevellern, Spreewanen, Lusizen oder Liutizen verdanken wir zum Beispiel die Bezeichnungen Havel, Spree und Lausitz.

Ab dem 10. Jahrhundert führten deutsche Kaiser gegen die Slawen Kriege und nahmen das Land in Besitz. Der slawische Hauptort Brennibor – auch als Brennabor oder Brennaburg bekannt, es gibt in den verschiedenen Quellen drei Schreibweisen – wurde Brandenburg und blieb es bis heute. Er gab dem Land den Namen. Immer wieder wurden Kriege zwischen Slawen und Deutschen ausgefochten, wechselten Gebiete ihre Besitzer, bis schließlich die Askanier, ein deutsches Geschlecht, im 12. und 13. Jahrhundert endgültig die Oberherrschaft erlangten. Sie kontrollierten nun ein Gebiet, das sich bis östlich über die Oder erstreckte, während der Süden, die Lausitz, länger den östlichen und anderen Herrschern gehörte und im Laufe der folgenden Jahrhunderte zeitweise mit Schlesien zu Polen, dann auch zu Böhmen damit sogar auch einmal zu Österreich und schließlich zwischenzeitlich auch zu Sachsen gehörte. Erst seit dem Wiener

Kongreß 1815 wurde die Grenzziehung festgelegt, die im wesentlichen heute noch Bestand hat: Die nördliche Lausitz kam zu Preußen – heute gehört sie zum Bundesland Brandenburg –, die südliche zu Sachsen.

Unter der Herrschaft der Askanier begann der Zuzug aus dem Westen. Adlige, Ritter, Bauern, Mönche kamen und legten die Grundlage zu den Strukturen, die bis in die jüngste Vergangenheit prägend waren, die auch besondere Abhängigkeiten, wie Leibeigenschaften und Besitz ganzer Dörfer, beinhalteten.

Auf dem Ruinenberg, im Vordergrund das Wasserreservoir

Als eine Grenzmark des deutschen Reiches entstand der Name, die Regierenden waren demnach die Markgrafen. Nach dem Aussterben der Askanier unterstand das Land wechselnden Herrschaftshäusern: den Wittelsbachern aus Bayern und kurzzeitig dem Hause Luxemburg. Kaiser Karl IV. verschaffte sich mit der Anlage seines Landbuches im Jahre 1375 erstmals einen umfassenden Überblick über das Land. Dieser Inventur und ihren Fortschreibungen verdanken viele Orte ihre erstmalige Erwähnung und feiern bis heute darauf basierend Jubiläen, obwohl sie mit Sicherheit älter sind, denn es wurde erfaßt, was bereits vorhanden war.

Im Jahre 1415 begann mit dem Burggrafen aus Nürnberg, dem schwäbischen Geschlecht der Hohenzollern zugehörig, das prägendste Kapitel Brandenburgs. Ab 1417 fest als Markgrafen etabliert, erweiterten die Hohenzollern von Brandenburg ständig ihren Einfluß und die Größe des Landes, übernahmen diverse deutsche Landesteile und zusätzlich auch die östlichen entfernt von Brandenburg liegenden Gebiete Preußens, die nicht dem Deutschen Kaiser unterstanden. Die Hohenzollern waren somit Markgrafen von Brandenburg, andernorts gleichzeitig Kurfürst oder Herzog und auch Könige in Preußen. Schließlich übernahmen sie diesen Namen als Bezeichnung für ihr gesamtes Herrschaftsgebiet. Mit der Reichsgündung 1871 wurde der preußische König auch zum Deutschen Kaiser.

Die ersten Jahrzehnte der Hohenzollern waren unruhige Zeiten. Anfangs hatten auch diese zunächst nicht fest im Lande wohnenden Herrscher ebenso wie ihre Vorgänger Schwierigkeiten, ihre Herrschaft zu etablieren. Raubrittertum, Aufruhr und regionale Willkür verzeichnen die Geschichtsbücher, gleichzeitig aber auch sich stabilisierende Strukturen hinsichtlich der Verhältnisse zwischen den Bauern, Adligen, der Kirche und den Landesherren. Erst mit der Präsenz der Hohenzollern in dem ebenfalls sehr selbstbewußten Berlin, in dessen Mitte sie sich im 15. Jahrhundert ein Schloß als festen Herrschaftssitz errichteten, kehrten ruhigere Zeiten ein. Der Dreißigjährige Krieg (1618–1848) richtete in Brandenburg besonders schwere Verwüstungen an. An seinem Ende war das Land weitgehend entvölkert, zerstört und verarmt.

In der Folgezeit wurde die langsame Erholung durch Seuchen und regionale Brandkatastrophen immer wieder gebremst, gab es auf dem Gebiet Brandenburgs mehrmals weitere Kriege.

Nach dem Dreißigjährigen Krieg entwickelte sich unter den Hohenzollern das Land Brandenburg zur Keimzelle Preußens; es blieb bis zum Ende des Kaiserreiches das Zentrum dieses Herrscherhauses. Während der letzte Kaiser nach 1918 ins Exil nach Holland ging, wohnte der frühere Kronprinz zum Beispiel noch bis 1945 im Schloß Cecilienhof in Potsdam.

Kurfürst Friedrich Wilhelm I., der später als der ›Große Kurfürst‹ in die Geschichte einging, betrieb eine gezielte Politik zur Erholung des Landes. Er animierte Ausländer zur Zuwanderung, legte neue Siedlungen für die Kolonisten

Schloß Cecilienhof ist das jüngste der preußischen Schlösser

aus vielen Teilen Europas an und war darauf bedacht, daß deren Fertigkeiten dem Land wirtschaftlichen Aufschwung brachten. Hohenbrück, das bei Tour 12 passiert wird, ist ein in diesem Rahmen entstandenes Dorf, in dessen Ortsmitte ein großer Findlingsstein ganz stolz und frisch renoviert auf die Gründung hinweist.

Brandenburg mußte sich auch noch nach dem Dreißigjährigen Krieg kriegerischen Einflüssen von außen erwehren. Unter dem Nachfolger des Großen Kurfürsten erlebte das Land eher Stillstand und Rückschritt, ihm folgte aber mit König Friedrich Wilhelm I. eine starke Persönlichkeit. Um seinen militärisch verwundbaren Staat zu schützen, stellte er ein übergroßes Heer auf, das durch seinen überzogenen Drill bekannt war. Friedrich Wilhelm I. wurde und wird bis heute der ›Soldatenkönig‹ genannt; erwähnenswert ist, daß er – ganz im Gegensatz zu seinem Nachfolger – nie einen Krieg führte. Er schuf auch die wirtschaftlichen Grundlagen, auf die sein Nachfolger – König Friedrich II., der später als der ›Der

Glorifizierung des ›Alten Fritz‹: Flötenspieler am Park von Sanssouci

Alte Fritz‹ und ›Friedrich der Große‹ in die Geschichte einging – aufbauen konnte. Friedrich II. setzte die Peuplierungspolitik seines Vaters fort und führte zahlreiche Kriege, um seinen Staat zu vergrößern.

Unabhängig von der Expansionspolitik der Hohenzollern ist auch typisch für die genannten Herrscher, daß sie sich beispielgebend um das Wohl und die Entwicklung des Landes bemühten und sich in vielerlei Hinsicht um die Landschaftspflege und den wirtschaftlichen Aufbau bemühten.

Bereits im 17. Jahrhundert begann der systematische Bau von Straßen und Alleen, die zielgerichtete mühsame Anlage von Kanälen für den Schiffsverkehr, gaben die Herrscher die Art der Landwirtschaft weitgehend vor, förderten industrielle Zweige, schufen Voraussetzungen für neue Erwerbsquellen oder ordneten sie mitunter rigoros an, so zum Beispiel die Seidenraupenzucht. Dazu wurden auch Fachleute aus dem Ausland nach Brandenburg geholt.

Typisch für die Realisierung persönlicher Ideen sind zum Beispiel die bekannten Alleen. Man legte sie an, damit bei Schnee der Weg nicht zu verfehlen war und Reisende bei großer Hitze im Schatten unterwegs sein konnten. Gleichzeitig dienten die Bäume wirtschaftlichen Zwecken. Der Soldatenkönig ordnete Anfang des 18. Jahrhunderts an, an den Rändern von Handelswegen und Poststraßen Bäume zu pflanzen. 180 000 Bäume sollen innerhalb weniger Jahre die Grundlage für das gelegt haben, das hierzulande bis heute Tradition geblieben ist: An die Straßenränder gehören Bäume.

Weitere herausragende Impulse gab der ›Alte Fritz‹. Er führte den Kartoffelanbau ein, ließ Sumpfgebiete und Überschwemmungsgebiete durch Entwässerungsgräben zu fruchtbarem Land werden. Sie sind heute Lebensraum für Pflanzen und Tiere und so harmonisch in die Landschaft eingebettet, daß viele dieser Gräben wie von der Natur erschaffen wirken. Der König veranlaßte auch die Trockenlegung des Oderbruchs und bezeichnete dieses als die beste Art der Landgewinnung, da ohne Krieg erreicht. Als Zitat von ihm ist bekannt, daß er selbst als sein größtes Verdienst für das Land ansieht: »Wenn man da zwei Ähren wachsen läßt, wo bisher nur eine wuchs.«

Bekannt ist die Toleranz in religiösen Fragen. In Brandenburg konnte, nicht selbstverständlich für diese Zeit, »jeder nach seiner Fasson selig werden«. Zudem wurde die Verwaltung modernisiert, bildeten sich die Anfänge einer unabhängigen Gerichtsbarkeit heraus. Der ›Aufgeklärte Absolutismus‹ blieb letztlich den Prinzipien der Ständegesellschaft verpflichtet; erst die sogenannten Stein-Hardenbergschen Reformen nach der Katastrophe 1806 brachten eine rechtliche Besserstellung vor allem auch der bäuerlichen Schichten. Im Revolutionsjahr 1848 zeigt sich erneut, daß auch die preußischen Monarchen nicht gewillt waren, den Forderungen nach bürgerlichen Rechten und politischer Teilhabe breiterer Schichten freiwillig Folge zu leisten.

Mit der Reichsgründung 1871 waren die Hohenzollern gleichzeitig preußische Herrscher und in Erbmonarchie die Deutschen Kaiser. Das war eine logische Konsequenz aus der Vormachtstellung, die Preußen innerhalb des Deutschen Bundes besaß. Der forsche Wilhelm II., ab 1890 Kaiser, verkörperte die um die Wende vom 19. zum 20. Jahrhundert allgemein grassierende deutsche Großmannssucht. Das Streben nach einem ›Platz an der Sonne‹ war in starkem Maße ursächlich für den Beginn des Ersten Weltkriegs. Die Niederlage Deutschlands bedeutete das Ende der Hohenzollernherrschaft und das Ende der Monarchien in Deutschland überhaupt; damit war das alte Preußen untergegangen. Es bestand als Verwaltungseinheit weiterhin innerhalb der Weimarer Republik und wurde 1947 auf Beschluß der Alliierten aufgelöst. Begründet wurde diese Entscheidung mit den Traditionen, die unmittelbar den Aufstieg Hitlers ermöglicht und in den Zweiten Weltkrieg geführt hätten – ein Urteil, über das man diskutieren kann.

Im Frühjahr 1945 wurde Brandenburg zum Kriegsschauplatz des zu Ende gehenden Zweiten Weltkriegs. Zahlreiche Orte und ganze Landstriche wie etwa das Oderbruch wurden verwüstet; die Gedenkstätten Seelow, der Friedhof in Halbe und eine schlichte Gedenkstätte bei Potsdam als größte Erinnerungsorte gedenken der Opfer. Eine unbekannte Zahl von Menschen, weit über 150 000 Personen, starben in Brandenburg noch in den letzten Kriegsmonaten im Zuge der Kampfhandlungen, nach Kriegsende in Lagern und an den Folgen dieses Krieges.

Es gibt auch im Jahr 2005 noch immer munitionsverseuchte Sperrgebiete. Sie zeigen, daß das Land so sehr von Restmunition übersät und belastet war, daß sie in den 60 Jahren seit Kriegsende noch nicht vollständig beseitigt werden konnte. Noch immer werden scharfe Bomben und Munition gefunden, explodiert bei Waldbränden gelegentlich Munition. Auf etwa 400 000 Hektar Fläche wird noch Altmunition vermutet. Diese noch immer gefährlichen Gebiete sind jedoch in der Landschaft deutlich gekennzeichnet, Wanderwege führen nicht hindurch, die Wanderwege sind ausnahmslos sicher.

Die Mark Brandenburg blieb in der Weimarer Republik und bis zum Ende des Zweiten Weltkrieges als deutsche Provinz Brandenburg mit zwei Regierungsbezirken Potsdam und Frankfurt und als Landschaft mit einer Größe von knapp 40 000 Quadratkilometern erhalten und erstreckte sich wie seit ihrer Entstehung östlich weit in das jetzt polnische Gebiet hinein, beinhaltete aber auch damals nicht das Gebiet der Stadt Berlin. Das mit dem Ende des Krieges durch die Oder-Neiße-Linie abgetrennte östliche Brandenburg stand zunächst lediglich unter polnischer Verwaltung, das Land westlich der Oder war Teil der sowjetischen Besatzungszone. Nach Gründung der DDR im Jahre 1949 wurden darin Regierungsbezirke neu gebildet, wobei die Mark Brandenburg lediglich als Landschaftsbezeichnung weiterbestand. Die Einteilung in die neu zugeschnittenen Regierungsbezirke Potsdam, Cottbus, Frankfurt und Neubrandenburg orientierte sich nicht an den historischen Einteilungen. Die Oder-Neiße-Grenze wurde zwischen der DDR und Polen bereits 1949 als verbindliche Grenze zwischen den beiden Staaten festgelegt und 1990 im Vertrag über die deutsche Einheit bestätigt.

In Folge der weltpolitischen Entwicklung nach 1945, die sich in Deutschland mit der Gründung von zwei Staaten besonders deutlich zeigte, gingen west- und ostdeutsche Gebiete sehr unterschiedliche Wege. Die wirtschaftliche Entwicklung Brandenburgs blieb aber nicht nur als Folge der politischen Teilung hinter den westlichen Ländern zurück. Gerade dieser Landstrich hatte am Ende des Zweiten Weltkrieges besonders starke Zerstörungen erlitten. Die Sowjetunion, durch den Krieg ebenfalls stärker geschwächt als die USA, hatte weder Sinn noch Möglichkeiten, Hilfestellung beim Wiederaufbau zu leisten. Die früheren Gutsbesitzer und Fabrikbesitzer wurden enteignet und flohen zum nicht geringen Teil nach Westen, überhaupt verließen viele Menschen das Land. Zwar wurde die Industrie massiv ausgebaut, vieles davon erwies sich aber nach 1990 als nicht überlebensfähig.

Nach der Wende wurden in Vorbereitung auf die deutsche Wiedervereinigung die Regierungsbezirke der DDR wieder neu strukturiert. Man orientierte sich dabei an den historisch gewachsenen Landschaften. Als eines der dadurch neu entstandenen fünf Bundesländer ist Brandenburg seit dem 3. Oktober 1990 nun ein Teil der Bundesrepublik Deutschland.

Das Bundesland Brandenburg deckt sich nun auf deutschem Gebiet mit seiner Landeshauptstadt Potsdam weitgehend mit der früheren Provinz Brandenburg, hat nunmehr jedoch nur noch eine Gesamtfläche von knapp 30 000 Quadratkilometern Fläche. Als Folge des Zweiten Weltkrieges ist also die Mark Brandenburg durch den Verlust der Gebiete jenseits der Oder, der Neumark, um fast 25 Prozent kleiner geworden.

Die Bevölkerungszahl ist weniger geschrumpft als die Fläche: Verzeichnen die offiziellen Statistiken für das Jahr 1934 für die Provinz Brandenburg 2 720 000 Einwohner, so waren es am Ende des Jahres 2003 noch 2 570 000.

Nach der Wende zeigte sich rasch, daß eine schnelle Angleichung der Lebensverhältnisse in Ost und West nicht zu realisieren war. Dabei verlief die Entwicklung in Brandenburg sehr unterschiedlich: Während die berlinnahen Regionen einen Aufschwung verzeichnen konnten, kamen die Randregionen nicht so recht voran.

Das Land hat große Anstrengungen unternommen, um sich als auch als attraktives und bekanntes Reiseziel zu etablieren; noch immer findet es jedoch nicht die Beachtung, die ihm hinsichtlich der Kultur-, Natur- und Freizeimöglichkeiten zusteht.

Schlösser, Parks und Gärten

Tour 1: Von Potsdam nach Marquardt

Gesamtlänge 20 km.
Teilstrecken Potsdam Hauptbahnhof – Brandenburger Tor: 1,8 km, Brandenburger Tor – Pfingstberg: 7,5 km, Pfingstberg – Nedlitz Bushaltestelle: 3,5 km, Nedlitz – Marquardt Bus: 8,3 km, Bahnhof: 0,7 km.
Verkehrsverbindungen Potsdam: Zahlreiche Verbindungen mit Regionalbahnen und S-Bahn nach Potsdam-Hauptbahnhof. Zum Brandenburger Tor mit der Straßenbahn zum Luisenplatz oder zu Fuß.
Marquardt: Regionalbahnlinie Potsdam-Hauptbahnhof – Wustermark, werktags stündlich, sonntags im Zweistundentakt, Bus ab Kirche ebenfalls täglich mehrmals nach Potsdam.
Bahnverbindung zwischen Start und Ziel: Marquardt – Potsdam-Hauptbahnhof.

Die Nikolaikriche von der Liebesinsel aus gesehen

Wanderkarten Maßstab 1:50 000 im Kartenteil dieses Buches die Seiten 1–2; Ausschnitt aus ›Potsdam und Umgebung‹ bzw. L 3544 (Berlin-Spandau) und L 3542 (Ketzin).
Weitere Karten mit Wanderwegen: Landesvermessungsamt Brandenburg ›Osthavelland‹ 1:50 000, ISBN 3-7490-4093-1.
Döberitzer Heide, 1:35 000, Verlag Dr. Barthel, Serie ›Schöne Heimat‹, ISBN 3-89591-091-0.
Markierung Blauer Punkt
Einkehr Potsdam, Nedlitz, Marquardt.
Unterkunft Potsdam, Marquardt.
Besondere Sehenswürdigkeiten Nicolaikirche, Altes Rathaus, früherer Marstall (jetzt Filmmuseum), Neuer Markt mit Kabinetthaus, ehemaliger Kutschstall (jetzt Haus der Geschichte und Museum), Nachbau des berühmten Glockenspiels der Garnisonskirche, Militärwaisenhaus und weitere historische Bauten, Brandenburger Tor in Potsdam, Schloßpark und Schloß Sanssouci, Historische Mühle, Ruinenberg, Russische Siedlung Alexandrowka, Park Neuer Garten mit Marmorpalais, Schloß Cecilienhof, Alte Meierei (jetzt Gaststätte mit Brauerei), Belvedere, russisch-orthodoxe Kirche, Schloßpark Marquardt.
Hinweise Für das Betreten der Parkanlagen wurde 2004 eine Eintrittsgebühr erwogen, die jedoch nicht realisiert wurde. Um weiterhin den sehr kostenintensiven Erhalt der einmaligen Anlagen gewährleisten zu können, werden Besucher ab 2005 um freiwillige Spenden gebeten.

Es ist gerade einer der Reize unserer ersten Tour, daß wir anfangs attraktive Wege gehen und das Zentrum der brandenburgischen Hauptstadt erleben und anschließend in die Einsamkeit der Landschaft wandern, d azwischen auch einige weniger reizvolle Abschnitte überbrücken müssen. Daraus entsteht ein Kontrast, der so in den folgenden Touren nicht mehr erlebbar ist.

Diese erste Etappe ist in besonderem Maße als separate Einzeltour mit vielen Sehenswürdigkeiten anerkannt. Sie bietet bis zum Pfingstberg auch eine Wandertour durch Potsdam mit vielen Sehenswurdigkeiten, die in den üblichen Stadtrundfahrten und Parkspaziergängen nicht enthalten sind. Dabei umgeht man auf beschaulichen Wegen die allzu belebten Straßen Potsdams. Vom Pfingstberg besteht die Möglichkeit einer Fahrt von wenigen Minuten mit der Tram zum Parkplatz am Hauptbahnhof zurück oder abkürzenden Variationen zu Fuß. Verständlich ist, daß hier Nordic Walking nicht angebracht ist. Außerdem wird deutlich, daß der 66-Wanderweg ein Fußweg ist und weitgehend zum Radfahren ungeeignet. In den Parks Potsdams ist Radfahren zudem auch nicht gestattet.

Der 66-Seen-Wanderweg beginnt offiziell am Brandenburger Tor, die Beschreibung aber bereits am Hauptbahnhof, denn inzwischen wurde entlang der

1500 Meter bis zum Brandenburger Tor auf der beschriebenen Route in den letzten Jahren sehr viel Historisches liebevoll restauriert, und es gibt einige unbekannte Kleinode Potsdams zu entdecken.

Gleichzeitig ergibt der Beginn am Hauptbahnhof einen Service für Autofahrer, die auf dem großen Parkplatz an der Nordseite des Hauptbahnhofes das Auto abstellen und entweder einen Teil oder die gesamte erste Etappe zu Fuß gehen können und mit der Bahn problemlos zum Auto zurückfinden.

Schloß Sanssouci ist die wohl bekannteste Sehenswürdigkeit Potsdams

Die Fülle historischer Bauten, Parks und Gärten, die Potsdam zu bieten hat, kann im Rahmen von Wanderungen nicht in vollem Umfang besichtigt werden, für ihren Besuch muß zusätzlich zu den Wandertagen einige Zeit eingeplant werden. Um jedoch möglichst viele Sehenswürdigkeiten der an Historie, Bau- und Gartenkunst sehr reichen Stadt zu erleben, ist die Wanderung ab Hauptbahnhof Potsdam unbedingt zu empfehlen. Aus diesem Grund verläuft die Wanderstrecke nicht auf dem kürzesten Weg durch Potsdam.

Die berühmten Bauten Schloß Sanssouci, die historische Windmühle, das Marmorpalais und Schloß Cecilienhof sind für eine Besichtigung unbedingt zu empfehlen, der Park von Sanssouci, ein Kleinod der Gartenkunst und Landschaftsgestaltung, bietet mit seinen weiteren historischen Bauten darüber hinaus noch mindestens ein zusätzliches Tagesprogramm, denn darin gibt es je weitere Schlösser, die besichtigt werden wollen: Das Schloß Charlottenhof, das Teehaus und die römischen Bäder sollen das Ende der Gesamtrunde bilden, das Neue Palais, die Neuen Kammern und die Orangerie liegen etwas abseits in dem weitläufigen Park von Sanssouci und wären einen gesonderten Besuch wert. Außerdem wird jeder Liebhaber von Seen nicht versäumen, mit der ›Weißen Flotte‹ bei einer mehrstündigen Fahrt die Havelseen vom Wasser aus zu erleben. Dabei ist leicht zu erkennen, warum die Brandenburgischen Kurfürsten und späteren Preußischen Könige neben dem Regierungssitz in Berlin bereits vor 350 Jahren eine Neben- und Sommerresidenz in Potsdam errichteten und die reizvolle Landschaft mit hohem Aufwand und über die Jahrhunderte hinweg zu der Form gestalten ließen, die wir heute vorfinden.

Zum Wohnen und Repräsentieren entstanden die Bauten, und so gibt es in Potsdam und Umgebung neben vielen weiteren Solitären allein 15 Schlösser des Königshauses, wobei das eigentliche Stadtschloß die Folgen des letzten Krieges nicht überstanden hat. Die noch vorhandenen Schlösser sind in Potsdam Schloß Sanssouci, Schloß Charlottenhof, Neue Kammern, Orangerieschloß und Neues Palais im Park Sanssouci, andernorts Schloß Babelsberg, Schloß Cecilienhof, Jagdschloß Stern, Kleines Schloß, Schloß Lindstedt, Marmorpalais. In der Umgebung von Potsdam finden wir noch Schloß Caputh, Schloß Glienicke, Jagdschloß Glienicke und das Lustschloß auf der Pfaueninsel.

›Belvedere‹, der schloßähnliche königliche Prachtbau zur schönen Aussicht auf dem Pfingstberg, darf ebenso wenig unerwähnt bleiben wie das Schloß Marquardt, das nicht dem Königshaus gehörte, aber mit seltsamer Historie zeitweise eng mit dem Königshaus verbunden war und sich gegenwärtig allein wegen des sehenswerten Parks zu einem beliebten Ausflugsziel entwickelt hat.

Doch Potsdam war und ist mehr als diese Schloßhistorie. Als Siedlung über 1000 Jahre alt, im Mittelalter bereits eine Stadt, konzentrierten später die Könige hier ihr Militär, und so entwickelte sich Potsdam zur Garnisonsstadt. Aber auch Kunst, Kultur und Wissenschaft haben hier inzwischen eine lange Tradition. Schließlich entstand auch ein Verwaltungszentrum: Potsdam war in der DDR Bezirkshauptstadt und ist jetzt die Hauptstadt des Bundeslandes Brandenburg mit gegenwärtig etwa 140 000 Einwohnern.

Streckenverlauf

Die Route beginnt auf der Nordseite des Bahnhofs an dem großen Autoparkplatz. Wir wenden uns nach links westwärts zur Langen Brücke und überqueren diese – erst einmal nicht ganz. Von der Brücke zweigt rechts die Liebesinsel ab, eine hübsche Parkanlage, die besonders im Sommer mit vielen Blumen und idyllischen Blicken einen Rundgang wert ist, einen Blick nach rechts aber immer. Bei einem

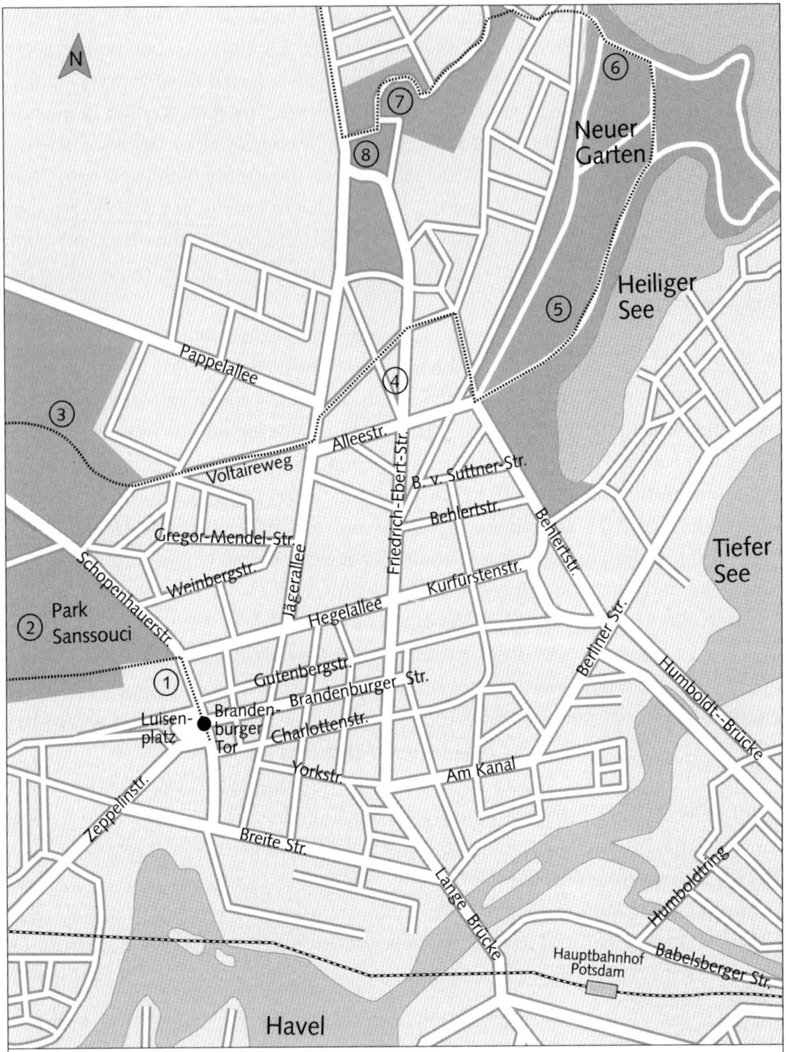

Potsdam

Legende

1 Obelisk
2 Schloß Sanssouci
3 Ruinenberg
4 Alexandrowka
5 Marmorpalais
6 Cecilienhof
7 Pfingstberg
8 Russisch-Orthodoxe Kirche

Blick nach links nehmen wir den Rest des ehemaligen Lustgartens des Stadtschlosses am Ufer der Havel wahr. Dort ist auch die Anlegestelle der Weißen Flotte Potsdam.

Am Ende der Brücke ist rechts der Nachbau des Eingangsportals des ehemaligen Stadtschlosses auszumachen, auf dessen Grund wir uns hier befinden, dahinter der Alte Markt mit dem alten Rathaus und der Nikolaikirche. Der schlichte Bau rechts ist Potsdams größtes Theater, das Hans-Otto-Theater.

An der Ampel überqueren wir die Straße zu dem langgestreckten rötlichen Gebäudekomplex. Es ist das Filmmuseum, ehemals Marstall. Rechts daran entlang in die Kleine Schloßstraße schlendernd, gelangen wir zu einem kaum beachteten Denkmal. Es entspricht damit genau der Situation um einen Mann, der zwar langjähriger Angehöriger der preußischen Armee war, hierzulande kaum beachtet wird, aber in den USA derart berühmt ist, daß jährliche Paraden zu seinen Ehren stattfinden und sogar seinen Namen tragen. Es ist General von Steuben, der das Heer George Washingtons reformierte und maßgeblich zum Sieg über die britischen Truppen und damit zur Unabhängigkeit der USA beitrug.

Dort zweigt rechts der Neue Markt ab und am Haus mit der Nummer 1 stehen wir vor einem weiteren historischen Gebäude, dem Wohnhaus von Angehörigen des Königshauses und gleichzeitig Geburtshaus Wilhelm von Humboldts. In der Mitte des Platzes präsentiert sich die alte Ratswaage als Gaststätte. Das Gebäude mit dem prächtigen Eingangsportal und der Quadriga war der königliche

Der historische Kanal an der Yorkstraße

Kutschstall und ist jetzt Haus der Brandenburgisch-Preußischen Geschichte. Die weiteren hübschen historischen Bauten dort beherbergen wissenschaftliche Einrichtungen.

Durch die Siefertstraße gelangen wir zur Yorkstraße, in deren Mitte ein Teil des ehemaligen Stadtkanals nun als Grünanlage rekonstruiert wurde und der wir nach links folgen. Sehenswerte Häuser säumen die Straße. An der nächsten Ecke, der Dortusstraße, befindet sich links eine kleine Parkanlage mit dem Nachbau des Glockenspiels der im Krieg zerstörten historischen Garnisonkirche. Jeweils alle Viertelstunde erklingen unterschiedliche Melodien, eine davon ist ›Üb immer Treu und Redlichkeit‹.

Wenige Schritte weiter präsentiert sich als sehenswertes Gebäude das ehemalige Militärwaisenhaus. Wir wenden uns nun auf der Dortustraße stadteinwärts, überqueren die Charlottenstraße und gelangen an die Brandenburger Straße, der zentralen Fußgängerzone Potsdams mit beschaulichem Flair und kleinen Geschäften. Nach rechts sehen wir am Ende die Sankt-Peter-und-Paul-Kirche und nach links bereits das Brandenburger Tor. Auf dem Weg dorthin passieren wir die Weltzeituhr auf dem Platz am Ende der Brandenburger Straße.

Ein Wegweiser neben dem Brandenburger Tor markiert den Beginn der offiziellen Wanderroute. Von dort aus wenden wir uns nach Norden, gehen auf der linken Straßenseite der Schopenhauerstraße an einigen Häusern entlang und erreichen den Park von Sanssouci.

Am Obelisk biegen wir in die Hauptallee des Parks ein, durchschreiten ein Tor, zweigen sofort dahinter nach rechts ab und kommen so an der Neptungrotte vorbei. Den Weg fortsetzend, durchqueren wir den Holländischen Garten, vorbei an der Bildergalerie und gehen zum Schloß Sanssouci empor. An der linken Seite – Westseite – des Schlosses gelangen wir zu einem Laubengang aus goldfarbenem Metall, daran vorbei oder hindurch finden wir den Durchgang zur Windmühle, die voll funktionsfähig und zu besichtigen ist.

Unsere Wanderung führt uns auf dem Parkfußweg rechts am Parkplatz vorbei und hinter dem Parkplatz nach links den Parkweg am Zaun entlang. Am Ende dieses Weges stoßen wir auf einen weiteren Parkweg, der uns nach rechts zum **Bornstedter See** führt.

Am See können wir ein Stück dem rechten Ufer folgen, bis unser Weg an der verkehrsreichen Bornstedter Straße endet. Wir setzen auf dem Gehweg der gegenüberliegenden Straßenseite unsere Wanderung in der gleichen Richtung fort, bis wir nach etwa 400 Metern unmittelbar vor einigen Häusern einen rechts abzweigenden Weg erreichen, der uns in spitzem Winkel ein kurzes Stück über offenes Gelände in entgegengesetzter Richtung zu einer Waldkante führt. Die alte Wegemarkierung ›Gelber Punkt‹ und der neue ›Blaue Punkt‹ leiten uns nun weiter schräg in den Wald hinein, den Weg mit der steilsten Steigung hinauf zum

Ruinenberg. Von diesem für die Springbrunnen des Schloßparks angelegten Wasserreservoir in Form einer Ruine hat man einen wunderbaren Blick auf Schloß Sanssouci.

Wir folgen den Markierungen geradeaus bergab und kommen durch die Einfamilienhäuser der Ruinenbergstraße an der Straße Einsiedelei vorbei zum Voltaireweg. Die Straße Einsiedelei trägt ihren Namen nach einem früher hier am Park, abseits des Schlosses gelegenen Haus, dem nachgesagt wird, daß es auch verschwiegenen und heimlichen Treffen diente. Der Voltaireweg führt uns links zu einer Straßenkreuzung, an der wir links in die Straße Am Schragen einbiegen, um sogleich gegenüber in die Russische Kolonie Alexandrowka hinüberzuwechseln.

Es handelt sich hier um Holzhäuser im russischen Stil, die der preußische König Friedrich Wilhelm III. im Jahre 1826 für einen ins Land geholten russischen Chor errichten ließ. Der russische Zar Alexander hatte seinem Freund den Soldatenchor überlassen, und die Sänger mußten nun – unfreiwillig – dem Preußenkönig dienen. Dafür wurden sie mit den Häusern entschädigt, die gut erhalten und sehr sehenswert sind. In den Häusern Nr. 7 und Nr. 11 wohnen bis heute Nachfahren der Sänger. Durch die Wege mit den Hausnummern 8 und 9, dann 6 und 7 durchqueren wir geradeaus die Kolonie.

Am Ende des Weges befinden wir uns unmittelbar vor einer Straßenbahntrasse, überqueren die Straße und gehen geradeaus in die Beyerstraße, die von bemerkenswerten alten Villen gesäumt ist. Am Ende dieser kurzen Straße biegen wir nach rechts in die Große Weinmeisterstraße ein und kommen nach etwa 200 Metern an den Zaun des Parks mit dem Namen Neuer Garten. Ein kurzes Stück rechts am Zaun entlang gehend, passieren wir ein gesperrtes Tor und erreichen ein paar Meter weiter an einem kleinen Restaurant den offenen Eingang nach links in den Park. Im Park flanieren wir geradeaus die schöne Allee entlang und kommen an den Holländischen Häusern vorbei. Wenn die Weggabelung bei dem Obelisken kurz vor dem Marmorpalais erreicht ist, halten wir kurz an, denn es lohnt ein Blick zurück über den Heiligen See mit der Kuppel der Nikolaikirche im Hintergrund. Und wenn wir sodann links am Marmorpalais vorbeischlendern, öffnet sich die Sicht auf den links gegenüber dem Hauptplatz angelegten sehr schönen Blumengarten. Ein Rundgang bis an das Wasser eröffnet noch weitere sehenswerte Teile des Bauwerks und malerische Blicke über den **Heiligen See**.

In Ufernähe des Sees halten wir uns in Richtung des roten und grünen Hauses. An der Pyramide, die links steht, eröffnet sich erneut ein weiter Blick nach rechts über den Heiligen See, den Jungfernsee, die ferne Havel, das Schlößchen auf der Pfaueninsel in Berlin und auch auf den Sendeturm, der auf dem Schäferberg in Berlin steht. Bis zum Grünen Haus bleiben wir am Ufer des Heiligen Sees und gehen dann links neben dem Haus auf dem kleinen Parkweg weiter, der direkt am Haus vorbeiführt.

Vor uns liegt der Jungfernsee, links das Schloß Cecilienhof, in dem die Siegermächte des Zweiten Weltkrieges zur sogenannten Potsdamer Konferenz zusammenkamen. Eine Ausstellung im Schloß informiert über dieses Ereignis. Nähert man sich dem Schloß, kann man sehen, daß nicht nur das Gebäude, sondern auch die Gartenanlagen geradewegs aus England importiert zu sein scheinen. Beides war von Anfang an im englischem Stil konzipiert. Es ist als letztes der preußischen Schlösser erst 1917, also ein Jahr vor Ende der Monarchie, fertig geworden und wurde von Angehörigen des ehemaligen Herrscherhauses bis 1945 bewohnt.

Nun wenden wir uns dem **Jungfernsee** zu und kommen an die Meierei. Das ist ein hübsches Gebäude, das unmittelbar am Ufer liegt und jetzt ein sehr beliebtes Restaurant mit eigener Brauerei geworden ist. Am Parkausgang biegen wir in die Große Weinmeisterstraße Richtung Zentrum ab, die wir an der nächsten Ecke nach rechts wieder verlassen, gemäß der Markierung in die entsprechende asphaltierte kleine Straße am Waldrand in Richtung Restaurant ›Am Pfingstberg‹. Nach einer Biegung nach links erreichen wir das Restaurant, von dessen Terrasse man eine schöne Aussicht auf eine Gartenlandschaft hat.

An einem Wasserturm und einem eindrucksvollen Villengebäude vorbei, liegt geradeaus vor uns das ›Belvedere‹ auf der Höhe des Berges. Es ist ein Bauwerk, das, wie der Name schon andeutet, nur zur schönen Aussicht geschaffen wurde. Die Aussicht von der obersten Plattform ist derart eindrucksvoll, daß niemand sich wegen des verhältnismäßig teuren Eintrittsgeldes von der Besichtigung des gesamten, auch im Inneren sehr sehenswerten Gebäudekomplexes abhalten lassen sollte.

Vor dem Gebäude leitet uns die Markierung nach links. Zwischen dem ersten und dem zweiten Torbogen finden wir einige Schritte nach links den Pomonatempel, das erste Bauwerk Schinkels. Es markiert einen Aussichtspunkt, von dem sich uns eindrucksvolle Blicke auf die Havel, Potsdam und weit in die brandenburgische Landschaft hinein eröffnen.

Zurück und gemäß unserer Punktmarkierung durch den zweiten Torbogen gehen wir weiter auf dem bequemen Weg bergab, erreichen eine kleine Asphaltstraße, sehen rechts den Eingang zum Jüdischen Friedhof, überqueren die kleine Straße und bewundern wenige Schritte weiter auf einer Waldlichtung ein Juwel, die kleine russisch-orthodoxe Kirche. Wenn sie geöffnet ist, lohnt auch ein Blick in das Innere.

In nordwestlicher Richtung geht es nun weiter durch den Wald, zu einer Hauptverkehrsstraße hinab. Es ist die Nedlitzer Straße, der wir nun nach rechts folgen. Da es einen Gehweg gibt, ist dieser Abschnitt zwar nicht schön, aber ungefährlich. Nach etwas mehr als einem Kilometer, am Ende der neuen Wohnsiedlung auf der linken Straßenseite, verlassen wir die Straße nach links in die

Viereckremise und gleich danach nach rechts in den Wald hinein auf der Straße Am Golfplatz.

Auf dieser Eichenallee lassen wir nun Potsdam hinter uns und wandern immer geradeaus bis an das Ende dieser Straße, die zunächst noch recht belebt ist, jedoch nach Überquerung einer Chaussee zu einem ruhigen Wander- und Fahrweg wird, der schließlich an der Straßenverzweigung Lerchensteig–Fahrlander Damm–Hainholzstraße endet. Die geradeaus erkennbare Hainholzstraße endet nach hundert Metern am Ufer des **Weißen Sees**.

Am Weißen See

Wir biegen in den Fahrlander Damm ein, eine kleine Straße, an der bald rechts eine einfache Strandgaststätte folgt. Der Zugang dorthin lohnt, denn die schöne Uferpartie lädt zur Rast ein. Am Ende der Straße findet sich noch ein weiterer offener Uferbereich, der auch als Rastplatz geeignet ist. Entlang des sich anschließenden etwas abenteuerlichen Pfades bieten sich an den dortigen Angelplätzen immer wieder weitere Aussichtspunkte.

Der weitere dort erkennbare Pfad entlang des Ufers bietet mit seiner Länge von etwa 150 Metern eine enorme Abkürzung, ist durchgängig begehbar, und die Benutzung war zu Beginn des Jahres 2005 gestattet. Da ein Privatgelände tangiert wird, ist es jedoch kein offizieller Weg, soll aber außerhalb dessen als begehbarer Weg offiziell werden und wird hier empfohlen.

Offiziell wäre ein Stück zurück und der Weg durch die Laubenkolonie zu benutzen, der zwischen dem Straßenende und der Gaststätte gegenüber der Wasserseite abzweigt. Eingangs- und Ausgangstor sollten tagsüber geöffnet sein, die allgemeine Benutzung ist ausdrücklich erlaubt. Sollte dennoch abgeschlossen sein, müßten wir bis zur Ecke zurück.

Am Wohnhaus Lerchensteig Nr. 44 erreichen wir entweder auf dem Pfad oder mit großem Umweg den Uferweg entlang des Sacrow-Paretzer-Kanals. Da hier landschaftliche Umgestaltungen vorgesehen sind, ist es ratsam, genau die Hinweise und Wegmarkierungen zu beachten.

Noch kann man – fast vier Kilometer auf urwüchsigem Pfad – immer am Ufer entlanggehen, unter der Straßenbrücke hindurch bis zur Eisenbahnbrücke. Das wird künftig nicht mehr möglich sein. Daher ist die offiziell markierte Wegführung ratsam: Wir schwenken etwa einen Kilometer hinter dem Haus Lerchensteig 44 auf einen Weg nach links zum Gut Bornim ab. Hier wurde die Lennésche Kulturlandschaft wieder hergestellt und der Öffentlichkeit zugänglich gemacht. Der sichtbare Aussichtsturm bildet eine architektonische Landschaftsergänzung, war jedoch Anfang 2005 noch gesperrt.

Unsere Wanderroute setzt sich etwa 500 Meter vom Kanalufer entfernt nach rechts in die Lindenallee parallel zum Kanalufer fort und erreicht in westlicher Richtung nach etwa 1500 Metern eine Hauptverkehrsstraße. Etwa 200 Meter nutzen wir nach rechts den Rad- und Fußweg, können auf der gegenüberliegenden Straßenseite in die Marquardter Straße abzweigen und gelangen geradeaus oder nach rechts abzweigend an den Kanal und dort links an die neue Eisenbahnbrücke mit separater Fußgängerbrücke, über die wir nun den Kanal überqueren. Hinter der Eisenbahnbrücke wandern wir nach links unmittelbar am nördlichen Ufer weiter. Wir müssen direkt unterhalb der Brücke an das Kanalufer gehen, denn dort beginnt der Uferweg.

Wenn nun nach etwa 600 Metern auf der gegenüberliegenden Uferseite eine Brücke sichtbar wird, zweigt auf unserer Uferseite rechts ein markierter Weg ab. Es ist der Königsweg, der hier als Deichweg beginnt und sich über eine Brücke als sehr romantischer Pfad in den Schloßpark hinein fortsetzt. Es soll der Weg sein, den auch der König, von seinem Schloß kommend, benutzt hat. Wir halten uns immer geradeaus und durchwandern eine verwunschene Parklandschaft. Bald öffnen sich Blicke nach links auf den **Schlänitzsee**, einige schöne Stellen bieten sich für eine kurze Pause an.

Übrigens geriet hier bereits Theodor Fontane ins Schwärmen. Der Park entspricht auch noch immer dem Bild, das Fontane ausführlich beschreibt. Er bezeichnet seine Lage am Schlänitzsee als prächtig und schreibt unter anderem: »Mit der Schönheit seiner Lage wetteifert die Schönheit der alten Bäume, zwischen die sich grüne Rasenflächen einschieben …«

Wir gehen immer in Ufernähe weiter und finden schließlich rechts das dunkle Schloß. Es mutet tatsächlich wie ein Spukschloß an. Erst hier gehen wir schräg hinauf. Von der kleinen Anhöhe hat man einen sehr schönen Blick auf den See. Das Schloß umrunden wir von links und halten uns dann im Park oben nach rechts, so daß wir zu einem sehr hübschen alten Wohnhaus gelangen und dort nach links durch das Eingangsportal den Schloßpark verlassen.

Bläßhühner am Schlänitzsee

Wir sind nun in der Ortsmitte von Marquardt mit alter Kirche, Gasthof und einem Laden. An der Gaststätte befindet sich die Bushaltestelle, die Hotel-Pension lädt dort mittels Wegweisern zur Übernachtung ein, und der Bahnhof versteckt sich in Richtung des Hotels, daran vorbei hinter den Einfamilienhäusern rechts am Ende der Straße.

In dem über 700 Jahre alten Ort Marquardt, malerisch am Schlänitzsee und in der Nähe der königlichen Residenz gelegen, wurde vor etwa 300 Jahren ein Herrenhaus zu einem Schloß erweitert und später auch ein Park angelegt, beides lange Zeit im Besitz von hohen Würdenträgern des Königshauses und daher auch

Aufenthaltsort zumindest von einem der Könige, der sich dort sowohl zu offiziellen als auch heimlichen Besuchen und Vergnügungen aufhielt. Wechselnde Besitzer veränderten Schloß und Park ständig und sogar den Ortsnamen, denn ›Schorin‹, so der ursprüngliche Name, wurde nach einem der Besitzer in ›Marquardt‹ umbenannt.

Nach hohen Würdenträgern des Könighofes gab es einen Industriellen als Eigentümer, dann wurde ein Hotel ›Kempinski‹ daraus, dann Kriegslazarett, Flüchtlingslager, Kinderheim, Gehörlosenschule, Universitätsinstitut und seit vielen Jahren und bis heute liegt es brach, vermittelt fast den Eindruck eines Spukschlosses. Schloß Marquardt ist mit einer solchen Fülle geheimnisvoller Begebenheiten und auch Spukgeschichten mit wahren Hintergründen verbunden, daß auch Fontane außer dem Park auch dem Bauwerk und seinen Bewohnern und den Begebenheiten dort einen besonders langen Bericht gewidmet hat.

Das Schloß wird eine Zukunft haben, Versuche gab es, aber nicht alles findet die Zustimmung der engagierten Ortsbewohner, denn bemerkenswert ist in Marquardt die Verbundenheit der Ortsbewohner mit ihrem Schloß und Park. Zum Beispiel wurde die Ansiedlung einer spiritistisch orientieren Gemeinschaft verhindert.

Die Ortsbewohner haben ein nachahmenswertes Beispiel einer preiswerten Parkerneuerung organisiert: Baumpatenschaften. Jeder kann einen Baum spenden und bezahlen und wird auf einer Informationstafel als Spender genannt. Der Spender kann sich einen neu zu pflanzenden Baum als seinen Baum auswählen, die Art des Baumes und der Standort wird jedoch entsprechend der Parkgestaltung vorgeschrieben. Interessierte an Schloß und Dorfgeschichte können sich bei Herrn Grittner (Tel. 033/20 85 72 79) oder im ›Dorfkrug‹ melden.

Ausflugstips

• Potsdam ist mehrmalige Besuche wert, eine Stadtbesichtigung empfiehlt sich beispielsweise gemäß Beschreibung bis Belvedere. Lohnenswert ist neben den im Rahmen der hier beschriebenen 1. und 17. Etappe der Park mit dem Babelsberger Schloß, eine Wanderung ab Hauptbahnhof Potsdam entlang der Havel, zunächst durch einen sehr schönen, kaum beachteten Park und über das Flüßchen Nuthe hinweg. Der Weg beginnt hinter dem Autoparkplatz am Bahnhof entsprechend der Wegemarkierung ›blauer Querstrich auf weißem Grund‹.
• Krongut Bornstedt: gegenüber dem in dieser Etappe passierten Bornstedter See.
• Schiffsfahrten entlang der Havel in beiden Richtungen, zum Beispiel an der Pfaueninsel vorbei nach Berlin-Wannsee. Schiffsanlegestelle der weißen Flotte Potsdam ist an der Langen Brücke Nähe Hauptbahnhof.

Geheimnisse und Spuk im Schloß Marquardt

Der tote Soldat

Es gibt verschiedene alte Quellen derselben Geschichte. Fontane schreibt etwa im Jahre 1870 aus den Jahren um 1803: »Eine rätselhafte Geschichte ereignete sich in jenen Jahren. Französische Chasseurs zechten im Saal; einer stieg in den Keller hinab, um eine Kanne frisch vom Faß zu zapfen. Nun trifft es sich, daß das Haus einen doppelten Keller hat, den einen unter dem anderen. Wahrscheinlich erlosch das Licht, oder der Trunk schläferte ihn ein (eine von innen nicht zu öffnende Klappe fiel zu, heißt es in anderen Publikationen), kurzum, er kam nicht wieder herauf; sein Hilferuf verhallte, der Trupp in halbem Rausche verließ Schloß und Dorf, und des Franzosen wurde erst wieder gedacht, als es im Hause zu rumoren begann.(Monate später wurden die Schloßbewohner nachts von merkwürdigen Geräuschen beunruhigt, besagt ein anderer Bericht). Nun forschte man nach. An einer dunkelsten Stelle des Kellers lag der Unglückliche, unkenntlich schon, neben ihm ein halb niedergebranntes Licht. Die Gräfin gab ihm ein ehrlich Begräbnis, da wurde es still. Sie ahnte damals nicht, daß sie im Glauben des Volkes, im Geplauder der Spinnstuben diesen Spuk einst ablösen würde.«

Die Schwarze Frau

Frau von Bischofswerder, verwitwete Gräfin Pinto, hatte nicht nur ihren Gemahl vollständig beherrscht, sondern galt allgemein als herb und hart, im Alter zunehmend als habsüchtig. Sie starb im Jahre 1833 im Alter von 76 Jahren, berichtet Theodor Fontane und schreibt ebenfalls etwa im Jahre 1870: » … aber die Gräfin, wie man sich im Dorf erzählt, kann nicht Ruhe finden. Oft in Nächten ist sie auf. Sie kann von Haus und Besitz nicht lassen. Sie geht um. Aber es ist, als ob ihr Schatten allmählich schwände. Noch vor 20 Jahren wurde sie gesehen, in schwarzer Robe, das Gesicht abgewandt, jetzt hören die Bewohner des Hauses sie nur noch. Wie auf großen Socken schlurrt es durch alle unteren Räume, man hört die Türen gehen, dann alles still …«

In dem Heft ›Marquardt, eine Spurensuche‹ wird eine völlig andere Quelle des Jahres 1892 zitiert, in der folgendes berichtet wird, das in der Zeit nach Fontanes Bericht geschah: »Ein Major von Rochow, der beim jetzigen Besitzer in Quartier lag, ohne vorher die Sage von der schwarzen Frau zu kennen, hat erzählt, es wäre nachts eine weibliche Gestalt in schwarzem Gewande von der Tür her auf ihn zugeschritten, hätte ihn plötzlich erfaßt und aus dem Bett mitten ins Zimmer geschleudert und wäre verschwunden. Er aber hätte, nachdem er sich von dem Schreck erholt hat, mit schmerzenden Gliedern Schutz bei einem im Nebenzimmer ruhenden Kameraden gesucht.«

Die blaue Grotte

Unzweifelhaft ist, daß es die blaue Grotte im Park von Marquardt gab, daß sie doppelwandig war, mit blauen Lasursteinen mosaikartig ausgekleidet und in der mittels Leuchtern eine geheimnisvolle Stimmung erzeugt werden konnte. Geschichtlich bekannt und belegt ist weiterhin, daß der im 18. Jahrhundert regierende König Friedrich Wilhelm II. als einen der engsten persönlichen Berater den Herrn von Bischoffwerder bestimmt hatte, seinerzeit Schloßherr in Marquardt, und daß beide dem Orden der Rosenkreuzer angehörten. Spiritistische Sitzungen dieser Gemeinschaft mit Beteiligung des Königs werden an verschiedenen Orten in Potsdam und in Berlin als belegbar nachgewiesen. Bekannt ist auch, daß der König mehrmals in Marquardt weilte und daß dort ebenfalls spiritistische Sitzungen stattfanden. Theodor Fontane berichtet nun folgendes: »Die Dorftradition sagt, er kam in Begleitung weniger Eingeweihter, meist in der Dämmerstunde, passierte nie die Dorfstraße, sondern fuhr über den Königsdamm direkt in den Park, hielt vor dem Schloß und nahm an den Sitzungen teil. Man begab sich nach der Grotte … In die blaue Grotte, deren Licht- und Farbeffekt ein wunderbarer gewesen sein soll, trat man ein; der König nahm Platz. Alsbald wurden Stimmen laut, leiser Gesang wie von Harfentönen begleitet. Dann stellte der König Fragen, und die Geister antworteten. Jedes mal tief ergriffen, kehrte Friedrich Wilhelm ins Schloß und bald darauf nach Potsdam zurück. So die Tradition. Es wird hinzugesetzt, daß die Grotte doppelwandig gewesen und eine Vertrauensperson des Ordens von diesem Versteck aus die musikalische Aufführung geleitet und die Antworten erteilt hat.«

Fontane berichtet weiter, daß er selbst die Reste der deutlich noch erkennbar doppelwandigen Grotte gesehen hat, bezeichnet es als höchst wahrscheinlich, daß sie spiritistischen Zwecken diente und nur im Unklaren ist, ob der König bei seinen Besuchen dort daran teilnahm.

Inzwischen ist die blaue Grotte spurlos verschwunden. Sie soll am unteren südlichen Rande der Wiesenfläche unterhalb des Schlosses gestanden haben, also dort, wo rechts unser Weg vom Ufer zum Schloß hinaufführt.

Am Havelkanal

Tour 2: Von Marquardt nach Brieselang

Gesamtlänge 20 km.
Teilstrecken Marquardt–Wustermark: 13 km, Wustermark–Brieselang: 7 km.
Varianten Keine.
Verkehrsverbindungen Marquardt: Gute Busverbindung nach Potsdam.
Regionalbahn im Abstand von ein bis zwei Stunden nach Potsdam und Wustermark (Info-Telefon 018 05/82 26 62 oder 303/25 41 41 41).
Wustermark: Regionalbahn stündlich nach Berlin und Rathenow, im Abstand von ein bis zwei Stunden nach Marquardt und Potsdam.
Brieselang: Stündliche Bahnverbindung nach Berlin und Nauen.
Keine Verbindung zwischen Marquardt und Brieselang.
Wanderkarten 1:50 000, Kartenblatt 2 und 3 dieses Buches.
Topografische Karte ›Osthavelland‹, 1:50 000, Landesvermessungsamt Brandenburg; ›Döberitzer Heide, Grunewald und Umgebung‹, 1:35 000,
Verlag Dr. Barthel.
Markierung Blauer Punkt.
Einkehr Marquardt, Wustermark, Brieselang.
Unterkunft Marquardt, Wustermark, Brieselang.
Besondere Sehenswürdigkeiten Schloßpark Marquardt, Kirche in Marquardt (Besichtigungsanmeldung und Informationen bei Herrn Grittner,
Tel. 03 32 08/5 72 79).
Alte Linde auf dem Kirchhof in Karpzow, Inneres der Dorfkirchen Karpzow und Dyrotz (Besichtigungsanmeldung über Bürgermeister Herrn Schöne,
Tel. 03 32 34/8 86 84, oder Pfarrerin Benzin, Tel. 03 32 34/6 02 76).
Hinweise Für Nordic Walking bedingt geeignet.
Die Strecke ist im ersten Viertel asphaltiert, verläuft anschließend mit Ausnahme der Zugänge zu den Bahnhöfen und kurzen Ortsdurchquerungen auf unbefestigten Wegen.
Bis voraussichtlich Ende des Jahres 2006 wird wegen Straßen- und Brückenbauarbeiten eine Wegumleitung erforderlich mit bis zum Bahnhof Brieselang etwa gleicher Streckenlänge. Diese Umleitung ist für Nordic Walking ungeeignet.
Nach dem Ende der Bauarbeiten verläuft voraussichtlich die Gesamtroute ab Buchow über Wustermark ausschließlich gleichbleibend auf der westlichen Uferseite entlang des Havelkanales auf gut begehbaren unbefestigten Wegen.
Weiterhin ist ein neuer Uferweg entlang der Wublitz geplant. Alle Markierungen werden zu gegebener Zeit aktualisiert, deshalb vor Ort beachten. Weiterhin ist

beachtenswert, daß im Jahre 2004 die Heinz-Sielmann-Stiftung das östlich des Ortes Priort beginnende Gebiet der Döberitzer Heide käuflich erworben hat. Dieses ehemalige weitläufige Militärgelände ist bereits zum Teil zugänglich und soll mit weiteren Wegen und Naturerlebnismöglichkeiten wesentlich aufgebessert werden. Bereits jetzt bestehen gute Erlebnismöglichkeiten.

Der Havelkanal als jüngste Wasserstraße der Region ist ein Zeugnis des Kalten Krieges und der damit verbundenen Spaltung Deutschlands. Er verbindet in einer Länge von etwa 36 Kilometern die Havel mit der Havel, bietet kaum eine Abkürzung auf dem Wasserweg zwischen Elbe und Oder und wurde nach Gründung der DDR allein deshalb angelegt, damit Schiffe auf diesem Wasserweg das Gebiet Westberlins nicht im Transitverkehr durchfahren mußten. Seit dem Wegfall der innerdeutschen Grenzen hat der Kanal seine Bedeutung verloren und wird erkennbar wenig genutzt. Wie fast alle Wasserwege Brandenburgs fügt er sich sehr harmonisch in die Landschaft ein und bietet viele Naturerlebnisse auf den Uferwegen.

Alter Wegweiser bei Alt Brieselang

In dem Gebiet um Dyrotz sind uralte slawische Befestigungsanlagen und Siedlungen nachgewiesen, ein Weg östlich des Kanals zwischen Karpzow und Dyrotz führt an einem Burgwall vorbei. Viel zu sehen gibt es dort nicht.

Das Innere der Kirchen entlang dieser Route ist sehenswert, die Kirche in Marquardt bietet Historie, Dyrotz besonders einen alten Kanzelaltar und ebenfalls interessante Historie von Kirche und Ort. So war zum Beispiel auch die bekannte Familie der von Ribbecks zeitweise Eigentümer von Kirche und Ort, und es gab sogar einen Priester derer von Ribbecks dort.

Wustermark ist ebenfalls ein altes märkisches Dorf, das sich jedoch bereits seit längerer Zeit zu einem Wirtschaftsstandort entwickelt, da es am Kreuzungspunkt von Hauptverkehrsadern von Auto, Schiff und Bahn gelegen ist. Ein genaues Gegenteil davon ist Brieselang. Es ist ein sehr junger Ort, kaum 100 Jahre alt und ein typisches Beispiel eines Berliner Vorortes, der erst mit der Errichtung der Bahnlinien entstand und überwiegend aus Einfamilienhäusern und Gärten besteht.

Kuriositäten aus Vergangenheit und Gegenwart

Anno 1720

In der Kirchengemeinde Dyrotz wird von einem jahrelangen Streit um das Sitzen auf einem bestimmten Kirchenstuhl berichtet. Auf die vom Dienstmädchen des Amtmanns Schneider in der Kirche genutzte Sitzgelegenheit erhebt der Pfarrer Petzold im Jahre 1809 Anspruch, weil in einer Urkunde vom Jahre 1721 – also 88 Jahre (!) zuvor ausgestellt – über die Nutzung der Kirchenstühle geregelt war, daß besagter Stuhl dem Pfarrer zusteht. Es kommt zu einem umfangreichen Schriftverkehr mit den Eigentümern der Kirche und des Rittergutes, den von Ribbecks sowie dem Amtmann Schneider und schließlich zu einem Gerichtsprozess.

Nach etwa zwei Jahren wurde beim Kammergericht die Angelegenheit derart entschieden, daß der Pfarrer einen neuen Stuhl bekommt.

Wer allerdings die Kosten des Stuhles zu tragen hatte, wird nicht berichtet. Der Pfarrer gab sich nun aber nicht mit dem Urteil zufrieden. Der Streit um die Nutzung des besagten Stuhles, das das Dienstmädchen des Amtmanns Schneider besetzte und auf dem zu sitzen aber der Pfarrer Petzold Anspruch erhob, schwelte gemäß Kirchenbucheintragungen noch bis 1820 weiter. Erst ein neuer Rittergutsbesitzer konnte den Konflikt dadurch lösen, daß er die gesamte Kirchenbestuhlung veränderte und eine generell neue Sitzordnung in der Kirche anordnete, die offenbar Amtmann und Pfarrer befriedigte, mit der dann aber viele andere nur grollend einverstanden waren.

Anno 1858

Theodor Fontane berichtet von folgender Begebenheit, die sich im Schloßpark Marquardt zugetragen haben soll: »Auf einem Grasrondell steht ein leichtes Feldgeschütz aus dem siebenjährigen Krieg … An gewissen Tagen wird ein Schuß daraus abgefeuert. Jedes Mal vorm Laden schüttet der Gärtner Pulver ins Zündloch und zündet es an um es auszubrennen. Als es das letzte Mal geschah, flogen zu heiterer Überraschung aller Umstehenden nicht nur Eierschalen alter Vogelnester aus der Mündung heraus, sondern zugleich ein Wiesel, das in dem Kanonenrohr Quartier genommen hatte und von dort aus den Hühnerstall geplündert hatte.«

Anno 1869

Anläßlich eines Besuches in Blankensee berichtet Fontane in seinem Buch ›Spreeland‹ von folgender Begebenheit. Mit dem Kapellenberg in Blankensee verbinde sich eine ziemlich unglaubwürdige Sage, nach der unter einem Bocksdornstrauch ein Schatz vergraben sein solle.

Er berichtet in diesem Zusammenhang von folgender Tatsache:
»Ein Herr von Thümen kam von Berlin geritten, ließ Bauern und Tagelöhner werken und zog in langer Kolonne den Berg hinauf um unter dem alten Bocksdornstrauch, der die linke Kapellenecke mit seinem Gezweige füllt, bohren und graben zu lassen. Doch der Schatz kam nicht und der tolle Herr von Thümen mußt es schließlich aufgeben wie hundert Jahre früher sein Ahnherr.«

Anno 1987

Eines Abends kamen der Autor und seine Ehefrau in eine Gaststätte. Offensichtlich hatte einer der Wirtsleute Geburtstag, eine Feier war im Gange. Immerhin bedienten das Ehepaar und die Wirtstochter nicht nur die Gäste zunächst in vorzüglicher Weise mit Essen und Getränken, sondern auch sich selber und zwar reichlich mit Hochprozentigem. Im Verlaufe des Abends blieben zwar die Gäste ziemlich nüchtern, aber die Wirtsleute wurden derart betrunken, daß die Gäste eine ungewöhnliche Begebenheit erlebten: Alle drei Gastgeber taumelten schließlich durch die Gaststätte, konnten irgendwann auch nicht mehr bedienen und wußten nicht mehr, was sie kassieren sollten. In fröhlicher Alkohollaune bis zuletzt, wollten sie die Gaststätte schließen und beschlossen, daß jeder Gast das zahlen dürfe, was er wolle. Der Ort der Begebenheit soll nicht verraten werden, nur soviel:
Er liegt nicht am 66-Seen-Weg.

Anno 2003

Auf einer Wanderung trafen fünf Wandersleute auf eine Ziege, die nicht angebunden am Rande einer Wiese graste. Sie streichelten das Tier, und die Ziege fand das offenbar so nett, daß sie den Wanderern folgte und durch nichts zur Umkehr zu bewegen war.
Rannten die Wanderer, rannte auch die Ziege. Auf Fußtritte reagierte sie zwar beleidigt, schüttelte sich und blieb verdutzt stehen, trabte dann aber weiter hinterher. Nach etwa drei Kilometern durch Wald und Feld war ein Ort erreicht, und die Wanderer versuchten dort die Ziege mit der Bitte abzugeben, sie zurückzutransportieren. Die Reaktion der angesprochenen Anwohner lag zwischen spöttischem Gelächter über diesen Witz und der Vermutung, daß die Wandergesellen wohl allzu viel getrunken hätten. »Sollen wir eine Ziege mit unserem PKW durch die Landschaft kutschieren?« – so eine berechtigte Frage auf das Ansinnen. Schließlich fand sich aber ein Anwohner, der das Tierheim anrief. Dort hatte sich mittlerweile auch der Besitzer gemeldet, der seine Ziege dann erfreut mit einem geeigneten Fahrzeug abholen konnte.

Streckenverlauf

Vom Bahnhof Marquardt gelangen wir auf die Fahrländer Straße, achten darauf, ob der blaue Punkt zu dem neuen Uferweg hinableitet oder noch immer entlang der Hauptstraße. Auf der verkehrsarmen Straße kommen wir an Obstplantagen vorbei und nach etwas mehr als einem Kilometer an eine große Kreuzung mit Ampeln.

Der Uferweg entlang der Wublitz, einem kleinen Bächlein, führt künftig auch mit gleicher Streckenlänge an dieselbe Kreuzung.

Wir unterqueren die Hauptstraße auf dem Fußweg durch die Brücke, sehen vor uns ein Lagerhaus und davor rechts abzweigend eine alte Kastanienchaussee. Dieses alte Chausseestück – jetzt eine Sackgasse – ist nicht mehr für den Straßenverkehr wichtig; daher ist hier ein Stück der alten Chausseestrukturen erhalten geblieben, wie sie früher in dieser Landschaft typisch waren: Nur ein Teil der Straßenbreite ist mit Steinen gepflastert, daneben verläuft ein ungepflasterter Reitweg. Die Chaussee ist in für frühere Verkehrsverhältnisse großzügiger Breite und mit schattenspendenden Bäumen angelegt. Vor der Bahn endet das Stück, wir wandern nach links und kommen zu dem stillgelegten Bahnhof Satzkorn. Am früheren Bahnhofsgebäude vorbei finden wir neben der Bahnstrecke einen gepflasterten Weg. Etwa 1500 Meter geht es nun geradeaus links an der Bahn entlang. An einem Bahnübergang halten wir uns nach links in Richtung Autobahn, die unser Feldweg auf einer Brücke überquert und folgen dann rechts neben einem Graben dem Weg nach rechts in Richtung Hochspannungsleitung. Wenn rechts neben uns hohe Pappeln den Weg säumen, biegen wir an den Pappeln entlang auch nach rechts ab, so daß uns auf der linken Seite Obstplantagen und auf der rechten die Pappeln begleiten. An einer Gabelung geht es, weiter entlang der Pappeln, nach rechts und in einem Bogen nach links in der bisherigen Richtung weiter. Immer weiter geradeaus wird aus unserem Pflasterweg ein Sandweg, später ein Wiesenweg, der an einigen malerisch in die Landschaft eingebetteten kleinen Teichen vorbeiführt und sich auf einem Wiesengelände auflöst. Dort haben wir Wald und Sumpf vor uns, finden einen kleinen gut markierten Pfad, der am Rande eines Feldes zwischen Feld und Sumpf im Wald liegt. Folgen wir ihm nach links, so gelangen wir plötzlich und überraschend auf den Damm des Havelkanals, der vorher nicht zu sehen war.

Unsere Wanderung führt nach Norden, deshalb geht es nach rechts auf dem Damm des Kanals immer geradeaus. Bis zur nächsten Brücke im Dorf Karpzow liegt das urwüchsige, romantische Sumpfgebiet rechts, der Kanal links neben uns. Unsere Wanderung müssen wir ab Karpzow auf der anderen Kanalseite fortsetzen. Dabei kommen wir an der alten Linde neben der Dorfkirche vorbei, denn wir müssen ja sowieso, um die Leitplanke zu umgehen, einen kurzen Schwenk nach rechts absolvieren. Dort finden wir gegenüber den Zugang zu dem Baum.

Auf der linken Kanalseite beginnt der Uferweg direkt hinter der Brücke vor den Gebäuden der Mühle und führt nun immer am Ufer entlang weiter in Richtung Norden bis nach Wustermark.

An einem Pumpwerk bilden breite Entwässerungsgräben eine hübsche Landschaftsidylle. Falls dort der weitere Uferweg zugewachsen erscheint, wählen wir für die nächsten 500 Meter den Feld-Wiesenweg, der parallel links neben den Gehölzen entlang der Wiesen verläuft. Dann leitet uns ein breiter Feldweg zum Ufer zurück, daran entlang weiter und nach weiteren 500 Metern schräg nach links zum Ortsanfang von Wustermark. Auf der rechten Kanalseite liegt Dyrotz.

Hier ist auf die Beschilderung zu achten. Wegen Unpassierbarkeit im weiteren Wegeverlauf folgt vorläufig die Wanderroute als Fortsetzung nach Brieselang noch dem Kanal rechtsseitig, also östlich, voraussichtlich ab 2007 linksseitig.

Unabhängig davon gilt, daß uns im Zentrum von Wustermark gute Gaststätten und das Hotel erwarten – oder die Regionalbahn am Bahnhof.

Die Wanderroute leitet uns rechts am Ufer entlang und wird mittels Beschilderung und Markierung angezeigt. An der Baustelle der folgenden zweiten Brücke ist bis zum Campingplatz eine Umleitung markiert.

Nach Fertigstellung der Brücke wollen wir die Kanalseite wechseln, denn der weitere Verlauf orientiert sich am linken Kanalufer bis zu der seenähnlichen Einmündung des Nauen-Paretzer-Kanals.

Szenerie am Havelkanal

Hier empfiehlt es sich, über zwei Brücken nach rechts hinweg zum Hauptweg auf einem Campingplatz zu gehen, denn dort erwartet uns eine Gaststätte und ein bequemer Weg weiter zum Ausgang und über die Straße hinweg, dort rechts hinab erneut zum Kanalufer.

Schließlich erreichen wir die Autobahnbrücke, unterqueren sie entlang des Kanalufers, folgen dem dahinter befindlichen Pfad geradeaus bis zu einer kleinen Straße und wechseln hier die Uferseite. Wer die Leitplanke nicht überklettern möchte, weicht etwa 100 Meter nach links aus. Auch auf der anderen Kanalseite müssen wir entweder eine Leitplanke übersteigen und dann Treppen hinabgehen oder etwas weiter gehen und nach links unseren Weg fortsetzen.

Wir orientieren uns noch immer in Richtung Kanalufer, passieren einige Einfamilienhäuser und gelangen zu einer Straße, die unmittelbar am Kanalufer die Bahnlinie unterquert. Dieses Straßenstück ist unübersichtlich und sehr gefährlich. Daher sollte man unbedingt den sicheren, außerhalb der Leitplanken verlaufenden Fußweg unter der Bahn hindurch benutzen.

Die Fortsetzung der Wanderroute umgeht den Bahnhof, verläuft am Ufer weiter und läßt auch den Nymphensee aus. Bis nach Schönwalde (Busverbindung) sind es dann 14,5 Kilometer, nach Hennigsdorf weitere 8 Kilometer. Ein Umweg zum Nymphensee lohnt keinesfalls, da der See nur an einer Stelle erreicht wird und im Sommer nur mit Eintritt erlebbar ist. Der weitere Uferbereich entlang des Havelkanales ist mindestens genauso reizvoll.

Zum Bahnhof schwenken wir nach rechts und gehen entlang der Bahn zum Bahnhof durch die sehenswerte Gartenlandschaft. Am Bahnhof findet sich eine Gaststätte, in der man den Wandertag ausklingen lassen kann.

Ausflugstips

• Der Schloßpark Marquardt ist allein schon einen Ausflug wert. Badestelle, Ruhebänke und ein Gasthof liegen in der Nähe.
• Kirchentour: Start ist am Bahnhof Wustermark, vorbei geht es an der alten, äußerlich hübschen Kirche Wustermark, über den Kanal zur Kirche in Dyrotz, am Kanal entlang oder über die Felder zur Kirche Karpzow und weiter zur Kirche Marquardt.
• Naturschutzgebiet Döberitzer Heide, ein ehemaliges Militärgelände: Ab Marquardt-Karpzow gemäß 66-Seen-Route, weiter nach Priort, dort hinter dem Bahnhof links bis zur Straße Am Elsbruch, dort hinein in das Naturschutzgebiet und weiter entweder am olympischen Dorf vorbei zum Bahnhof Elstal oder weiter in der Heide bis zum Bahnhof Dallgow-Döberitz.

Wasser, Wald und Weite

Tour 3: Von Brieselang nach Hennigsdorf

Gesamtlänge 23,5 km, Abkürzung auf 22 km möglich.
Teilstrecken Brieselang–Schönwalde: 14,5/16 km, Schönwalde–Hennigsdorf: 8 km.
Varianten Weglassen des Nymphensees bedeutet ab Bahnhof Verkürzung von 1,5 km. Als Fortsetzung der vorigen Tour lohnt ein Umweg zum Nymphensee nicht. Schönwalde kann umgangen werden, dann unbefestigte Wege und entlang eines Wildgatters oder durch den Ort, dann schöne Häuser, Kirche, Gasthof, Bushaltestelle. Die Weglänge ist in beiden Fällen gleich.
Verkehrsverbindungen Brieselang: Regionalbahnlinie Nauen–Berlin stündlich (Info-Telefon 018 05/82 26 62 oder 303/25 41 41 41).
Schönwalde: Bus zum Bahnhof Finkenkrug an gleicher Strecke.
Hennigsdorf: S-Bahnlinie Berlin-Innenstadt–Hennigsdorf, Zugfolge im Abstand von 20 Minuten;
Regionalbahnlinien ab und nach Berlin, Kremmen, Neuruppin, Oranienburg, Potsdam.
Die Bahnverbindung zwischen Brieselang und Hennigsdorf ist mit Umsteigen in Falkensee möglich, jedoch nicht optimal. Anreise mit dem PKW ist deshalb nur günstig mit dem Parken in Falkensee.
Wanderkarten 1:50 000 Kartenblatt 3 und 4 dieses Buches.
Topografische Karte ›Osthavelland‹ 1:50 000, Landesvermessungsamt Brandenburg; ›Krämer Forst und Umgebung‹, 1:35 000, Verlag Dr. Barthel.
Markierung Blauer Punkt.
Einkehr Brieselang, Schönwalde, Hennigsdorf.
Unterkunft Brieselang, Hennigsdorf.
Besondere Sehenswürdigkeiten Schleuse und Kirche in Schönwalde.
Hinweise Für Nordic Walking sehr gut geeignet.
Hinter der Kanalbrücke beim Forsthaus Alt-Brieselang zweigt der Ruppiner Land-Rundwanderweg nach Norden ab. Er ist ebenfalls mit einem blauen Punkt markiert.

Der Nymphensee ist einer der jüngsten Seen Brandenburgs. Er entstand durch den Aushub für die Böschungen der dortigen Bahnstrecken um 1950. Er ist komplett eingezäunt und während der Badesaison als Badesee sehr beliebt und eintrittspflichtig, also nicht mittels Wanderweg erlebbar. Er gehört zu den Seen mit dem saubersten Wasser, was international geprüft und anerkannt ist.

Gewandert wird auf unserer Tour außerhalb der Ortslagen fast ausschließlich auf unbefestigten Wirtschafts- und Forstwegen, die zur Fortbewegung zu Fuß, sportlich oder langsam, mit Genuß, mit und ohne Stöcke, optimal geeignet sind. Obwohl es lange Geraden gibt, wechselt das Landschaftsbild häufig.

Die Wanderung wird schöner sein, als es der Routenverlauf und die Beschreibung zunächst erkennen lassen. Und mit einem der großen Kanäle, die als wichtige Schiffahrtsstraßen das Land Brandenburg durchziehen, hat die Tour eine Sehenswürdigkeit zu bieten, die wir auf unseren weiteren Etappen nicht mehr finden werden. Zudem werden die folgenden Touren durch ganz anders geartete Landschaftsformen führen.

Unsere Wanderung wird zwei, drei sehr unterschiedliche Orte berühren: Brieselang, ein Wohnort, der weitgehend aus Siedlungshäusern besteht, Schönwalde, ein altes, sehr gepflegtes märkisches Dorf und die moderne Stadt Hennigsdorf. Dazwischen finden wir als bestgeeignete Raststelle im Freien die Uferböschung vor der Schleuse Schönwalde.

Winterstimmung

Streckenverlauf

Variante A

Als Anschluß zu der Beschreibung der vorigen Tour verläuft die Fortsetzung der Hauptroute ab der Bahnunterführung zunächst weiter auf einem idyllischen Uferweg entlang des Kanals bis zu einer Fußgängerbrücke. Wenn hier keine anderslautenden Markierungen eine Änderung anzeigen – die nicht länger sein würde –, bleibt es dabei, daß wir nun nach rechts in die Falkenstraße einbiegen, etwa einen Kilometer weiter in östlicher Richtung bis zur Kreuzung mit der Langen Straße wandern, dort nach links in die Lange Straße abbiegen und auf dieser immer geradeaus aus dem Ort hinausgelangen. Die Straße geht am Ende in einen Waldweg über. Wir passieren an seinem Ende eine Schranke und gehen geradeaus auf dem für Fahrzeuge gesperrten Weg in den hohen Laubwald hinein.

Wir wandern nun etwa einen Kilometer auf dem Hauptweg durch den Wald, folgen diesem Weg in einer leichten Rechtskurve aus der nördlichen in die nordöstliche Richtung und lassen alle Abzweigungen unbeachtet. Am Ende des Weges wenden wir uns nach links, unter einer Hochspannungsleitung hindurch, zu den Häusern von Alt-Brieselang.

Variante B

Vom Bahnhof aus empfiehlt sich der folgende Routenverlauf: Auf der Nordseite der Gleisanlage geht es nach rechts die Bahnstraße entlang – Richtung Berlin –, an deren Ende nach Überquerung einer Hauptverkehrsstraße zum **Nymphensee**. Dort gehen wir über den Parkplatz bis zum Zaun. Hier können wir nach links ein Stück außerhalb des eingezäunten Seebades bis zu dessen Eingang entlanggehen und verlassen dort diesen Bereich über die Hauptverkehrsstraße hinweg in die Straße Am Wald, die direkt neben dem Restaurant in das Wohngebiet (Ortseingangsschild) hineinführt. Von dort geht es rechts ab in die Thälmannstraße, an deren Ende nach links in den Parkweg hinein, danach rechts der Birkenallee folgend, bis diese im Wald endet. Nach links heißt der unbefestigte Fahrweg Falkenstraße, von dem wir nach etwa 200 Metern, vor den ersten Häusern, nach rechts in einen namenlosen Forstweg abbiegen. Auf diesem Weg wird geradeaus, in Richtung Norden, Alt Brieselang und damit der Anschluß an Variante A erreicht.

Fortsetzung beider Varianten

In Richtung Norden gelangen wir an dem ersten Anwesen vorbei an eine Straße. Auf dieser Straße wenden wir uns nach links und erreichen, am Forsthaus vorbei und auf einer Brücke des Havelkanales hinweggehend, eine Straßengabelung. Hier zweigt der Ruppiner Land-Rundwanderweg gemäß blauem Punkt nach Norden ab. Wir wenden uns ebenfalls gemäß blauem Punkt letztmalig dem Havelkanal zu und biegen rechts in die Straße in Richtung Pausin ein, gleich darauf nochmals nach rechts, passieren eine Schranke und erreichen somit einen Weg an den Kanal.

Nur etwa 300 Meter bleiben wir am Kanalufer, denn dann folgen wir einem nach links in den Wald abzweigenden Forstweg, der entlang eines ansteigenden Geländes durch den Wald verläuft. Auch ihm folgen wir etwa 300 Meter, biegen dann nach rechts entlang der Anhöhe ab, so daß wir also nun durch Eichen, Birken, Pappeln und Buchen in Richtung Osten einen parallel zum Havelkanal angelegten Forstweg entlang wandern. An einer Gabelung halten wir uns rechts und kommen aus dem Wald hinaus, erreichen eine Lichtung und an einer Schranke die Waldkante. Wir haben nun einen Weg zum Barfußlaufen vor uns.

Links neben uns recken sich Kiefern, Birken, am Wegrand weit über hundert Eichen, rechts liegt ein Feld, dahinter eine Pappelwand, geradeaus ein weiter freier Blick, unter uns weicher heller märkischer Sand und um uns herum Stille – eine schöne und geradezu romantische Landschaft.

Wenn der Sandweg am Ende der Waldkante in einen schwarzen Weg übergeht, ziehen wir uns die Schuhe wieder an und gehen auf dem Weg geradeaus über die weite freie Fläche auf die in der Ferne sichtbare Bahnbrücke zu, die wir unterqueren. Wenn unser Weg plötzlich vor einem landschaftstypischen Graben endet, gehen wir etwa 100 Meter nach rechts unter einer Hochspannungsleitung hindurch zu einem kleinen weißen Häuschen, wo uns eine Brücke über den Graben hinwegführt. Wir nähern uns zum letzten Mal einer von Menschen angelegten Schiffahrtsstraße, wandern also nochmals ein Stück am Havelkanal entlang, unter der Eisenbahnbrücke hindurch und weiter bis zur Schleuse Schönwalde. Die Straßenbrücke mit dem blauen Geländer ermöglicht uns einen Blick auf die Schleuse und vielleicht auch auf das Durchschleusen eines Schiffes.

An der Schleuse in Schönwalde

Unsere Wanderung setzen wir auf der bisherigen Nordseite des Kanals fort und entfernen uns vom Ufer auf dem Hauptweg, der schräg in Richtung Nordost in den Wald hinein und nicht am Zaun des Geländes, sondern an Pappeln entlangführt. Wir bleiben auf dem Hauptweg in dieser nordöstlichen bis östlichen Richtung bis zu seinem Ende an einer Waldschneise.

Das nun folgende Wegstück ist abgebildet und in der Landschaft deutlich markiert. Unsere Wanderroute führt zunächst geradeaus über die Schneise hinweg und durch den Wald zu einem etwa 20 Meter weiter befindlichen Weg oder nach rechts und links auf den Wegen dorthin, auf diesem einige Meter nach links zu einer Kreuzung mit einem Stein. Ab hier geht es nach rechts, in Richtung Südost, aber wieder nur etwa

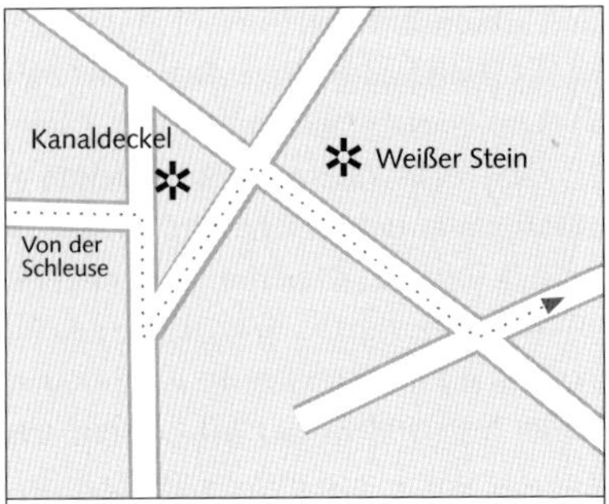

Tour 2

100 Meter. Dort stoßen wir auf eine weitere Abzweigung, an der wir nach links abbiegen und auf einem breiten Sandweg mit einer leichten Biegung in der früheren Richtung Nordost weiterwandern.

Nach etwa 400 Metern durch jungen Kiefernwald erreichen wir eine Straße mit einem historischen Wegweiser. Wir überqueren die Straße und setzen nach Passieren der Schranke geradeaus unsere Wanderung fort. Weiter geht es auf sandigem Weg durch die Heide, die sich vor allem an den charakteristischen Kiefern zeigt. Pfosten mit Hinweisen auf unterirdisch verlegte elektrische Leitungen und rot markierte Steine, beide rechts am Weg, leiten uns bis zum Ortsanfang von Schönwalde.

Hier entscheiden wir, ob wir durch den Ort oder westlich außen herum gehen. Am Dorfteich vorbei kommen wir zu der ruhigen Dorfstraße, auf der wir nach links durch den ganzen Ort und auch links an der Kirche vorbei etwa einen Kilometer weiter geradeaus in Richtung Norden aus dem Ort hinauswandern, oder wir passieren den Ort hinter den Häusern und schwenken am Ortsende nach rechts zu dem Fahrweg.

Wenn wir die Hochspannungsleitung unterquert haben, gehen wir etwa 300 Meter weiter und finden hinter dem beidseitigen Ende der Wiesen einen Weg nach rechts in den Wald hinein. Es ist nicht der Weg an der Waldkante, sondern ein Waldweg, der 50 Meter weiter an einem Holzstrommast nach rechts abzweigt.

Nachdem wir etwa einen Kilometer in diesem Waldstück in östlicher Richtung zurückgelegt und ein Sumpfgebiet umgangen haben, stoßen wir auf eine Straße, die wir an einer Lichtung mit auffälligem Strommast erreichen. Ohne die Fahrbahn zu betreten, schwenken wir nach links in den parallel zur Straße verlaufenden Waldweg ein, dem wir nun, die Straße im Blick, etwa 300 Meter bis zu der Einmündung eines Forstweges folgen. Hier überqueren wir die Straße, um gegenüber, hinter einem Bach, bei einem Verkehrsschild auf einem am Waldrand beginnenden sandigen Feldweg in ruhiger Umgebung weiterwandern zu können. Unser Weg zweigt nicht am Autoparkplatz, sondern etwas weiter, am Waldrand, nach rechts von der Straße ab. Nur ein kurzes Stück halten wir uns in östlicher Richtung, dann biegen wir an einer Gabelung nach links ab und bleiben weiter am Waldrand im offenen Gelände. Knapp einen Kilometer geht es nun geradeaus, bis am Ende dieser Weg bei einem gelben Pfosten in einen sehr breiten sandigen Fahrweg mündet. Wir biegen nach rechts um die Ecke und bewegen uns nun genau östlich auf diesem Weg nach Hennigsdorf. Als Bötzower Weg führt er uns schließlich neben einem Friedhof und neben einer Straße auf einem schönen Weg unter Eichen in den Ort hinein.

Seit 1913 hat sich Hennigsdorf von einem alten Dorf zu einem Industriestandort gewandelt, denn in diesem Jahr wurde hier die Produktion von Eisenbahnen aufgenommen. Im Zweiten Weltkrieg wurde der Ort stark zerstört und nach 1945 in Form einer modernen Kleinstadt wieder aufgebaut. Bahnen entstehen auch noch heute, jedoch ging der weltweite Export drastisch zurück, erheblicher Personalabbau ist die Folge, und eine Stadt droht die Grundlage ihrer Existenz zu verlieren. Das Industriegebiet liegt jedoch abseits unserer Wanderroute.

Nach einer Rechtskurve, am Friedhofshaupteingang und in der Nähe eines Restaurants, überqueren wir die Straße und biegen in einen Waldweg ein, der durch ein Schild als kombinierter Fuß- und Radweg gekennzeichnet ist. Links neben uns haben wir Häuser, rechts ein Wäldchen, das in einen Park übergeht. Wir gehen immer geradeaus und erreichen an einem Einkaufszentrum den Ortskern. Links neben uns befindet sich eine Fußgängerampel, und über die Hauptverkehrsstraße hinweg gelangen wir auf den Havelplatz, der den Anfang der Fußgängerzone bildet. Durch diese schlendern wir nun weiter geradeaus, denn am anderen Ende befindet sich der Bahnhof Hennigsdorf. Zur Fortsetzung der Wanderung gehen wir geradeaus durch den Bahnhof hindurch zur Kirchstraße.

Das Zentrum von Hennigsdorf ist modern gestaltet

Ausflugstips

• Badeziel Nymphensee: Schönes Badeziel; sauberer Strand, sauberes Wasser, sanitäre Einrichtungen, gepflegte Atmosphäre.
• Schönwalde: Das Dorf ist einen Spaziergang wert. Es gibt dort ein Wildgatter, Pferdekoppeln, einen kleinen Bauernhof, hübsche Häuser und einen Gasthof.

Backsteinkirche in Henningsdorf

Das Briesetal

Tour 4: Von Hennigsdorf nach Wensickendorf

Gesamtlänge 25 km; Teilstrecken als Rundkurs geeignet.
Teilstrecken Hennigsdorf–Birkenwerder: 11,5 km,
Birkenwerder–Wensickendorf: 13,5 km.
Varianten Siehe Ausflugstips.
Verkehrsverbindungen Hennigsdorf: S-Bahn und Regionalbahn, siehe vorige Tour.
Birkenwerder: Zwei S-Bahnlinien Berlin-Innenstadt–Birkenwerder, Zugfolgen jeweils im Abstand von 20 Minuten, Regionalbahnlinie nach Potsdam und Oranienburg.
Wensickendorf: Regionalbahnlinie Berlin-Karow–Wensickendorf, Zugfolge stündlich.
Karow liegt an der S-Bahnstrecke nach Bernau.
Bahnverbindung Hennigsdorf–Birkenwerder, keine Verbindung zwischen Birkenwerder und Wensickendorf.
Wanderkarten 1:50 000 im Kartenteil dieses Buches die Seiten 5–6.
Wanderkarte, 1:25 000, Landesvermessungsamt Brandenburg, ab Birkenwerder: ›Briesetal und Wandlitzer Seengebiet‹; Karte ›Krämer Forst‹ und Karte ›Naturpark Barnim/Wandlitzsee‹ 1: 35 000, Verlag Dr. Barthel.
Markierung Blauer Punkt.
Einkehr Hennigsdorf, Birkenwerder, Wensickendorf.
Unterkunft Hennigsdorf, Birkenwerder, Wensickendorf.
Besondere Sehenswürdigkeiten Dorfanger und Feldsteinkirche in Wensickendorf, Briesetal.
Hinweise Nordic Walking: Hennigsdorf–Birkenwerder nur teilweise geeignet, Birkenwerder–Wensickendorf sehr gut geeignet.
An der Havel zweigt der Ruppiner Land-Rundwanderweg nach Norden ab.
Er ist ebenfalls mit einem blauen Punkt markiert.
Die Wegebeschaffenheit wechselt anfangs, fester Belag und unbefestigte Strecken wechseln sich ab, im Briesetal finden wir ideale unbefestigte Wanderwege.
In der Stolper Heide ist möglicherweise noch immer der Asphaltweg durchgängig markiert, besser wandert es sich jedoch auf dem unbefestigten Waldweg.
Nach Überquerung der Autobahn am Ortsende von Birkenwerder ist ebenfalls die attraktivste Strecke nicht korrekt markiert. Deshalb ist die nachfolgende Wegbeschreibung zu beachten.

Unser Weg wird uns nach Hennigsdorf auch durch zwei etwa gleich alte, aber heute äußerlich sehr unterschiedliche Orte leiten: Birkenwerder und Wensickendorf. Während Hennigsdorf sich von einem Dorf zu einer Kleinstadt entwickelt hat, erleben wir in Birkenwerder die Wandlung von einem Dorf zu einem Villenvorort und in Wensickendorf einen Ort, in dem die Zeit stehengeblieben zu sein scheint.

Wer das Briesetal noch nicht kennt, wird staunen. Eine überraschend schöne Landschaftsform wurde durch das kleine Flüßchen Briese geschaffen: Es fließt durch Wald, zerfließt in Sumpf, sammelt sich in kleinen Seen, durchplätschert Park und Wiese und ist dank Holzstegen auch an sonst unerreichbaren Stellen zu bewundern. Ab der Mündung in die Havel ist die Briese zwar nicht immer zugänglich, aber bereits vor dem Ortsanfang von Birkenwerder beginnen die zunächst wenn auch unterbrochenen, aber auch dort schon sehr schönen Uferwege. Die Briese durchfließt in einer Parklandschaft Birkenwerder, um uns hinter dem Ort in einer Länge von etwa acht Kilometern im Wald entgegenzukommen. Zur Rast und zum Baden bietet sich der mitten im Walde gelegene Briesesee an. Und es gibt idyllische Rastplätze an der Hubertusbrücke und am Forsthaus Wensickendorf, dort Imbiß-Gastronomie und Tische romantisch am Waldrand.

Die Gebäude der Zühlsdorfer Mühle weisen auf eine Wassermühle hin, die ebenso wie Windmühlen in dieser Region anzutreffen waren. Die Kirche in Wensickendorf ist eine typische Feldsteinkirche aus dem 14. Jahrhundert, wie sie in der Mark Brandenburg noch häufig anzutreffen sind.

Streckenverlauf

Wir verlassen in östlicher Richtung das Bahnhofsgebäude Hennigsdorf und nehmen den Weg nach halbrechts in die ruhige Kirchstraße, denn der kürzeste Weg in Richtung Havelbrücke führt an der Kirche vorbei, dort über die Hauptstraße hinweg geradeaus in die Ruppiner Straße und weiter geradeaus zu der hier als Schifffahrtsweg ausgebauten und kanalisierten Havel. Nach Überquerung des Flusses benutzen wir den rechtsseitigen Fußweg etwa 100 Meter bis zu einer Fußgängerampel, an der die rechts abzweigende Straße überquert werden kann und im Wald parallel zu der nach links führenden Straße ein Wanderweg zu finden ist.

Hier wandern wir in Straßennähe etwa einen Kilometer nordwestlich weiter und können dann an einer Unterbrechung der Leitplanken die Straße überqueren. Nach links gewandt, finden wir etwa 150 Meter westlich den kombinierten Fuß- und Radweg, der entlang des sehenswerten Überschwemmungs-Sumpfgebiets der Havel nordwärts weiterführt. Links eröffnen sich mehrmals Blicke auf die malerische Sumpflandschaft.

Nach etwa 700 Metern auf diesem Asphaltweg durch die Stolper Heide verlassen wir ihn und gehen in den Wald hinein, an der Stelle, an der sich rechts eine große Lichtung und links eine offene Uferstelle befindet und dahinter die Straße eine deutliche Linkskurve beschreibt. Wir wählen hier den Waldweg, der etwa 50 Meter rechts versetzt in unserer Richtung weiterführt.

Nun geht es fast zwei Kilometer geradeaus durch den Wald, bis vor uns als Barriere eine Bahnböschung dem geraden Weg ein Ende setzt. Wir biegen kurz vor

Das Briesetal ist von malerischer Schönheit

seinem Ende nach links ab, um nach etwa 200 Metern an einer Brücke unter der Bahnstrecke hindurchzukommen. Nun müssen wir dem Fahrweg folgen, da als weitere Barriere die Autobahn vor uns liegt. Der gepflasterte Weg unterquert die Autobahn am Havelufer, läuft parallel zur Autobahn ein Stück zurück und knickt dann nach links zu einer Siedlung ab. Wie die Anwohner können auch wir die Strecke dank eines Wiesenweges nach links abkürzen.

Gartenzwerge in Birkenwerder

Wir wollen noch ein Stück in Ufernähe der Havel bleiben, müssen jedoch, da ein anderer Uferweg nicht existiert, die Schillerpromenade entlanggehen. An ihrem Ende geht es nach rechts in die Goethestraße, dort etwa 50 Meter bis zu einer Bushaltestelle und dort nach links in den Waldweg zur ›Havelbaude‹ direkt an der Havel.

Das Sumpfgelände ist nicht begehbar, deshalb wandern wir noch etwa 800 Meter auf dem Fahrweg bis zu Laubengrundstücken und dahinter nach links auf einem weitläufigen Wiesenweg weiter in Richtung eines Hauses, das ungefähr geradeaus vor uns liegt. Vor dem Haus gehen wir nach rechts und erreichen den Saumweg, wenden uns nach links, kommen dann zum Stolper Weg. Ein kurzes Stück Straße noch nach links, und dann beginnt an einer Brücke unsere Wanderung entlang der Briese.

Der mit einem blauen Punkt markierte Weg, der davon abzweigt, ist der Ruppiner Rundwanderweg, der nordwärts unsere Route und das Flüßchen Briese in Richtung Lehnitz verläßt. An der nach 500 Metern folgenden Straße geht es links versetzt ab der Humboldtbrücke weiter, immer direkt entlang des Flüßchens durch liebliches Gelände innerhalb des Ortes Birkenwerder.

Von der über 650jährigen Existenz des Ortes Birkenwerder ist nichts mehr zu erkennen, denn mit dem Bau der S-Bahn, die die sehr schöne Umgebung und das romantische Briesetal erschloß, wurde Birkenwerder ein Wohnort im Grünen und einer der beliebtesten Ausflugsorte in der Nähe Berlins, der er aufgrund der Pflege der Natur und des Ortsbildes bis heute geblieben ist.

Wenn der Weg die Hauptverkehrsstraße, die Bundesstraße 96, erreicht, überqueren wir diese auf der Briesebrücke. Von der Aussichtsplattform hat man einen sehr schönen Blick auf die Fortsetzung unseres Weges und auf das Flüßchen.

Wer an dieser Stelle die Wanderung beenden möchte, geht von hier etwa 700 Meter die Straße entlang nach rechts zuerst in Richtung des Hauses mit dem Uhrenturm und ab dort in der Clara-Zetkin-Straße weiter, denn dort befindet sich der Bahnhof.

Zur Fortsetzung der Wanderung nehmen wir den Briesesteig, der ab der Briesebrücke rechts neben der Aussichtsplattform nördlich weiterführt. Weiter in Wassernähe führt unser Weg, teilweise über einen Holzsteg, zum **Mönchsee**, daran vorbei zu einer Straße, auf der wir uns gemäß einer grünen Markierung nach links wenden, dann geradeaus gehen und auf der Brieseallee am Hotel ›Waldschlößchen‹ geradeaus weiter zum **Boddensee** finden.

Etwa 150 Meter hinter der dortigen Gaststätte gehen wir auf einem Wanderweg ein Stück am rechten Ufer entlang, kommen durch ein Sumpfgebiet zu einer Gabelung, an der wir, der gelben und grünen Markierung folgend, den rechten Weg wählen und von einem unvermuteten Wechsel der Landschaftsform überrascht werden: Hohe Kiefern auf sandigem Boden treten an die Stelle des mit Laubgehölzen bestandenen Sumpfes. Bald befinden wir uns wieder auf Sumpfgebiet, in dem wir die Briese überqueren und danach auf einer Straße nach rechts und über eine Fußgängerbrücke die Autobahn überqueren.

Das Gitter am Ende der Straße ist ein architektonischer Bluff, dient mit Glas dem Schallschutz und hindert Autos an der Nutzung der neuen Fußgängerbrücke. Dahinter erregt ein Garten mit unzähligen Gartenzwergen Aufmerksamkeit. Wir wandern nun den Wensickendorfer Weg weiter geradeaus, kommen 300 Meter weiter durch eine Eisenbahnunterführung und zum Eingangsbereich eines Waldfriedhofes und damit zum Ende des Siedlungsgebietes. Rechts neben dem Eingang beginnt ein sandiger Forstweg, der uns nun endgültig in einen ruhigen Wegabschnitt geleitet. An einer Gabelung gehen wir geradeaus, der Markierung nach. Linker Hand liegt ein Kiefernwald, auf der anderen Seite begleiten uns Eichen und das Sumpfgebiet der Briese.

Unmarkiert ist das Folgende: Wenn der Weg eine Linkskurve macht, zweigt bei einem Stein, der die Nummer 37 trägt, rechts ein Fußweg ab. Er leitet uns über einen Holzsteg auf einem Naturlehrpfad durch ein sehr beeindruckendes Sumpfgebiet. Am Ende des Holzsteges gehen wir den Waldweg nach links weiter und bleiben damit in der Nähe des Sumpfgebietes, in dem sich unser Flüßchen versteckt. Bei Gabelungen halten wir uns immer links in der Nähe des Sumpfgebietes und gelangen nach etwa 300 Metern Waldstrecke zu einem großen Anwesen. Es ist eine Reha-Klinik für Suchtkranke. Vor dem Haus nach links befinden wir uns nun am **Briesesee**, der Rast- und Bademöglichkeiten bietet. Ein Gasthof befindet sich hinter der Reha-Klinik.

Unser Wanderweg verläuft über die Brücke in Richtung Badestelle und dort, an den Markierungspunkten gut zu erkennen, nach rechts an einem weiteren Haus vorbei. Wir haben nun das Flüßchen unsichtbar rechts neben uns. Wenn wir eine kleine Teerstraße erreicht haben, geht es auf der gegenüberliegenden Seite rechts neben dem Parkplatz und neben einem Sitzplatz weiter geradeaus. Wir sind stets in der Nähe der Briese, die zunächst weiter unsichtbar rechts neben uns fließt. Auf diesem sandigen Waldwanderweg halten wir uns bei Gabelungen und Abzweigungen gemäß der Markierung immer nach rechts in Nähe des Flüßchens, dem wir immer näherkommen und es schließlich erreichen. Wir wandern nun an dessen Ufer, nach vier Kilometern – ab Briesesee gerechnet – gelangen wir zu einem romantischen Rastplatz mit Bänken und Schutzhütte mitten im Wald an der Hubertusbrücke.

Weiter geht es der Markierung nach am linken Ufer der Briese entlang. An der Schlagbrücke überqueren wir eine Straße und bleiben danach weiter am linken Ufer auf dem markierten Weg, kommen später an einem Forsthaus mit Imbißmöglichkeit vorbei; wiederum zwei Kilometer weiter befindet sich die Überquerung der Summter Chaussee. Weiter geradeaus haben wir bald Wochenendhäuser und die Zühlsdorfer Mühle erreicht, eine alte Wassermühle, jetzt noch Holzverarbeitungsbetrieb. An dieser Brücke verabschieden wir uns von der Briese und wandern, unsere frühere Richtung ungefähr fortsetzend, weiter.

Nach links, aber in der Nähe der Briese auf den sandigen Fahrweg mit Namen Wensickendorfer Weg abbiegend, also rechts und links Holzzäune neben uns, wählen wir am Ende des rechten Holzzaunes nicht den rechts abzweigenden Waldweg, sondern gehen geradeaus genau in Richtung Norden weiter. Geradeaus wandern wir nun durch den Wald. Wir verlassen ihn, kommen an Häusern vorbei und gelangen in das Zentrum des Ortes Wensickendorf. Links ist die alte Dorfkirche auszumachen und kurz dahinter den Gasthof.

Daß der Ort eine über 650jährige Geschichte aufzuweisen hat, ist deutlich erkennbar. Im Ortskern ist der typische Dorfanger erhalten geblieben, in der uralten Dorfkirche finden auch heute noch Gottesdienste statt, und manch anderer Bau des Ortes zeigt mit den alten behauenen Feldsteinen sein hohes Alter. In erstaunlichem Gegensatz dazu steht das moderne gemütliche Landhotel ›Classic‹, dessen Restaurant zum Einkehren, das aber auch zum Übernachten in diesem Ort ermuntert.

Der Wanderweg setzt sich in Richtung Bahnhof fort. Dieser liegt nach rechts direkt an der Hauptstraße und sieht verlassen aus, doch fährt stündlich ein Zug von hier nach Berlin-Karow.

Ausflugstips

• Spaziergang an der Briese: Fast ein Geheimtip ist ein Spaziergang ab Bahnhof Birkenwerder oder dem dortigem Autoparkplatz im Gegensatz zu der örtlichen Beschilderung wie folgt: Straße hinabgehen bis an die Rathausecke der Hauptverkehrsstraße, dort schräg links entlang des Sportplatzes und dahinter rechts durch die Wiesen durch die Auen hin zum lieblichen Bächlein. Vielleicht ein Stück nach links und zurück, weiter jedoch am Bächlein nach rechts und gemäß blauem Punkt und Beschreibung auf dem Briesesteg am Mönchsee vorbei bis zum Boddensee, dort Einkehr im Gasthof am See und auf dem Fußweg der Straße entlang der Bahnstrecke zurück zum Bahnhof. Die Strecke kann individuell verlängert oder verkürzt werden: 3 bis 6 Kilometer, 1 bis 2 Stunden. Nicht für Nordic Walking geeignet.
• Briesetal: Nordic Walking-Runde und größerer Wanderrundweg mit Autoanreise: Pkw-Anfahrt bis Gasthof ›Kolonie Briese‹ unmittelbar am Briesesee. Großer Autoparkplatz in Restaurantnähe, Zufahrt über Birkenwerder. Das Briesetal hat beiderseits ideale Wander- und Nordic-Walking-Wege und dazwischen Brücken. Wahlweise bis Hubertusbrücke, Schlagbrücke oder Zühlsdorfer Mühle ergeben sich verschiedene optimale Wander- und Nordic-Walking-Runden auf unbefestigten Wegen.
• Vom Briesetal zum Summter See und zurück: Hier soll eine neue Wander- und Nordic-Walking-Route markiert werden. Wenn erfolgt, ergibt sie eine gute Dreieckstour vom Briesetal zum Summter See und Gasthof dort und zurück zum Parkplatz an der Kolonie Briese. Informationen und Alternativstart: Gasthof ›Summter Storch‹ in Summt.
• Badeausflug zum Briesesee an der Kolonie Briese: Natursee mit Sandstrand, Wiese, Sonne und Schatten im Wald. Parkplätze und Restaurant in der Nähe.
• Oranienburg: Mit der Bahn ist ab Birkenwerder in wenigen Minuten Oranienburg zu erreichen. Im dortigen Ortsteil Sachsenhausen befand sich während der NS-Zeit ein Konzentrationslager. Heute ist dort eine bewegende und eindrucksvolle Gedenkstätte zu besichtigen.
Im Ort gibt es außerdem ein Schloß, das früher dem holländischen Herrschergeschlecht der Oranier gehörte und das dem Ort den Namen gab.

Acht Seen an einem Tag

Tour 5: Von Wensickendorf nach Melchow

Gesamtlänge 28 km.
Teilstrecken Bahnhof Wensickendorf–Bahnhof Wandlitzsee: 8,5 km, Bahnhof Wandlitzsee–Melchow: 19,5 km; Möglichkeit der Verkürzung: Bahnhof Wandlitzsee–Bahnhof Biesenthal: 17 km.
Varianten Zwischen Biesenthal-Zentrum und Bahnhof Melchow gibt es mehrere Möglichkeiten: Markiert ist die längste Strecke über Bahnhof Biesenthal. Sie bietet im Ort sehr sehenswerte, schöne Häuser, aber eine endlos lange Gerade auf Pflasterweg.
Die Mittelstrecke ist ebenfalls, aber anders markiert, bietet von jedem etwas ist daher empfehlenswerter. Die Strecke über das Feld wird von Wanderern, die alle Strecken getestet haben, als landschaftlich reizvollste bezeichnet, verläuft auf unbefestigtem Feldweg mit Weitsicht, ist nicht markiert, gemäß Beschreibung aber leicht zu finden.
Angedacht ist eine noch bessere Variante, die bei kürzerem Weg weiter nördlich verläuft zum Buchspfuhl. Auf Markierung im Ort achten. Derzeit fehlt noch eine kurze Wegverbindung am Teich entlang. Mit etwas Abenteuerlust kommt man aber südlich zwischen Teich und Feldrand entlang, findet am Waldrand beginnend, hinter einem Graben einen geraden Weg genau ostwärts und am Ende rechts zum Bahnhof.
Verkehrsverbindungen Wensickendorf: Regionalbahnlinie Berlin-Karow–Wensickendorf, Zugfolge stündlich/zweistündlich.
Bahnhof Wandlitzsee: Regionalbahnlinie Berlin-Karow–Groß Schönebeck, Zugfolge stündlich/zweistündlich.
Karow liegt an der S-Bahnstrecke Berlin Zentrum–Bernau.
Melchow und Biesenthal: Regionalbahnlinie Berlin-Lichtenberg–Bernau–Eberswalde, Zugfolge stündlich.
Verkehrsverbindungen zwischen den drei Bahnhöfen sind ungünstig, aber möglich über Basdorf bzw. Bernau (Info-Telefon 018 05/82 26 62 oder 303/25 41 41 41).
Wanderkarten Maßstab 1:50 000, im Kartenteil dieses Buches die Seiten 7–8. ›Briesetal/Wandlitzer Seengebiet‹, 1:25 000 und L 3348 (Werneuchen), 1:50 000, Landesvermessungsamt Brandenburg; ›Naturpark Barnim/Wandlitzsee‹, 1:35 000, Verlag Dr. Barthel.
Markierung Blauer Punkt, teilweise andere Markierungen.
Einkehr Stolzenhagen, Wandlitzsee, Ützdorf, Lanke, Biesenthal.

Idylle am Wandlitzsee

Unterkunft Wensickendorf, Wandlitzsee, Ützdorf, Lanke, Biesenthal, Melchow.
Besondere Sehenswürdigkeiten Bahnhofsensemble Wandlitzsee im Bauhausstil, Schloßpark in Lanke, 2 Kilometer abseits vom Wanderweg: Alter Dorfkern von Wandlitz mit alter Dorfkirche, Friedenseiche und dem besonderen Museum zur Entwicklung der brandenburgischen Landwirtschaft; Agrarmuseum Wandlitz, Tel. 03 33 97/2 15 58.
Hinweise Gut bis sehr gut für Nordic Walking geeignet.
Am Ortsanfang Stolzenhagen gibt es eine Abkürzung, die nicht markiert ist.
Am Ortsende von Wandlitz ist als Wanderroute der Radweg markiert.
Wesentlich reizvoller ist der schmale Uferpfad entlang der Heiligen Pfühle gemäß Beschreibung.

Diese Tour unterscheidet sich landschaftlich deutlich von den ersten drei Wanderetappen. Hat man diese vier Touren erlebt, so hat man einen Eindruck davon gewonnen, wie facettenreich das Land Brandenburg ist – es hat sogar Höhenzüge aufzuweisen.

Der schönste Streckenteil befindet sich in dem Abschnitt hinter dem Wandlitzer See. Damit ist nicht nur der berühmte Liepnitzsee gemeint; auch Regenbogensee, Hellsee und das Hellmühler Fließ, die weithin unbekannt sind, sind bemerkenswert schöne Gewässer.

Unsere Wanderung wird uns auch durch vier Orte führen: Wandlitz, einen traditionell beliebten Ausflugsort, das alte Lanke mit Schloß und Schloßpark, den früheren Luftkurort Biesenthal und Melchow, den Endpunkt dieser Etappe.

Feldsteinscheune in Melchow

Der Ort Wandlitz ist als Siedlungsstätte am See bereits durch vorgeschichtliche Funde belegt. Er besteht aus sehr unterschiedlichen Teilen: Der alte Ortskern mit Kirche und vor allem einem Agrar- und Heimatmuseum ist sehenswert. Ein Umweg vom Zentrum des neuen Ortes zum Museum und dessen Besuch ist zu empfehlen. Der früher abgeschottete Wohnbezirk der DDR-Politiker, die bekannte ›Waldsiedlung Wandlitz‹, liegt weit außerhalb des Ortes an der Ausfallstraße Richtung Autobahn und ist in den 90er Jahren zu einer modernen Reha-Klinik umgebaut worden.

Wandlitz erhielt bereits 1901 einen Eisenbahnanschluß, wurde sogleich ein beliebter Ausflugsort und etwa 25 Jahre später sogar Kurort. An dem unter Denkmalschutz stehenden Bahnhof, dem gepflegten Park und dem Seebad ist diese inzwischen abgeschlossene Epoche noch deutlich erkennbar. Als Ausflugs- und Urlaubsort ist Wandlitz jedoch nach wie vor bekannt und beliebt.

Wie Wandlitz ist auch Lanke ein sehr alter Ort, mit einem Schloß und einem uralten, geradezu verwunschenen Schloßpark, dessen Ursprung sich vor dem Jahre 1827 im Dunkel der Geschichte verliert. Das ehemalige Schloß, ein Herrenhaus, steht oberhalb, ist aber keinen Umweg wert. Es ist jedoch reizvoll, in diesem vom Gutshaus abgetrennten verwilderten alten Park ein wenig umherzuschlendern. Er wird als Lenné-Park bezeichnet, obwohl Nachforschungen ergaben, daß er vermutlich nicht von dem berühmten Landschaftsgärtner angelegt worden ist.

Die Geschichte Biesenthals, einer der ältesten märkischen Städte, ist bedrükkend: Urkundlich seit dem 13. Jahrhundert bekannt, wurde die Stadt im Mittelalter dreimal durch Großbrände fast vollständig zerstört. Obwohl sie ebenfalls in eine sehr schöne Landschaft eingebettet ist und nicht zufällig früher zeitweise als Luftkurort benannt war, ist es ihr bisher nicht gelungen, die Beliebtheit ihrer Nachbarn Wandlitz und Lanke zu erreichen. Abseits unserer Wanderroute und gegenwärtig leider keinen Umweg wert sind die Reste einer alten Burganlage dort, deren Erbauer sich einen originellen Schutz erdachten. Es heißt, daß mittels der aufwärts gelegen Wehrmühle ein wirkungsvoller Schutz der Burg dadurch erreicht wurde, daß im Gefahrenfalle dort aufgestautes Wasser abgeleitet und ein Bach umgeleitet wurde, der vorübergehend das gesamte Gebiet um die Burg herum in einen Sumpf verwandelte und den Zugang unpassierbar werden ließ.

Streckenverlauf

Am Bahnhof Wensickendorf überqueren wir auf der Straße das Bahngleis und biegen gleich nach links auf den neben der Bahn beginnenden unbefestigten Fahrweg mit dem Namen Stolzenhagener Weg ein. Er führt uns erst ein kleines Wegstuck genau nördlich und biegt dann in Richtung Nordost ab, also nach halbrechts. In dieser Richtung wandern wir auf unserem sehr ruhigen Weg in etwa geradeaus durch offenes Gelände. Der Weg – gesäumt von Birken und Eichen, später von Pappeln und Büschen – führt durch eine Landschaft, die offenbar auch Nachtigallen, Lerchen und viele andere Singvögel anzieht. Neben ihrem Gesang, Trällern und Gezwitscher ist hier kaum ein Laut zu hören, es sei denn Wind oder Regen singen ihr Lied. Etwa 400 Meter nach der ersten kleinen Siedlung überqueren wir einen Graben und haben eine Weggabelung vor uns. Der gerade Weg ist der Zugangsweg zu dem vor uns sichtbaren Anwesen; unser Weg ist die schräge Abzweigung nach halblinks, die in Richtung Nordost weiterführt. Ein gerader, endlos lang erscheinender Weg, der beidseitig von Büschen und Bäumen gesäumt ist, liegt vor uns, doch bald erreichen wir eine zweite kleine Siedlung in ländlicher Idylle, einen Teil des Ortes Stolzenhagen. Weiter geradeaus, die Wensickendorfer Straße entlang, kommen wir an einem Gestüt vorbei und wieder hinaus in die ruhige Weite.

Vor einer Hochspannungsleitung, die den Weg überspannt, biegen wir in einen Feldweg rechts ab, der uns erst nach rechts, dann nach links zu einer verkehrsreichen Straße leitet. Bei den Häusern mit den Nummern 35 und 36 erreichen wir die Straße, laufen etwa 100 Meter auf dem Pflasterweg neben der Straße nach rechts und haben gegenüber, neben dem Haus Nr. 39, den Anfang der Seepromenade vor uns. Sogleich erreichen wir eine Gaststätte, und kaum weitere 100 Meter in den Wald hinein befinden wir uns an einem schönen Rastplatz am Ufer des **Stolzenhagener Sees**.

Geradeaus, zunächst genau nach Süden, geht es jetzt am Ufer entlang bis zum Ende des Sees. An der Badestelle stoßen wir auf die Phillip-Müller-Straße, auf der ein Stück geradeaus, dann nach links der **Wandlitzer See** erreicht wird. Er empfängt uns mit einer großen offenen Stelle, die weite Blicke über den See zuläßt und zudem einen sehr guten Rastplatz darstellt. Wir halten uns in nordöstlicher Richtung. Zunächst versperren Privatgrundstücke den weiteren Zugang zum See, doch indem wir uns nun in Ufernähe halten, den See stets rechts im Blick, gelangen wir schließlich bei sechs großen Kastanienbäumen an eine Wegabzweigung und dort von der Straße hinab zu einer Uferpromenade. Den schönsten Ausblick, den die drei folgenden Rastplätze direkt am Ufer gewähren, haben wir an der ersten öffentlich zugänglichen Stelle direkt nach einem Bootsplatz. Sie erlaubt erneut die Sicht auf die Weite des Sees und die gegenüberliegende alte Kirche von Wandlitz.

Die Uferpromenade endet an der Badeanstalt; hier müssen wir nach oben, um durch einen schönen Park zur Hauptstraße und damit zum Bahnhof Wandlitzsee zu gelangen. Der Fußgängerüberweg auf die andere Seite des Bahngeländes befindet sich am südlichen Ende des Bahnhofes. Hier kann man auch die Wanderung beenden oder unterbrechen.

Wir überqueren am Bahnhof Wandlitzsee die Gleise auf dem Fußweg am Bahnhofsende Richtung Berlin, gelangen an eine Straße, können uns an der Markierung orientieren und gehen nach links. An der Straßenecke mit dem Lokal ›Schlemmerstübchen‹ folgen wir rechts der Straße ›An der Bogenheide‹ und erblicken von ihr aus den ersten der drei **Heiligen Pfühle**, Hinweise leiten uns zum Gasthaus ›Versunkene Glocke‹, unsere Markierung daran vorbei weiter. Nun lassen wir uns von der Straße An den Pfühlen zu diesen führen, indem wir am Ende der Straße rechts hinab auf einem Waldweg das Ufer einen dieser Pfühle erreichen. Um die Heiligen Pfühle und die versunkene Glocke ranken sich Legenden, die mit Wahrheiten vermischt und nicht voneinander trennbar sind. An den Seen gab es einmal ein Kloster, dessen Glockenturm einstürzte und die Glocke im See verschwand – das zumindest scheint Tatsache zu sein.

Die Markierung will uns zwar auf den Radweg zwingen, doch wir wählen den romantischen Uferpfad, der unmittelbar am Ufer entlang bis an die – östliche – Spitze dieses Sees gut begehbar ist. Dort behalten wir auf einem breiten Weg unsere Richtung bei, gehen also nicht am Ufer nach rechts, und sind nach 100 Metern Waldweg schon am nächsten Pfuhl, einem ebenfalls respektablen See. Wir bleiben auch an diesem See am linken Ufer, bis wir durch einen Zaun gezwungen werden, nach links das Ufer zu verlassen. Etwas oberhalb gehen wir jedoch in bisheriger Richtung auf breitem Sandweg weiter entlang des Zaunes, passieren eine Schranke, biegen unmittelbar dahinter nach links ab und erreichen den markierten Weg wieder.

An einem Pfosten mit den Zahlen 23 78/23 76 überqueren wir eine kleine Teerstraße und gehen den bequemen Waldwanderweg 100 Meter weiter geradeaus in Richtung Südost zu der lichten Waldstelle mit Buchen und verwirrenden Wegverzweigungen. Wir nehmen den ersten Weg schräg links an einer Bank vorbei, kommen zu einem kleinen Sumpfgebiet und rechts daran vorbei zum **Regenbogensee**. Wenn wir nun am linken Ufer, also geradeaus, weiterwandern, stoßen wir auf eine besondere Perle der Mark Brandenburg, denn am Ende des Regenbogensees schlängelt sich unser Weg geradeaus weiter entlang eines sumpfigen Verbindungsstückes zum **Liepnitzsee**. Er verbirgt sich hinter der Höhe, die wir am Ende des Pfades bei den Wegverzweigungen halbrechts vor uns sehen. Wir wandern hinauf zu dem Holzgeländer und haben dort den See vor uns. Weiter in östlicher Richtung gehen wir am linken Ufer des Sees entlang und erreichen bald einen besonders schönen Rastplatz mit Bänken und Seeblick. Übrigens ist das Stück Land gegenüber ist nicht das andere Ufer, sondern eine Insel.

Der Liepnitzsee ist ein Quellsee, ohne Zuflüsse aus Siedlungen und Landwirtschaft, und daher einer der saubersten Seen des Landes mit sehr guter Wasserqualität. Er ist relativ groß, an seinen Ufern finden sich mehrere Badestellen, von denen früher eine für die Prominenz der DDR reserviert war.

Wir wandern am Ufer entlang bis hinter die Fähranlegestelle und verlassen dann gemäß dem Wegverlauf dieses Gewässer. Es geht hinauf zu einer kleinen Straße, dann nach rechts weiter, also in Richtung Nordost. Hinter Häusern führt rechts ein steiler Weg hinab zum ›**Seechen**‹. Er erlaubt an einer Stelle einen kurzen Blick auf den See, geht unten sehr angenehm parallel zur Straße weiter und kommt dann auf die Straße zurück. Es sind zwar nur etwa 200 Meter Umweg, wer aber keine steilen Wege mag, sollte den Umweg auslassen und auf der Straße bleiben. Wir kommen nach Ützdorf, zum Hotel ›Jägerheim‹ und wandern weiter auf dem Prendener Weg, der gegenüber dem Parkplatz links neben dem Hotel als Forstweg in den Wald führt und mit Markierungen nach Obersee und Lanke gekennzeichnet ist. Zuerst begleiten uns rechts Zäune und links Wald; es geht geradeaus bis zu einer Schranke.

Dort weist die Markierung halblinks bergauf. Wesentlich romantischer ist aber der gleichlange Weg unten im Tal. Also geht es vor der Schranke nach rechts am Zaun entlang abwärts und unten im Tal am Rande eines Sumpfgebietes nach links in bisheriger Richtung weiter. Wir sind auf einem verschwiegenen Wald- und Wiesenweg und hören bald das Rauschen der Autobahn, die wir an der äußersten linken Seite der Brücke auf einem breiten Forstweg unterqueren. Weiter geht es nun direkt am linken Ufer des **Obersees** entlang auf einer Art Uferpromenade mit Bänken, Rastplätzen und Badestelle nach Lanke mit Hotels und Gaststätten am Ende des Sees. Wir bleiben links neben einem Bach, laufen so geradewegs in den Ort, zweigen in Richtung Bernau nach rechts in die Dorfstraße ab, überqueren den Bach und gehen leicht bergauf.

Den Eingang zum Park erreichen wir, indem wir am Ende der Bebauung auf der linken Straßenseite den markierten Waldweg einschlagen, der links an der Pension ›Bellevue‹ abzweigt. Im Wald geht es hinunter, dann zuerst links zu einem Waldtümpel. Dann wechseln wir bei einer Brücke nach rechts und kommen an der Rückseite des Schlosses vorbei.

Die Wanderung setzen wir fort, indem wir unterhalb eines alten Fabrikgebäudes bleiben und rechts einen markierten Weg weitergehen, der als Holzsteg links des Baches über sumpfiges Gelände und zu einer alten Eiche leitet und dort geradeaus weiter verläuft. Es sind zwei sich gabelnde Wege, die sich später wieder vereinigen. Nun sind wir in südlicher bis westlicher Richtung links entlang des Baches unterwegs.

An Baumveteranen vorbei erreicht unser Weg schließlich das linke Ufer des **Hellsees**. Der lichte hohe Buchenwald scheint hier geradezu einen Dom zu bilden. Der Weg folgt dem Uferbereich, teilweise etwas vom Ufer entfernt, teils unmittelbar an der Wasserkante, und erneut haben wir eine schöne Sicht auf ein idyllisch gelegenes Gewässer. Schließlich kommen Wochenendgrundstücke in Sicht; wir gelangen an eine Fahrzeugsperre mit einem Fußgängerdurchlaß, dahinter an eine

Der Schloßpark in Lanke scheint verwunschen

Gabelung und auf einer kleinen Waldstraße, einen Bach überquerend, erreichen wir die Hellmühle. Unmittelbar hinter der Bachbrücke, noch vor dem Mühlengebäude, zweigt links ein Weg ab, der rot gekennzeichnet ist und auf unser nächstes Ziel hinweist: Biesenthal. Wir gehen also rechts am Bach entlang in den Wald hinein, teilweise etwas oberhalb des Baches in Richtung Nord und parallel zu ihm bei seiner Richtungsänderung nach rechts in Richtung Osten.

Am Wanderbriefkasten überqueren wir das Mühlenfließ, um auf der anderen Bachseite wieder nach rechts wie zuvor in Richtung Osten weiter zu wandern. Nach einer Linksbiegung erreichen wir bald den idyllischen Rastplatz ›Zweibrücken‹. Dort hinüber und dahinter nach links in Richtung Nordost wechselnd, bleiben wir immer in der Nähe des Fließes und des Schilfgebietes. Die Markie-

Frühlingsblumen im Wald

rung leitet uns, bis wir das Fließgebiet verlassen, weiter durch den Wald. An einer Gabelung halten wir uns rechts bis zu einer Einmündung und dort wieder links. Schließlich überqueren wir auf einer weiteren Brücke das Pfauenfließ, haben links eingezäuntes Gelände, rechts Wiesen neben uns und erblicken bald danach Biesenthal. Wenn wir den Kirchturm sehen, geht es auf einer kleinen Straße nach rechts, dann nach links in Richtung Kirche und in das Zentrum des Ortes. Weiter geht es vom Zentrum auf der Bahnhofstraße in Richtung Osten; wir gehen etwa

900 Meter bis zur Abzweigung in Richtung Eberswalde. Für die nächsten drei Kilometer stehen drei gleich lange Varianten zur Auswahl: Variante A führt einen Kilometer durch den Ort, dessen Häuser teilweise sehr sehenswert sind, und durch einen Kilometer Wald oder, mit geringem Umweg, zum Bahnhof Biesenthal. Variante B führt durch eine kleine Einfamilienhaussiedlung und danach über etwa 1,7 Kilometer offenes Gelände.

Variante A (offizieller Wanderweg)

Es geht weiter geradeaus die Bahnhofstraße entlang, also nur ein kurzes Stück auf der Bundesstraße 2, dann einen Kilometer weiter in Richtung Grüntal bis zur Kiefernallee, dort weiter zum Bahnhof Biesenthal und später ab Bahnhof Biesenthal nach links auf Waldwegen parallel zur Bahnstrecke zum Bahnhof Melchow.

Eine Alternative und dabei eine wesentlich reivollere Strecke stellt die folgende Abkürzung dar: Zunächst geht es ebenfalls bis zur Kiefernallee. In sie biegen wir hinein und wählen den grün markierten Waldweg.

So geht es mit einer leichten Wendung nach links, über einige Waldwege ohne Richtungsänderung hinweg an eine Waldkante entlang und weiter im Wald bis an das Ende des geraden Weges, wo wir den blauen Punkt wiederfinden und nach links zum Bahnhof Melchow folgen.

Variante B

Die zuletzt vorgestellte Variante ist zwar kein offizieller Wanderweg, aber gut begehbar. Auf dem linken Fußweg der Bundesstraße 2 gehen wir nur 100 Meter in Richtung Eberswalde, um gleich nach links in die ruhige Wohnstraße Grüner Weg abzubiegen und dann sogleich nach rechts in die neue Wohnsiedlung, in die Straße Grüner Plan, danach nach rechts in die Straße Zum Gerichtsberg, durch diese hindurch nach rechts bis zum Ende einer kleinen Teerstraße. Hier erreichen wir 100 Meter nach rechts die Hauptverkehrsstraße. Auf ihr müssen wir nach links nur 200 Meter vorsichtig überbrücken, dann nehmen wir den auf der gegenüberliegenden Seite nach rechts abzweigenden ruhigen Feldweg. Nun gehen wir 1,7 Kilometer geradeaus durch die Felder bis an den fernen Waldrand, wo dieser Weg endet und wir unseren blauen Punkt wieder erreichen und also links zum Bahnhof Melchow gelangen.

Das letzte Stück des Weges verläuft unmittelbar entlang der Bahnstrecke. Bei eventuellen Unklarheiten heißt das, daß man sich stets in Richtung Nordost zur Bahnstrecke orientieren kann.

Ausflugstips

• In dieser Region gibt es sechs Badestellen, vier davon liegen entlang der Wanderstrecke. Alle sind als Fahrradziel geeignet, fünf sind mit dem PKW erreichbar, eine auch mit der Bahn, und die Wanderer finden noch andere, die nur zu Fuß erreichbar sind.
Badeanstalt am Südufer des Rahmer Sees, Straße zwischen Wandlitz und Zühlsdorf, nicht an der Wanderroute gelegen.
Offene, sehr schöne Badestelle an der Südspitze des Stolzenhagener Sees, schwierig zu finden: Abzweig von der Straße zwischen Bahnhof Wandlitzsee und Stolzenhagen.
Sehr empfehlenswert und mit Fahrrad, Bahn und Auto leicht erreichbar ist die Badeanstalt am Wandlitzer See unmittelbar am Bahnhof Wandlitzsee.
Am Liepnitzsee gibt es mehrere Badestellen, die aber teilweise nur zu Fuß oder per Fahrrad erreichbar sind.
Sehr empfehlenswert ist auch die Badestelle am Obersee in Lanke. Sauberes Wasser auch hier sowie eine sehr gepflegte, aber kleine Badestelle, Parkanlage und mehrere Gasthöfe am Seeufer.
Auch am großen Wukensee bei Biesenthal gibt es eine Badestelle, die mit dem Auto erreichbar ist. Sie liegt aber nicht am Wanderweg.
• Nordic-Walking-Super-Trail. Vom Bahnhof Wensickendorf nach Stolzenhagen und weiter bis zum Wandlitzsee und zurück: Auf überwiegend unbefestigtem Weg ohne Orientierungsprobleme kann man gut laufen, am Ziel baden, in der Nähe am Stolzenhagener See einkehren und zurückmarschieren. Parkmöglichkeit gibt es am Bahnhof Wensickendorf und im Ort. Am anderen Ende Wensickendorfs bietet sich ein sehr guter Gasthof zum Ausklang an.
• Kurzwanderungen und Spaziergänge: Sehr abwechslungsreiche Kurztouren bieten sich ab Bahnhof Wandlitzsee entlang der Heiligen Pfühle, des Liepnitzsees bis Ützdorf an, dort Einkehr und zurück.
• Ein ganz besonders schöner Ausflug ist in der Gesamtwanderstrecke enthalten, kann aber wie folgt mit PKW-Anreise auch als Rundkurs zu Fuß oder als Nordic-Walking-Tour zu einem bleibenden Erlebnis werden: Start in Lanke – Parkmöglichkeit in der Straße in Richtung Bernau oberhalb des Tales an der dortigen Gaststätte (Parkbuchten) –, gemäß blauer Punktmarkierung hinab in den uralten Park und gemäß dieser Markierung durch den Park, am Hellsee weiter bis zur Hellmühle und dort noch etwa 1 Kilometer gemäß blauer Punktmarkierung in das Tal des Bächleins hinein bis zu zwei Rastplätzen an einer einsamen Waldwiese. Zurück bis zur Hellmühle und weiter um den Hellsee herum bis zum Ausgangspunkt zurück. Insgesamt etwa 7 Kilometer mit Rastmöglichkeiten unterwegs, aber keiner Badestelle am Hellsee, Baden und Faulenzen danach am Obersee.

Stille und Idylle

Tour 6: Von Melchow nach Leuenberg

Gesamtlänge 29 km.
Teilstrecken Melchow–Trampe: 12 km, Trampe–Leuenberg: 17 km.
Tour 6A: Melchow–Falkenberg (Bahnhof): 23 km, Falkenberg–Leuenberg: 17 km.
Varianten Abkürzungsstrecken sind nicht empfehlenswert, aber abweichend von der Wanderroute gibt es Empfehlungen von Wanderern, die Melchow–Trampe–Cöthen–Bahnhof Falkenberg gewandert sind, 23 km (Bahn nach Eberswalde–Berlin), und als Fortsetzung ab Bahnhof Falkenberg über Cöthen zur Nordspitze des Gamensees und weiter nach Leuenberg,17 km, oder weiter, etwa bis Tiefensee. Diese Tour ist hier als Tour 6A beschrieben.
Verkehrsverbindungen Melchow: Regionalbahnlinie Berlin-Lichtenberg–Bernau–Eberswalde, Falkenberg–Frankfurt/Oder, Zugfolge stündlich.
Trampe: Bus nach Eberswalde, dort Regionalbahn wie Melchow.
Leuenberg: Bahn nach Tiefensee, Bus nach Leuenberg.
Tiefensee: Regionalbahnlinie Berlin-Lichtenberg–Tiefensee. Im Jahre 2005 Zugfolge stündlich, Bus werktags im Abstand von zwei Stunden, sonntags selten; Abfahrtzeit ab Leuenberg für Rückfahrt etwa 16.50 Uhr (Info-Telefon 018 05/82 26 62 oder 303/25 41 41 41).
Falkenberg: Zugverbindung über Eberswalde, Melchow nach Berlin stündlich.
Wanderkarten Maßstab 1:50 000, im Kartenteil dieses Buches die Seiten 9–10. Topografische Karte ›Naturpark Barnim‹, 1:50 000, Landesvermessungsamt Brandenburg.
Markierung Blauer Punkt.
Einkehr Schönholz, Trampe, Leuenberg.
Unterkunft Melchow, Trampe, Leuenberg.
Besondere Sehenswürdigkeiten Alte Schmiede in Melchow, Kirche in Trampe und viele andere Feldsteinbauten, hübsche alte Bauernhäuser in Schönholz.
Hinweise Die Strecke ist ideal für Nordic Walking.
Zwischen Schönholz und Trampe ist nach Abschluß der Munitionssucharbeiten eine etwas abkürzende wesentliche Verbesserung entlang des Nonnenfließes vorgesehen. Wenn ab Nonnenfließbrücke neu markiert, ist der Weg absolut sicher und wesentlich attraktiver.
Hinsichtlich der Etappenlänge und eventueller Verkehrseinschränkungen sind die Verkehrsverbindungen zuvor zu erfragen. Übernachtungsmöglichkeiten gibt es jedoch in Abständen, die kürzere Etappenlängen ermöglichen.

Als Alternative oder sogar als Zusatzstrecke ist die Wanderung nach Falkenberg sehr empfehlenswert und hinsichtlich der Orientierung problemlos.
Am Bahnhof Melchow gibt es sehr gute kostenlose Parkmöglichkeiten. Im Vergleich zu den anderen Orten, die wir auf unserer Tour gestreift haben, ist Melchow zwar ein altes Dorf, aber hauptsächlich seiner günstigen Verkehrsanbindung wegen erwähnenswert, die es auch in jüngster Zeit zu einem Wohnort im Grünen wachsen ließ.

Bemerkenswert für die gesamte Wandertour ist, daß wir bis zum Ziel mit Ausnahme der Ortsdurchquerungen nur auf unbefestigten Wegen wandern und von einer Stille umgeben sind, die heutzutage sehr selten geworden ist. Diese Tour gehört auch zu den waldreichsten Etappen. Wir werden etwa 20 Kilometer durch Wälder wandern. Da sie aber sehr unterschiedlicher Art sind, ist diese Etappe dennoch sehr abwechslungsreich. Insbesondere ist der noch vor einigen Jahren nahezu unbekannte Gamengrund seinem Wert entsprechend zwar kein Geheimtip mehr, aber hinsichtlich seiner abgelegenen Lage nach wie vor sehr ruhig und romantisch. Unberührte Seen reihen sich aneinander, drei davon noch immer namenlos und eingebettet in ein Sumpf- und Waldgebiet, das sich nicht gut forstwirtschaftlich nutzen läßt und daher teilweise sehr urwüchsiges wildromantische Züge aufweist. Wenn das Nonnenfließ zugänglich sein wird, bieten sich dort weitere eindrucksvolle Natur- und Landschaftseindrücke.

Hinsichtlich der Lage, der nicht optimalen Verkehrs-, aber sehr guten Übernachtungsbedingungen empfiehlt es sich, im Zusammenhang mit der Tour 7 eine Zwei- oder Drei-Tages-Wanderung mit Übernachtung einzuplanen. Sehr empfehlenswerte Hotels findet man in Trampe und Leuenberg, Privatquartiere ebenfalls in Leuenberg.

Man könnte eine Abkürzung über Kruge wählen, würde dabei aber Waldbereiche und fünf Seen, dabei den besonders schönen, etwa zwei Kilometer langen Uferweg am nördlichen Gamensee mit vielen Sichtstellen, auslassen und einige Zeit an Straßen entlangwandern. Empfehlenswert ist das Gegenteil: eine Verlängerung gemäß Tour 5 A in ein romantisches Gebiet und exakt auf einem Weg, auf dem schon Theodor Fontane unterwegs war.

Streckenverlauf

Diese Tour beginnt am Bahnhof Melchow. Von dort aus gehen wir ostwärts auf der Eberswalder Straße etwa 500 Meter entlang, an einem alten Schmiedegebäude auf der linken Straßenseite vorbei und biegen im Ortskern bei einer Bäckerei nach rechts in die Dorfstraße ab. Auf dieser Straße kommen wir an schönen alten

Häusern vorbei, müssen nach links schwenken und gehen dann geradeaus bis zum Ortsende an der Wildtierpflegestation vorbei und erreichen auf der unbefestigten Straße die Waldkante.

Nun gehen wir geradeaus in den Wald hinein und an der sogleich im Wald befindlichen Gabelung auf dem rechten Weg, also weiter geradeaus auf dem Hauptweg, in Richtung Schönholz.

Nach etwa drei Kilometern Marsch durch Waldgebiet erreichen wir Schönholz, eine große Lichtung inmitten des Waldgebietes mit einigen hübschen, typischen märkischen Bauernhäusern, die liebevoll erhalten werden. Dieser in der Waldeinsamkeit liegende Ort ist ein überraschender Anblick, aber auch heute noch in Brandenburg öfter zu finden.

Unterwegs bei Leuenberg

Vor den letzten Häusern am Ortsende zweigen wir nach rechts in die Bernauer Heerstraße ab. Diese Straße war früher bedeutend, heute ist sie allerdings nicht mehr als ein unbefestigter Fahrweg, der uns zum Nonnenfließ führt. Dort achten wir besonders auf die Markierungen, denn die neu geplante Route zweigt entlang des Nonnenfließes rechts ab.

Der alte Wegeverlauf leitet direkt am Rande eines Sperrgebietes entlang. Wir bleiben auch an einer Gabelung, an der Bänke stehen, weiter am Rande des Sperrgebietes auf dem Hauptweg, bis wir die nachfolgend skizzierte auffällige Wegverzweigung erreichen.

Links fällt der große Findlingsstein mit der Inschrift ›Bernauer Heerstraße‹ auf. Hier haben wir den nördlichsten Punkt der Gesamtroute erreicht, können jedoch noch einen lohnenden Abstecher zu dem etwa 200 Meter geradeaus weiter nördlichen **kleinen Waldsee ›Bornemanns Pfuhl‹** hinzufügen, denn dort bietet sich an einer Lichtung eine sehr schöne Rastmöglichkeit. Um unsere Wanderung fortzusetzen, müssen wir dann wieder zurück zu der Ecke.

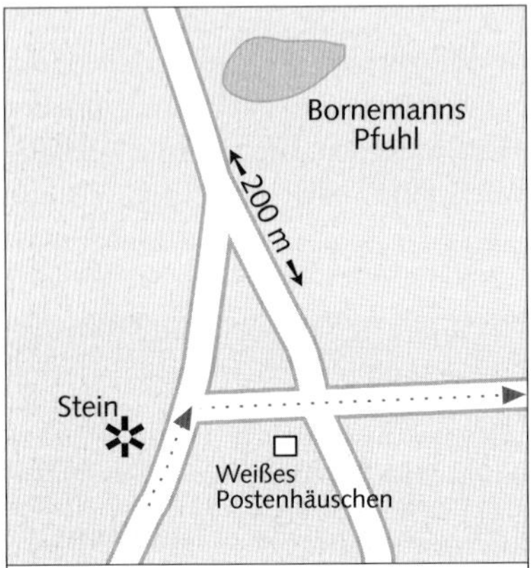

Tour 6

Hier ändern wir unseren Wanderkurs in Richtung Südost und marschieren immer geradeaus, also weiter entlang des Sperrgebietes, bis der Waldweg an der Waldkante in eine kleine Teerstraße mündet und wir den Ort Trampe linker Hand vor uns sehen.

In Trampe finden wir einen für frühere Zeiten typischen Wohnort einer Adelsfamilie. Dazu gehört der Gutspark, der noch immer sehenswert ist, ein Herrenhaus, das früher in den Orten oft als Schloß bezeichnet wurde und gegenwärtig einen erbärmlichen, weil durch Umbauten verunzierten Eindruck hinterläßt, eine uralte typische Feldsteinkirche und auf dem Kirchhof die alten Gräber der ›Herrschaften‹, die den kleinen Gang dorthin lohnen. Am südlichen Rand des Trampe-Parks befinden sich in der Nähe des Teiches ein bisher regelmäßig bewohntes Storchennest und ein idyllischer Rastplatz.

Am Ortsanfang von Trampe ist der Weg leitet die Markierung auf sehr unattraktiver Route in den Ort. Deshalb ist nicht dieser Weg empfehlenswert, sondern der wie folgt: Am kleinen Asphaltplatz am Ortsanfang halten wir uns rechts, denn der lohnenswerte öffentliche Weg durch den alten Schloßpark beginnt direkt rechts neben dem gelben Haus. Er zweigt zwischen den Häusern Nr. 30 und Nr. 30 a von dem Platz ab und führt geradewegs hinter der Kirche vorbei in den Gutspark hinein, wobei das kleine Bächlein Trampegraben überbrückt wird. Wir gehen geradeaus durch den Park und gelangen an einem alten Baum und großen Findlingsstein auf einen alten Pflasterweg. Über die Brücke wenige Schritte nach rechts erschließt sich uns der malerische Teich, und etwa 100 Meter weiter können wir von der rechts stehenden Bank über die Wiesen hinweg ein Storchennest wahrnehmen; es ist ein idealer Pausenplatz.

Die Fortsetzung der Wanderung führt nun auf dem Pflasterweg zurück zur Hauptstraße. Das ehemalige Schloß, klein und wenig attraktiv, befindet sich von der Straße nach rechts deutlich zurückgesetzt. Unsere Route folgt der Hauptstraße zur Kirche. Ein kurzes Stück weiter in gleicher Richtung kommen wir an ein Lokal, an die Feuerwache und zu einer Ecke, an der wir in die Eberswalder Straße nach rechts abbiegen, mit der Hauptstraße in unsere neue Hauptrichtung

Badende Kinder am Gamensee

nach Osten wechseln und, um diese Richtung beizubehalten, davon nach etwa 200 Metern wiederum rechts in den Falkenberger Weg abzweigen. Das ist der Weg, der durch die Wohnhäuser führt und bald in die weite stille Landschaft hinausläuft.

Gute vier Kilometer geht es nun immer geradeaus in Richtung Osten. Zunächst liegt rechts wieder ein kleiner See in der Wiesenlandschaft, dann folgen Mischwald, Laubwald und Buchenwald. Wenn wir eine Straße überquert haben, sind es noch 700 Meter, bis uns ein Anwesen und ein Schild ›Landschaftsschutzgebiet Gamengrund‹ eine andere Landschaft ankündigen.

Wir gehen geradeaus den schwarzen Weg entlang, knicken mit ihm etwas nach links ab und gehen 200 Meter weiter bis zu dem zweiten rechts abzweigenden Weg, der an einer Schranke als Wanderweg zum Gamensee mit einem Schild deutlich gekennzeichnet ist. Es ist nicht der Weg, der an einem eventuell dort stehenden Kahn des Anglervereines Gersdorf abzweigt, sondern der nächste wenige Meter weiter beginnende.

Nach Falkenberg geht es geradeaus weiter gemäß blauem Strich und Beschreibung ab der Seite 100. Nach Leuenberg ändern wir hier unsere Hauptwanderrichtung, wandern nun nach Süden, kommen an das linke Ufer des **Gamensees** und finden gleich am Anfang eine kleine Rast- und Badestelle mit

Wiese und Sand, Sonne und Schatten. Dahinter halten wir uns immer in der Nähe des Ufers.

Eine besonders beeindruckende Sichtstelle ergibt sich etwa einen Kilometer ab Seeanfang, wenn wir den links neben uns befindlichen grasbewachsenen Hang emporklettern. Teils auf Forstwegen, teils aber auch auf Fußpfaden kommen wir an mehreren Rastplätzen vorbei und schließlich unterhalb einer Straße an die südliche Seespitze, die mit Bänken am Ufer und einem sehr schönen Blick zurück über den langgezogenen See aufwartet. Später werden wir sehen, daß der 15 Kilometer südlich gelegene See desselben Namens einen völlig anderen Charakter aufweist.

Hier überqueren wir die Straße, gehen den weiter nach Süden führenden Weg entlang des Autoparkplatzes, der uns mit blauer Kennzeichnung und Ortshinweis ›Leuenberg 10 km‹ die richtige Richtung anzeigt. Am Ende des Parkplatzes ist es an einer Gabelung der rechte Weg, der durch ein Hinweisschild das Landschaftsschutzgebiet anzeigt und für Fahrzeuge gesperrt ist.

Im Gamengrund kommen wir als nächstes zum **Teufelssee**, danach an drei kleinen namenlosen **Waldseen** vorbei, passieren die Rittmeisterhütte – eine Schutzhütte – und haben das Gefühl, immer geradeaus zu wandern, auch wenn sich der Weg im Wald dahinschlängelt. An einer auffälligen Wegkreuzung wählen wir den gegenüber schräg links leicht bergauf weiterführenden Weg. Wir kommen an einer weiteren Hütte, der Kastaniensuhlenhütte, vorbei, und es geht an einer Wegeinmündung 150 Meter nach rechts versetzt im Wald weiter nach Süden, an der Espensuhlenhütte vorbei zum **Buchsee**.

Am linken Ufer geht ein schmaler, aber sehr reizvoller Weg am Ufer entlang und vereinigt sich am südlichen Ende des Sees wieder mit dem Hauptweg, der hier an einer Schranke kurz aus dem Wald herauskommt, sich durch Wiesen schlängelt und über eine Straße hinweg wieder in die Stille des Waldes eintaucht. Der See mit dem Namen **Dümpel** wird rechts passiert, und auch am **Langen See** bleiben wir am rechten Ufer. Danach stoßen wir auf eine Straße.

Der Weg zum **Röthsee** beginnt 100 Meter nach links versetzt auf der gegenüberliegenden Straßenseite hinab in das Wiesental, genau nach Süd unterhalb und parallel zur Straße im Tal zum See, also unten sofort links ab. Entlang des Sees gibt es auf beiden Seiten urwüchsige Pfade. Wir folgen der Markierung.

In der weitläufigen Wiese am Ende des Röthsees gibt es zwei Möglichkeiten, das dortige private Weidegelände, eine Schafweide, nach links zu überbrücken. Der Eigentümer hält eine vor Ort erkennbare markierte Wegstrecke vom See in den Ortskern frei und begehbar. Gemeint ist der Weg, der unterhalb der Häuser nach links oder hinter den Häusern weiterführt.

Die Bushaltestelle und die Privatquartiere sind in der Nähe des Dorfteiches und der Kirche zu finden, das Hotel ist außerhalb abgelegen.

Theodor Fontane und der 66-Seen-Wanderweg

Mit Theodor Fontane und seinen ›Wanderungen durch die Mark Brandenburg‹ werben viel Orte. Offensichtlich gilt ihnen und den Touristen als Qualitätssiegel, wenn der Dichter dort durchgekommen ist. Die Orte und Landschaften, die Fontane besucht hat, sind natürlich bekannt. In den über hundert Jahren seit Veröffentlichung der ›Wanderungen‹ (1862–1882) hat sich aber einiges verändert. Es gibt Landschafts- und Ortsbereiche, die an Reiz verloren haben, von Fontane beschriebene Aussichtspunkte auf Höhen und an Ufern sind nicht mehr zu finden: zugewachsen, bebaut, besiedelt. Andere Gebiete haben ihre Reize behalten, werden erhalten und gepflegt.

Für Außenstehende und Ortsfremde sind diese Unterschiede nicht erkennbar. Es wird mit Fontane mitunter auch dort geworben, wo es eher zum Schaden des Landes führt; Enttäuschungen über die reizlose Landschaft sind die Folgen. Auf Fontanes Spuren zu wandeln lohnt für Geschichts- und Literaturinteressierte. Wer das Land Fontanes in seiner Schönheit erleben will, kann sehr wohl fündig werden. Dafür sind einige Wege geeignet; man sollte aber mehr dem Rat von Wanderexperten als dem der Werbefachleute folgen. Fontane interessierten die Landschaften, die Menschen, die Geschichte und Gegenwart der Orte, die Legenden mehr als die Wanderrouten selbst – er war kein Wanderer im heutigen Sinn. Allein die damaligen Verkehrsverhältnisse erlaubten keine so schnellen und umfassenden Besuche des Landes wie heute. Hinzu kommt, daß im Zusammenhang mit dem Bau weiterer Bahnstrecken, speziell auch der S-Bahn, Ausflugsgebiete erschlossen, neu entwickelt und durch Anlagen und neue Wege wandergerecht gestaltet wurden, die es zu Fontanes Zeiten noch nicht gab. Dazu gehören etwa die für Fontane nahezu unerreichbaren Gebiete des Gamengrundes und der Glubig-Seenkette, die in den letzten Jahrzehnten entstandenen Knüppeldämme in Birkenwerder am Briesetal und die verträumten Heideseen bei Märkisch-Buchholz-Köthen.

Einige kräftig sprudelnde naturbelassene Quellen empfand Fontane offensichtlich als derart gewöhnlich, daß es ihm keinerlei Erwähnung oder gar Besuch wert war, Aussichtstürme gab es noch nicht. Die Rüdersdorfer Kalkbrüche waren im 19. Jahrhundert wohl eher abstoßend, jetzt stellen sie eine besonders attraktive Erlebniswelt dar. Frühere Torfstiche und Tongruben sind in renaturierte Landschaftskleinode allerbester Güte verwandelt worden. An diesen Beispielen wird deutlich,

Fontanezitat am Fontanehaus in Neuglobsow

daß sich die Landschaften, die Fontane beschrieben hat, zum Teil deutlich verändert haben. Wer also das Land Theodor Fontanes kennen lernen will, sollte weniger nach seinen exakten Wegen suchen, sondern eher seinen Empfehlungen folgen: »Wer in der Mark reisen will, der muß zunächst Liebe zu Land und Leuten mitbringen, mindestens keine Voreingenommenheit, … muß sich ferner mit einer feineren Art von Natur- und Landschaftssinn ausgerüstet fühlen. Gröbliche Augen, die einen Gletscher oder Meeressturm verlangen, mögen zu Hause bleiben … Wenige Punkte sind so arm, das sie nicht auch ihre sieben Schönheiten hätten. Man muß sie nur zu finden verstehen. Wer das Auge dafür hat, der wag es und reise … Wag es getrost und du wirst es nicht bereuen. Eigentümliche Freuden und Genüsse werden dich begleiten. Du wirst Entdeckungen machen, denn überall wohin

du kommst wirst du vom Touristenstandpunkt aus eintreten in ein jungfräulich Land.«
Viele Orte, die am 66-Seen-Weg liegen, hat Fontane beschrieben. Er besuchte Brieselang, die Markgrafensteine und die Rauener Berge, den Scharmützelsee, Saarow, das zu seinen Zeiten noch kein Bad war, Teupitz, Blankensee, Trebbin, Caputh. Ein Wanderer mit ausschließlich Erholungs- oder sportlichen Motiven war er sicherlich nicht. Seinen Worten ist zu entnehmen, daß er oft schnell vorankommen wollte oder mußte, was dann oft teurer wurde als eine Fahrt in eine weit entfernte Stadt, aber er erwähnt an einer Stelle seiner Vorworte: »... ein Glück, wenn du zu den Dauerläufern gehören kannst.«
Viele positive Urteile Fontanes finden heute noch durchweg ihre Bestätigung, einige Mängel, über die er sich beklagte, sind heute ebenso noch zu finden: »Du mußt nicht allzu sehr durch den Komfort der großen Touren verwöhnt und verweichlicht sein. Es wird einem selten das Schlimmste zugemutet, aber es kommt dich vor ... Wo es gut sein könnte triffst, du es vielleicht schlecht und wo du das Kümmerlichste erwartest, überraschen dich Luxus und Behaglichkeit.«
Fontane meint mit diesen Worten die Herbergen seiner Zeit. Auch heute überraschen einsam im Wald gelegene Gaststätten mit Übernachtungsmöglichkeiten von hervorragender Qualität, so etwa das Forsthaus Leuenberg etwas abseits vom Weg. An anderer Stelle wird man das Klischee von der Servicewüste Brandenburg bestätigt finden. Aber auch hinsichtlich der Landschaftspflege treffen Fontanes Worte auch noch heute zu. Mitunter wandert man auf einer bestens gepflegten und markierten Wanderstrecke, anderswo fehlt offensichtlich jeder Art von Heimatliebe und Gastfreundschaft, behandelt man seitens der Kommunen die Landschaft nur aus Sicht der Autofahrer und Gewerbetreibenden.
Trotz aller Kümmernisse auch in diesem Bereich überwogen bei Fontane die Freuden. So ist es auch heute. Gerade die Erfahrungen der vergangenen Jahre, die die Wanderer entlang des 66-Seen-Wegs gemacht haben, bestätigen Fontanes Urteile. Sie mögen die Worte bekräftigen, die der Dichter äußerte, als er nach einem Auslandsaufenthalt wieder nach Berlin zurückkam:

Grüß Gott dich Heimat! Nach langem Säumen
in deinem Schatten wieder zu träumen
erfüllt in dieser Maienlust
eine tiefe Sehnsucht mir die Brust.
Ade nun, Bilder der letzten Jahre,
ihr Ufer der Somme, der Seine, Loire,
nach Kriegs- und fremder Wässer Lauf
nimm heimische Havel mich wieder auf.«

Tour 6A: Wegverlauf der Alternative zum Bahnhof Falkenberg und zurück

Im Band 2 von Theodor Fontanes Wanderungen wird der Park Cöthen mit seinen Bächlein, dem kleinen Wasserfall und dem Wasserrad erwähnt wie auch der Weg vom Park zur Carlsburg und die fantastische Aussicht dort. Genau der Weg ist Teil dieser Alternativoute. Selten können wir so exakt auf Fontanes Spuren wandern.

Bis zum Anfang des Gamengrundes bleiben wir auf der Hauptroute. An der nördlichsten Seespitze des Gamensees könnten wir zwar einen kurzen Abstecher zum See machen, folgen aber der blauen Strichmarkierung, die in Richtung Cöthen leitet und wandern demnach zwei Kilometer genau geradeaus nordostwärts bis in diesen Ort hinein, an der Kirche vorbei weiter bis zum Ende der Straße, dort links ein kurzes Stück bis zum Autoparkplatz am Ortsausgangsschild.

Die blaue Strichmarkierung weist uns nach rechts in den Wald. Als Cöthener Park wurde er von Landschaftgärtnern mit diversen Spazierwegen durchzogen und besonderen Plätzen aufgebessert. Sofort stoßen wir auf ein Bächlein. Wenige Schritte bachaufwärts finden wir an einem Waldteich einen sehr romantisch angelegten Rastplatz mit Schutzhütte, einen kleinen Wasserfall und wenige Schritte weiter ein sich drehendes Wasserrad. Dieses trieb früher eine Pumpe an, die wiederum Wasser weiter aufwärts zu dem hinter der Anhöhe liegenden Ort Cöthen pumpte.

Gemäß blauem Strich gelangen wir an eine verwirrende Wegkreuzung. Der längs des Baches abwärts führende Weg weist den blauen Strich auf. Folgt man ihm, erreicht man in Kürze die Gaststätte ›Mon choix‹ mit einem alten Ginkgobaum im Garten und geht dann längs der Straße in den Ort hinab.

Der Weg mit der blauen Blume und dem Fischkennzeichen links schräg aufwärts ist der bereits von Fontane empfohlene Weg zur Carlsburg. Wenn wir uns immer auf der Höhe halten, weist uns die blaue Blume dorthin. Die Gaststätte mit Hotel liegt auf dem Gipfel des Paschenberges, der eigentlich die Spitze eines Höhenzuges darstellt. Das dahinter liegende Land fällt sofort steil ab und erstreckt sich weit in das Odertal, und so gibt es von der Terrasse der Carlsburg eine Aussicht, die der eines echten Berggipfels entspricht. Daher ist ein Aufstieg und auch eine Einkehr unbedingt empfehlenswert. Fontane hatte nicht nur diesen Gipfel, sondern die ganze Region im Sinn, als er sie mit einem Mittelgebirge verglich. Das empfindet man auch heute noch so.

Ein steiler Treppenweg führt nun hinab in den Ort, unten halten wir uns links in das Zentrum. Dort ist der Weg zum Bahnhof auf Schildern angezeigt.

Als Rückweg bietet sich der Weg entlang der Cöthener Straße an. Falls jedoch diese Strecke nur einmal begangen werden soll, dann sollte auch bei dem Beginn in Falkenberg der steile Aufstieg zur Carlsburg nicht gescheut werden. Er ist deut-

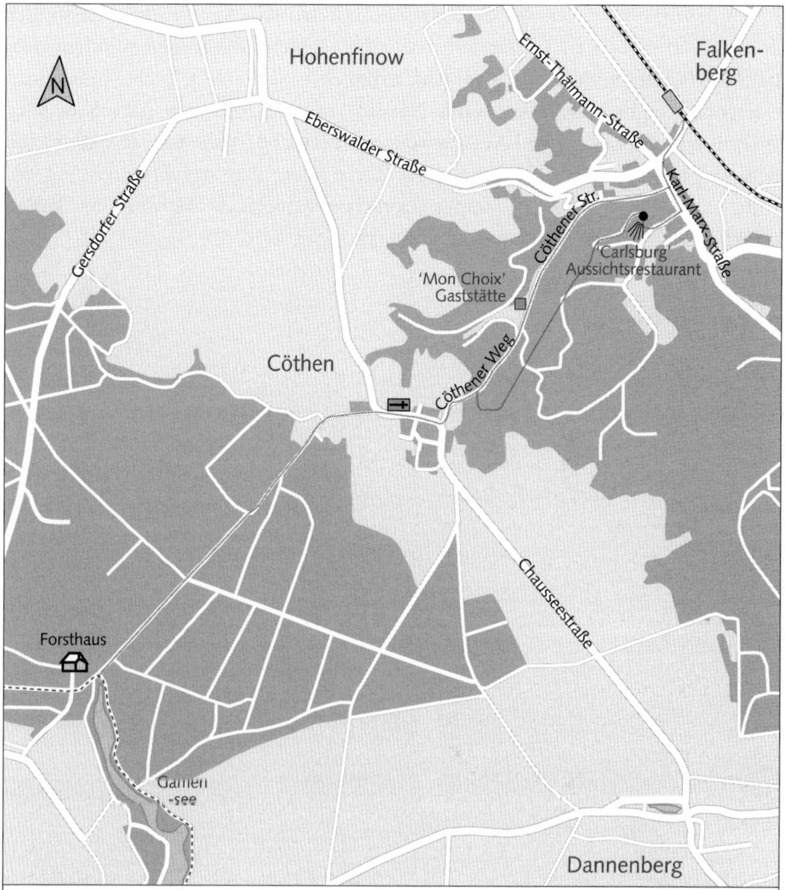

Tour 6A: Carlsburg

lich beschildert und auf der Höhe gemäß blauer Blume zum Wasserrad und Wasserfall markiert, von dort mit blauem Strich durch den Ort Cöthen zur Kirche und an der Kirche links ab zum Gamengrund, zum 66-Seen-Wanderweg.

Ausflugstips

• Eine sehr schöne Badestelle mit Sand und Wiese, Sonne und Schatten ist an der Südspitze des Gamensees zu finden, mit großem Autoparkplatz, 50 Meter entfernt an der Straße, die von Kruge dorthin fuhrt.

• Von dem Parkplatz an der Südspitze des Gamensees kann man auch südlich durch das romantische Gebiet auf den unbefestigten Waldwegen wandern oder Nordic Walking betreiben, soweit man will.
• Separate Einzelwanderung oder Nordic Walking-Tour von Melchow nach Falkenberg (23 Kilometer). Autoparkplatz am Bahnhof Melchow, Rückfahrt mit dem Zug ab Falkenberg nach Melchow. Keine Seen, aber viel Abwechslung und Ruhe, Laubwälder, Wiesen, Felder, Dorfidyllen, mehrere Bächlein; ein Höhepunkt ist das Aussichtsrestaurant Carlsburg.

Am malerischen Buchsee

Die Seenkette im Gamengrund

Tour 7: Von Leuenberg nach Strausberg

Gesamtlänge 25 km.
Teilstrecken Bis Strausberg Fähre 22 km, bei Abkürzung über punktierte Strecke bis Südspitze Straussee/Straßenbahnhaltestelle insgesamt 22,5 km.
Varianten Die drei Seen südlich Leuenbergs haben beidseitig Uferwanderwege, die durchgezogene Linie auf Kartenblatt 11 ist die bessere Variante, beim Fängersee Beschreibung beachten, die Wahl der besseren Seite ist individuell zu beurteilen.
Die fortlaufende Route endet in Strausberg an der Straßenbahnhaltestelle Käthe-Kollwitz-Straße mit zumeist 20-Minuten-Takt zum Bahnhof.
Bei Übernachtung in Strausberg ist individuell zu planen, bei gesonderter Anreise für die nächste Tour empfiehlt es sich, entweder mit der S-Bahn bis Strausberg-Stadt zu fahren oder mit der Straßenbahn ab Strausberg dorthin und mit einem Altstadtbummel zu beginnen. Die Folgeetappe wird dadurch 2 bis 3 km länger und damit insgesamt maximal 24 km lang.
Verkehrsverbindungen Leuenberg: Bahn nach Tiefensee, Bus nach Leuenberg. Tiefensee: Regionalbahnlinie Berlin-Lichtenberg–Tiefensee.
Im Jahre 2005 Zugfolge stündlich, Bus werktags im Abstand von zwei Stunden, sonntags selten; Abfahrtzeit ab Leuenberg für Rückfahrt etwa 16.50 Uhr (Info-Telefon 018 05/82 26 62 oder 303/25 41 41 41).
Strausberg: S-Bahn-Verkehr im 20-Minuten-Takt, dort besteht Straßenbahnanschluß in das Stadtzentrum. Die Straßenbahnendhaltestelle liegt im Stadtzentrum etwas günstiger als der Bahnhof Strausberg-Stadt, der nur von jeder zweiten S-Bahn angefahren wird: (S-Bahnlinie Berlin-Innenstadt–Strausberg Nord, Zugfolge im Abstand von 40 Minuten).
Der Endpunkt dieser Wanderetappe ist die Straßenbahnhaltestelle Käthe-Kollwitz-Straße.
Es gibt drei Bahnhöfe mit dem Namen Strausberg und dadurch Verwechslungsgefahr: Strausberg, Strausberg-Stadt und Strausberg-Nord.
Wanderkarten Wanderkarten Maßstab 1:50 000, im Kartenteil dieses Buches die Seiten 11–12, ab Wesendahler Mühle auch ›Strausberg und Umgebung‹. ›Barnimer Feldmark‹, 1:35 000, Verlag Dr. Barthel.
Markierung Blauer Punkt.
Einkehr Wesendahler Mühle, Spitzmühle, Strausberg.
Unterkunft Leuenberg: Privatunterkünfte im Ort, Gasthof und Hotel ›Forsthaus‹, im Wald gelegen, Wesendahler Mühle, Spitzmühle, Strausberg.

Besondere Sehenswürdigkeiten Wesendahler Mühle, alte Wassermühle, jetzt Gaststätte und Herberge.
Hinweise Optimal geeignet für Nordic-Walking-Kurz- und Langstrecken. Rundwanderungen und Spaziergänge unterschiedlicher Länge mit verschiedenen Ausgangspunkten für Anreise mit Bahn, Bus und PKW.
Eine Verbindung dieser Etappe mit vorigen Tour als Mehrtageswanderung bietet sich aufgrund der doch etwas ungünstigen Verkehrsverbindungen in Leuenberg an. Wird diese Tour als Einzeltour ohne Übernachtung gewählt, empfiehlt sich aufgrund der Busverbindungen, diese nicht am Sonntag zu wandern und nach Fahrplanauskunft individuell zu entscheiden, in welcher Richtung die Strecke gegangen wird. Da bei guter Planung beide Varianten möglich sind und sich Fahrpläne ändern können, wird die Tour in beiden Richtungen beschrieben.

Spaß auf dem zugefrorenen Dorfteich von Leuenberg

Die Etappe ist die Fortsetzung der Wanderung durch den Gamengrund, der im Norden mit dem Gamensee beginnt und im Süden in das Gebiet der Strausberger Seen übergeht. Obwohl mehr als 23 Kilometer dieser Strecke durch Wald verlaufen, ist die Wanderung sehr abwechslungsreich: der Wald ändert ständig seinen Charakter, wir kommen an neun Seen vorbei, wandern etwa zehn Kilometer auf Uferwegen, die an vielen Stellen die Sicht auf das jeweilige Gewässer freigeben. Beachtenswert ist, daß wir vom Beginn des Waldes in Tour 5 bis zu den ersten

Häusern von Strausberg eine Strecke von insgesamt 34 Kilometern fast ununterbrochen nur durch Wald wandern.

Im Verlauf des Gamengrundes ist in beiden Richtungen besonders deutlich, daß hier eine eiszeitliche Abflußrinne durch Schmelzwasser eine langgezogene Einkerbung in der Landschaft hinterlassen hat. Sie zieht sich fast bis nach Strausberg. Und da sich dieser Graben nicht gut zu irgendeiner Nutzung eignete, dazu noch recht abseits größerer Zentren liegt, finden wir weitgehend unberührte Natur ohne Siedlungsspuren.

In Leuenberg erleben wir ein weiteres typisch brandenburgisches Dorf mit uralter Feldsteinkirche und alten Bauergehöften. Das Gebiet des Kessel- und Paradiesses war ein versumpfter größerer See, der im Laufe der Jahrtausende verlandete und Torf bildete. Als Ergebnis eines nicht mehr genutzten Torfstiches ist der besonders reizvolle, aber von den übrigen sich doch sehr unterscheidende Paradiessee entstanden. Besonders eindrucksvolle Motive bietet er, wenn man ihn auf dem ziemlich sumpfigen Pfad umrundet. Wir stoßen mit der Wesendahler Mühle auf eine alte Wassermühle, die sehr romantisch im Wald liegt. Von der anderen früher existierenden Wassermühle, der Spitzmühle, kündet dagegen nur noch der Name. Der Endpunkt dieser Etappe bildet Strausberg, eine hübsch gelegene Kleinstadt.

Streckenverlauf (Vorwärtsbeschreibung)

Von der Bushaltestelle des Ortes Leuenberg gehen wir in Richtung Tiefensee zu der Abzweigung der Kopfsteinpflasterstraße. An dieser Ecke gibt es links der Hauptverkehrsstraße drei Möglichkeiten in Richtung Langer See; daher sollte man auf die Beschilderung achten.

Bisher ist der Weg zwischen zwei Scheunen hindurch markiert. Links neben uns befindet sich ein Gebäude aus Stein, rechts eine Holzscheune. Hinter ihr biegen wir nach rechts in den Unteren Seeweg ein, gehen geradeaus hinab, passieren dabei eine Metallschranke, an einer Gabelung rechts weiter hinab und gelangen zu einem idyllischen Rastplatz und dem Sportplatz im Talgrund.

Erst hier ändern wir unsere Marschrichtung nach links und kommen an das zum Wandern schönere rechte Ufer des **Langen Sees**. Ein Rastplatz am Wasser und die einzige Badestelle liegen jedoch am linken Ufer, so daß wir uns an der Weggabelung am Anfang des Sees noch entscheiden können, ob wir dem etwas längeren Weg am linken Ufer entlang den Vorzug geben.

Am rechten Ufer folgen wir dem Weg, bis kurz vor der Südspitze bei alten Holzbänken ein von Steinen begrenzter alter Fahrweg schräg hinauf nach rechts abzweigt. Die blaue Markierung zeigt an, daß wir richtig sind, wenn wir am oberen Ende des Fahrweges, dem Fußweg geradeaus folgend, zu einer Bahnstrecke gelangen. Vom linken Ufer aus das Ende des Sees erreichend, können wir uns geradeaus zu einer stillgelegten Bahnstrecke hinaufmühen oder ein Stück bis zu dem abzweigenden Fahrweg am anderen Ufer zurücklaufen.

Wir überqueren auf dem deutlich erkennbaren Pfad das einzelne Gleis, auf dem mit dem Verkehr von Fahrraddraisinen zu rechnen ist und finden dahinter einen steilen Weg hinab zum **Mittelsee**. Hier haben wir die Wahl zwischen rechtem oder linkem Ufer. Am linken Ufer finden wir nach etwa einem Kilometer, kurz vor dem Ende des Sees, einen breiten Weg, der einige Meter rechts hinab zu einem freien Platz an einem Ufervorsprung führt und uns den schönsten Blick über den See gewährt.

Weiter entlang des linken Ufers gelangen wir am Ende des Sees an einem Zaun zu einer Wegkreuzung und sehen rechts eine Informationstafel. Hier geht es, etwa zehn Meter nach rechts versetzt, auf dem unteren der beiden Wege in der bisherigen Richtung weiter. Wir gehen durch eine offene Tür auf einen Campingplatz, folgen dem Wanderweg und erreichen das sehr schöne rechte Ufer des **Gamensees**. An einer Rast- und Badestelle eröffnet sich eine schöne Sicht über das Gewässer. Oben am Hang finden wir eine Gaststätte. Etwas weiter verlassen wir durch eine weitere Tür den Campingplatz und wandern am Ufer entlang bis an die südliche Spitze des Sees. Bevor wir an der uralten Eiche den Sandweg hinaufgehen, lohnt es sich, noch einige Schritte nach links zurückzugehen, denn der kleine Rastplatz dort an dem sumpfigen Ende des Sees beschert uns einen malerischen Blick; er ist auf dem Titel dieses Buches zu sehen.

Nach Süden an der alten Eiche vorbei erreichen wir eine Straße. Ihr gegenüber beginnt ein breiter Weg hinab in den Wald, zunächst nach links. An der Stelle, wo

Sein Name hält, was er verspricht: der Paradiessee

der Weg nach rechts abknickt, erinnert ein Gedenkstein an die Widerstandskämpfer gegen das NS-Regime. Wir wandern in Richtung Süden weiter hinab zu den mächtigen Fichten und, der blauen Markierung folgend, weiter geradeaus in Richtung Südwest in einen Mischwald hinein. Schließlich geht der Wald in Kiefernwald und Sand über.

Gut fünf Kilometer haben wir zurückgelegt, wenn wir wiederum in einem Auwald eine Straße erreichen und auf der linken Seite die Fortsetzung unseres Weges mit dem Hinweisschild nach Strausberg erblicken. Der Weg, auf der einen Seite von Eichen gesäumt, führt nun in eine Auenlandschaft. Eine wichtige Stelle erreichen wir alsbald nach Überquerung der Straße an dem großen orangefarbenen Schild mit der Nummer 42. Denn hier zweigt links ein Wiesenpfad ab, auf dem wir nach wenigen Metern den etwas abseits liegenden **Paradiessee** finden und sofort ganz nahe am Ufer einen Rastplatz mit Bänken und mehreren offenen Stellen, die Blicke auf dieses mitten im Wald liegende Gewässer zulassen. Den sumpfigen ›Abenteuerpfad‹, der zu malerischen Uferparteien führt, haben wohl die Angler um den See herum gebahnt, es lohnt sich, ihm um den See zu folgen.

Auf dem Hauptweg setzen wir unsere Wanderung fort. An einer Gabelung auf einer Lichtung geht es links weiter in den Hochwald hinein, die blaue Markierung zeigt es an. Nach etwa 200 Metern blinkt links neben uns der unzugängliche **Kesselsee**. Bald stoßen wir erneut auf eine Straße, auf der wir etwa 80 Meter nach links gehen, um dort wieder in den Wald einzutauchen und weiter nach Süden zu wandern. Wir überqueren nicht den Bach, doch lohnt es sich, genau 50 Schritte bis zur Brücke zu gehen, um einen Blick auf das Gewässer zu werfen, das uns nun schon seit mehr als fünf Kilometern unsichtbar begleitet hat. Weiter geht es auf dem Waldweg, bis wir bei Wochenendhäusern auf einen Fahrweg gelangen. Kurz dahinter links haben wir die Wesendahler Mühle erreicht. Sie beherbergt eine Gastwirtschaft, und dieser beschauliche Ort läßt sich wohl tatsächlich am besten genießen, wenn man einkehrt.

Nun kann man sich entscheiden, ob man den Weg entlang des rechten oder des linken Ufers fortsetzt; beide Wege entlang des **Fängersees** sind gleich lang. Der Weg am rechten Ufer führt nahe am Wasser entlang und weist mehrere kleine Sichtstellen auf. Man muß von der Wesendahler Mühle wenige Meter zurückgehen und nach links die Wanderung in der bisherigen Richtung fortsetzen. Am Ende des Sees geht man nach links an den beiden Gasthöfen ›Alte Spitzmühle‹ und ›Neue Spitzmühle‹ vorbei, um dann nach rechts schwenkend an das linke Ufer des **Bötzsees** zu gelangen.

Zum linken Ufer des Fängersees passiert man zunächst, etwas rückwärts gewandt, ein idyllisches Sumpfgebiet, dann muß man sich an der nächsten Gabelung nach rechts wenden und befindet sich am Ufer mit einer größeren Badestelle, die einen guten Blick auf das Gewässer gestattet. Schließlich geht man auf einem Höhenweg abseits des Sees. Ab der Wesendahler Mühle geht es auf dem Weg weiter, über den Bach ein kurzes Stück in Richtung Nord. Dann kommt eine Kurve nach rechts und eine Weggabelung mit Bänken, hier geht man rechts hinab in Richtung Südost und damit an das linke Ufer des Fängersees.

Das südliche Ufer verlassend, kreuzen wir bei Wochenendhäusern eine Straße, auf der rechts nach wenigen Metern die zwei Gaststätten mit Herbergsbetrieb, ›Alte Spitzmühle‹ und ›Neue Spitzmühle‹, zu erreichen sind. Der Wanderweg geht jedoch über die Straße hinweg geradeaus weiter zum Uferpfad am Bötzsee, der uns mit mehreren sehr schönen Rast- und Badeplätzen überrascht.

Hier wandern wir am linken Ufer entlang bis zu einer Stelle, an der eine Hochspannungsleitung den See und unseren Weg überquert. Wir bleiben auf schmalerem Wege weiter am Ufer oder in Ufernähe. Zunächst unter der Hochspannungsleitung hindurch, anschließend wieder an das Ufer zurück, führt der Weg unter eine zweite Hochspannungsleitung, die über den See führt, zu einer letzten Rast-, Bade- und damit Sichtstelle unmittelbar vor dem Beginn des Siedlungsgebietes.

Unmittelbar vor dem ersten Grundstück, das an das Ufer heranreicht, zweigen wir nach links ab, gehen aufwärts genau zu dem Mast der zweiten Hochspannungsleitung und erreichen dort einen Forstweg, dem wir nun nach links folgen. Kurz hinter der nächsten Unterquerung einer Hochspannungsleitung liegt ein Rastplatz mit Schutzhütte in der Nähe einer alten Eiche auf einer Kreuzung. Wir gehen geradeaus weiter und überqueren eine kleine Asphaltstraße. Weiter geradeaus in Richtung Nordost gelangen wir auf dem Waldweg an das Ufer des **Straussees** und zur Fähranlegerstelle. Wenn keine Fährüberfahrt vorgesehen ist, bietet sich die nachfolgend beschriebene Abkürzung ab der Asphaltstraße an. Wir achten auf die rechts stehenden kleinen Elektrokabelschilder; das sechste Schild ist für uns wichtig, denn wir wollen nach Übergang der Asphaltstraße diesen Weg an der zweiten Abzweigung nach rechts verlassen.

Die erste Abzweigung ist ein breiter Sandweg, die zweite – die richtige – ist erkennbar an dem bereits erwähnten sechsten kleinen Elektrokabelschild vor der Ecke. Außerdem finden wir etwa 50 Meter nach rechts auf dem abzweigenden Weg ein kleines Rondell.

Vom kleinen Rondell im Wald wenden wir uns nach links und wandern in östlicher Richtung weiter, kommen an die Hauptverkehrsstraße und darüber hinweg sofort an das Ufer des Straussees. Der schöne Uferweg führt uns rechts um den See herum, bis wir eine breite Steintreppe erreichen, die auf die Käthe-Kollwitz-Straße hochführt und dort geradewegs zu der Straßenbahnhaltestelle oder zu Pensionen in der Nähe.

Falls wir den geraden Weg zur Fähre wählen, dann ist ein Hinweis wichtig. Die Fähre bringt uns zum Ortszentrum von Strausberg, das wir geradeaus nach eini-

Fähre über den Straussee

gen Schritten erreichen. Sie überquert von April bis Oktober täglich im Halbstundenrhythmus den See, aber nur bis etwa 17 Uhr. Zu anderen Jahreszeiten verkehrt sie nur sonn- und feiertags stündlich.

An der Endhaltestelle der Straßenbahn befindet sich eine Touristeninformation, nach links gelangen wir in den Bereich der Altstadt mit der großen Feldsteinkirche. Der Weg zum Bahnhof ist beschildert.

Rückwärtsbeschreibung von Strausberg nach Leuenberg

Auf das gegenüberliegende Ufer des Straussees kommen wir auf die oben genannten verschiedenen Wegvarianten.

Von der Fähre verlassen wir südlich der Fähranlegestelle und gehen immer geradeaus, vom Weg um den See finden wir unsere Abzweigung vom See an dem deutlich erkennbaren Rastplatz mit Bänken, an dem unter anderem ein Weg mit Geländern nach oben abzweigt. Der Platz ist sowohl von der Fähranlegestelle nach links als auch von der Südspitze des Sees nach rechts etwa einen Kilometer entfernt. Wir gehen dort auf dem im rechten Winkel vom See abzweigenden Weg links am Wildzaun entlang zur Straße, passieren zwei Schranken und gehen geradeaus in den mit ›Jagen Nr. 4313‹ bezeichneten Wald hinein.

Die erste Wegkreuzung überqueren wir geradeaus, an der zweiten kleineren Wegverzweigung, einem kleinen Rondell, können wir geradeaus etwas unwegsam oder wenige Meter nach rechts bequem zu dem Forstweg finden, der uns nach links immer geradeaus, zwischendurch über eine Straße hinweg zum Bötzsee führt. Sein Ufer erreichen wir, indem wir kurz nach Unterquerung einer Hochspannungsleitung unmittelbar rechts neben uns den Mast einer zweiten Leitung vorfinden und dort vor dem ersten Wochenendgrundstück nach rechts eine kleine Böschung hinab gehen. Am Ufer halten wir uns rechts. Mehrere schöne Uferstellen erwarten uns, bevor der Seeuferweg nach mehr als einem Kilometer endet.

Nun kann man auf zwei verschiedenen, aber gleich langen Wegen die Wanderung fortsetzen: Weiter geradeaus und rechts am Fängersee entlang erwartet den Wanderer zunächst ein vom See entfernter Höhenweg, später eine große offene Uferstelle mit Bademöglichkeit. Am Ende des Sees hält man sich links, um durch ein kleines Sumpfgebiet die malerisch im Wald versteckte Wesendahler Mühle zu erreichen. Die andere Möglichkeit besteht darin, links am Fängersee entlang zu wandern. Man muß dann am Hotel ›Neue Spitzmühle‹ nach links, daran vorbei zu der Pension ›Alte Spitzmühle‹ und dahinter den nach rechts abzweigenden Weg wählen. So gelangt man an einen in Ufernähe verlaufenden Weg, der mehrere kleinere Sichtstellen bietet. Am Ende des Sees hält man sich sogleich rechts und gelangt schließlich ebenfalls an die Wesendahler Mühle.

In der Fortsetzung des Weges links vom Fängersee geht es nun in Richtung Norden weiter. Nachdem wir an dem links befindlichen Gitterzaun vorbei sind, müssen wir vor den Wochenendgrundstücken nach rechts auf den blau markierten Wanderweg abbiegen. Ein Hinweisschild zeigt an, daß der blau markierte Wanderweg, den wir nun wählen, uns über elf Kilometer zum Ort Leuenberg geleiten wird.

Zunächst passieren wir ein Sumpfgebiet rechts neben uns, erreichen eine kleine Straße und machen vielleicht einen kleinen Abstecher zu der nahen Bachbrücke, um das Bächlein, das uns unsichtbar begleitet, einmal anzuschauen. Der Wanderweg setzt sich von der Straße 80 Meter nach links in den Wald hinein fort. Im folgenden Wegstück halten wir uns immer in Bachnähe. Das bedeutet, daß wir im Wald eine Wanderwegabzweigung nach rechts nicht übersehen dürfen. Wir kommen an dem verborgenen Kesselsee vorbei und halten uns weiter in Bachnähe. Wenn unter uns aus dem Sandweg Betonpflaster geworden ist und etwa 20 beachtliche Eichen rechts am Weg passiert sind, erleben wir einen deutlichen Rechts-Links-Knick und dürfen das große orangefarbene Schild mit der Nr. 42 nicht übersehen, denn von dort aus liegt nach rechts geradezu ein Schmuckstück: ein namenloser Torfstichsee, der den Namen Paradiessee verdient. Bänke am Ufer laden uns zu einer Rast ein, der an dieser Stelle kaum zu widerstehen ist.

Weiter geht es zu einer weiteren Straße, die wir etwas nach links versetzt überqueren und somit weiter im Gamengrund bleiben. Bald wird im Tal eine Schutzhütte passiert, und auch bei folgenden uralten Eichen bleiben wir im Grund. Nach etwa vier Kilometern gelangen wir an eine etwas unübersichtliche Stelle, eine

Weggabelung mit verwirrenden Hinweisschildern. Eine gelbe Markierung leitet nach rechts, eine dunkelgrüne nach links, eine blaue ist allerdings nicht zu sehen. Wir müssen der gelben nach rechts folgen und finden bald danach im Wald auch unsere blaue Markierung wieder. Wir sind also vom breiteren Weg in einen schmaleren Pfad abgebogen, der in Hauptrichtung Norden, später nach Nordosten schwenkend, verläuft und die Richtigkeit wiederholt mit der blauen Markierung anzeigt.

Schließlich gelangen wir an eine Schutzhütte und an einen Gedenkstein und nach links hinauf zu einer dritten Straße. Gegenüber liegt unser Weg, ein Hohlweg, der zum südlichen **Gamensee** hinabführt, wo wir sogleich an eine Stelle gelangen, die einen weiten Blick über den See ermöglicht (Titel dieses Buches). Der schönere Wanderweg geht am linken Ufer entlang. Am Ende des Sees dürfen wir durch eine Tür über das Gelände eines Campingplatzes gehen, verlassen diesen durch eine zweite Tür und gehen geradeaus weiter. Sofort stoßen wir auf einen breiten Fahrweg und können 20 Meter nach rechts versetzt unsere Richtung fortsetzen. Unsere Route geht weiter zum Mittelsee, denn dessen rechtes Ufer ist nicht weit entfernt. Auch hier bleiben wir auf dem Uferweg, bis wir an das Ende des Sees kommen. Dort müssen wir eine steile Böschung erklimmen. Oben ist ein Bahngleis zu überqueren, und der Abgang auf der anderen Seite ist links einfacher zu bewältigen. Der Lange See ist erreicht, und an dem Ufer, an dem wir hinabgekommen sind, bleiben wir und wandern wiederum bis zum Ende des Sees und dahinter weiter geradeaus, bis es am Sportplatz nicht mehr weiter geradeaus geht.

Auf verschiedenen Wegen kann man nun die Ortsmitte erreichen. Der kürzeste Weg führt am Sportplatz vorbei zur Straße, wo wir gleich den Ortsanfang von Leuenberg erreicht haben und die Bushaltestelle in der Nähe der Kirche als Etappenziel vorfinden.

Ausflugstips

• Eine besonders schöne Badestelle befindet sich am Nordende des Gamensees. Sie ist zu Fuß, per Fahrrad und Auto ab Bahnhof Tiefensee erreichbar, mehrere Badestellen am Bötzsee und eine am Fängersee nur im Rahmen der Wanderungen.
• Nordic Walking und Rundwanderungen/Kurzwanderungen: Ab Leuenberg – dort sehr gute Parkmöglichkeiten – und dann je nach Belieben um einen, zwei oder drei Seen herum zurück. Verlaufen ausgeschlossen, ideale Wege, Ruhe und Bademöglichkeiten unterwegs.
• Weiterhin ab Spitzmühle, Anfahrt nur über Strausberg. Am Wegende Spitzmühle befindet sich ein sehr großer Parkplatz. Dort nach Norden entlang des Fängersees, eventuell weiter bis Paradiessee zu einem sehr romantischem Rastplatz dort und

zurück an der Wesendahler Mühle vorbei und anderer Seite Fängersee zurück bis Spitzmühle. Dort befinden sich zwei Gasthöfe unmittelbar am Seeufer.

• Eine einfache, aber optimale Wander-und Nordic Walking-Route ist einmal rund um den Straussee herum. Parkmöglichkeiten und Gaststätten im Zentrum vorhanden.

• Weiterer Wanderausflug in Verbindung mit einer Stadtbesichtigung Strausberg: Ab Strausberg-Zentrum mit der Fähre übersetzen, zur Spitzmühle wandern oder weiter bis Nordspitze Fängersee zur Wesendahler Mühle und zurück. Streckenlänge maximal 12 Kilometer.

Der Strauß, das Wappentier von Strausberg

Unbekannte Perlen

Tour 8: Von Strausberg nach Rüdersdorf

Gesamtlänge 21 km.
Teilstrecken als Rundwanderungen, auch ideale Rundkurse für Nordic Walking.
Teilstrecken Straßenbahnhaltestelle Käthe-Kollwitz-Straße–Bahnhof Hegermühle: 4 km, Bahnhof Hegermühle–Bahnhof Strausberg: 4 km, Bahnhof Strausberg–Bus Hennickendorf: 4 km, Hennickendorf–Rüdersdorf Museumspark/Straßenbahnhaltestelle: 9 km.
Varianten Empfehlenswert ist es, am Bahnhof Strausberg-Stadt oder Endhaltestelle der Straßenbahn zu beginnen und durch die Fußgängerzone zur Marienkirche, dann durch die Georg-Kurtze-Straße zurück und an der Fähre vorbei am Ufer entlang bis zur Käthe-Kollwitz-Straße an die Route anzuschließen.
Verkehrsverbindungen Bahnverbindung Strausberg-Stadt und Hegermühle: S-Bahnlinie Berlin-Innenstadt–Strausberg-Nord, Zugfolge im Abstand von 40 Minuten.
Nach Strausberg besteht S-Bahn-Verkehr im 20-Minuten-Takt, dort besteht Straßenbahnanschluß zum Anfang dieser Wanderung und in das Stadtzentrum. Die Straßenbahnhaltestellen liegen günstiger (Stadtzentrum) und gleich günstig (Hegermühle) wie die Bahnhöfe, jedoch ist zusätzliches Umsteigen mit Anschluß, aber keine zusätzliche Fahrkarte erforderlich.
Die Alternativhaltestelle für den Bahnhof Hegermühle ist die Straßenbahnhaltestelle Schlagmühle, zweite Haltestelle ab Bahnhof Strausberg. Die Endhaltestelle der Straßenbahn liegt direkt im Stadtzentrum.
Hennickendorf: Bus Erkner–Strausberg stündlich.
Rüdersdorf: Straßenbahn zum S-Bahnhof Friedrichshagen, S-Bahn Erkner–Berlin-Innenstadt; Straßenbahn und S-Bahn verkehren im Abstand von 20 Minuten.
Wanderkarten Wanderkarten Maßstab 1:50 000, im Kartenteil dieses Buches die Seiten 12–14; Maßstab 1:25 000 bis Rüdersdorf: Strausberg und Umgebung. Ab Hennickendorf: ›Müggelsee und Umgebung‹, Verlag Dr. Barthel, 1:35 000.
Markierung Blauer Punkt.
Einkehr Strausberg, Hennickendorf, Rüdersdorf.
Unterkunft Strausberg, Rüdersdorf.
Besondere Sehenswürdigkeiten In der Altstadt Strausberg insbesondere die riesige Feldsteinkirche, alte Häuser und ein Rest der Stadtmauer, die elektrisch betriebene Seilzugfähre über den Straussee und das 75 Jahre alte Freibad (Eingangsgebäude).

Alte Mühle in Hennickendorf, Aussichtsturm (Wachtelturm) in Hennickendorf, Öffnung nach Bedarf (Voranmeldung über das Bürgermeisterbüro, Tel. 033 43/ 4 72 81), Museumspark Rüdersdorf.
Hinweise Weil es verschiedene Möglichkeiten für das Ende der vorigen und den Beginn dieser Etappe gibt, endet die vorige und beginnt diese Etappe an der Straßenbahnhaltestelle Käthe-Kollwitz-Straße südlich der Altstadt.

Diese Wanderung bietet schöne Abschnitte, aber auch einige Überbrückungen, die gegenwärtig noch verbesserungsbedürftig sind. Insgesamt ist es aber eine sehr empfehlenswerte Wanderstrecke, denn wir erleben hier einige Besonderheiten.

Strausberg ist eine Stadt mit etwa 27 000 Einwohnern, die in Verbindung mit einer zuvor erbauten slawischen Befestigungsanlage – einer Burg – entstand und bereits im 13. Jahrhundert Stadtrecht erhielt. Die noch vorhandene große Feldsteinkirche aus demselben Jahrhundert unterstreicht die herausragende Bedeutung in dieser Zeit. Später führten eine wechselvolle Geschichte und mehrere Katastrophen, Kriege, Brände sowie Seuchen bis fast zum Verfall des Ortes. Erst im 19. Jahrhundert, mit Anschluß an die Eisenbahnstrecke, blühte der Ort wieder auf. Seitdem profitiert das hübsch am See gelegene Städtchen vom Tourismus, der in diesem wald- und seenreichen Gebiet ständig an Bedeutung gewinnt.

Der Ursprung des Ortsnamens geht auf das slawische Wort ›Struz‹ zurück, dessen Ursprung verschieden interpretiert wird. Daher schreibt sich der Ort auch mit nur einem s. Namensgeber war die slawische Befestigungsanlage an einem Hügel am See.

Am Ufer des Straussees, im Zentrum der Stadt, lädt eine idyllische Badeanstalt zum Besuch ein, eine weitere romantische Badestelle und ein sehr schöner Rastplatz befinden sich am Wanderweg am Ufer des großen Stienitzsees und sind nur zu Fuß erreichbar. Es gibt am großen Stienitzsee jedoch eine beliebte Badestelle für anreisende Autofahrer an der dem Wanderweg gegenüberliegenden Seeseite.

Mit dem Herrensee liegt ein weiterer See am Weg. Er ist zwar nicht zum Baden geeignet, aber von besonderer Schönheit. Wir passieren die Mühle Lemke und den Wachtelturm, die Hauptsehenswürdigkeit auf dieser Etappe ist aber sicherlich der Museumspark Rüdersdorf.

Streckenverlauf

Die Etappe beginnt an der Straßenbahnhaltestelle Käthe-Kollwitz-Straße. Man gelangt vom Strausberger Zentrum dorthin, indem man an der Badeanstalt vorbei und unmittelbar am Ufer entlang bis kurz vor das südliche Ende des **Straussees**

Eine Rast unterwegs

Wanderrast in sonniger Natur

Sie lagen still im Gras und es war warm
Da nahm er liebend sie in seinen Arm
Die Sonne schien, am hellen Himmel zogen
Wolken und Vögel in sonnig warmer Luft
Die Seele fühlte selig sich erhoben
umgeben von der Blumen zartem Duft.
Und Brust an Brust in wohlig stillem Lauschen
vernahmen sie des nahen Bächleins Rauschen
Da flüstert leise sie an seinem Herzen:
»Du glaubst ja nicht, wie mir die Füße schmerzen.«

Otto Moser/Manfred Reschke

wandert und dort eine mehr als zwei Meter breite öffentliche Steintreppe benutzt, die neben einer in die Uferböschung eingearbeiteten Sitzbank nach oben führt. Nun ist man in der Käthe-Kollwitz-Straße und an der Haltestelle.

An der Straßenbahnhaltestelle erkennen wir einen Fußweg direkt in das kleine Wäldchen hinein und gehen links neben Häusern auf einem Weg hoch und in den Wald hinein. Geradeaus, zuerst neben Zäunen, dann neben Neubauten, bleiben wir auf dem Waldweg, der an einer Treppe endet und uns geradeaus zur Friedrich-Ebert-Straße führt. Nun biegen wir rechts ab und gehen südwärts die Straße bis zu ihrem Ende entlang, wo rechts die Goethestraße beginnt. Wir bleiben auf dem Weg geradeaus und gehen über ein Bahngleis in den Wald hinein. Bereits 50 Meter weiter biegen wir nach links ab und überqueren an einem ampelgeregelten Übergang die S-Bahnstrecke. Auf dem breiten Weg gehen wir unter den hochliegenden Rohren hindurch noch etwa 100 Meter weiter, biegen in die zweite Abzweigung nach rechts ab und an der folgenden ersten Abzweigung bei einer grün-weißen Fahrzeugsperre wiederum nach rechts, wandern also südwärts.

Nun geht es weiter geradeaus durch den Wald, bis wir unter einer Hochspannungsleitung an ein freies Gelände kommen. Der Weg leitet uns nach links und über einen Bach, gleich danach an eine Gabelung mit drei Wegen, von denen wir den rechten wählen, weiter zum **Herrensee**. Dem linken Ufer nähern wir uns nur langsam, erleben dann aber am südlichen Ende des Sees eine von Sumpf geprägte Wasserlandschaft, wie wir sie bisher noch an keiner Stelle fanden.

Auch an der Südspitze des Sees bleiben wir am Ufer, gehen auf einem schmalen Pfad noch etwas am anderen Ufer zurück, bis wir uns an einer Brücke mit Geländer befinden, die über das Bachbett führt. Vor der Brücke verlassen wir das Seeufer, gehen am Bachbett links entlang, erreichen eine Straße, halten uns nach rechts und kommen unter einer Brücke hindurch.

Der Wanderweg setzt sich in der Jägerstraße nach links fort. Die Stufen rechts führen auf kurzem Weg hoch zum Bahnhof Hegermühle. Von der Jägerstraße zweigen wir in die Schlagmühlenstraße ab und finden dort die Reste einer weiteren alten Wassermühle an dem Bächlein ›Annafließ‹ und einen Rastplatz.

Weiter geht es dort entlang, und wir erleben eher ein ›Zerrfließ‹, denn in Sumpf und Morast neben uns ist von einem fließenden Gewässer kaum etwas wahrzunehmen. Dann überrascht uns der **Schwanensee** – ein passender Name für den romantischen See.

Hier achten wir auf die Markierungen, denn es ist eine gerade Weiterführung geplant. Noch muß jedoch noch entlang der Hauptverkehrsstraße der Weg bis zur Bahn überbrückt werden, wir gehen daher am Ende des Schwanensees nach rechts hoch zur Straße und dort links weiter bis zur Bahnstrecke.

Direkt hinter den Bahngleisen zweigt links ein Fußpfad ab, der hinab zum Annafließ führt, es überquert und über Treppen wieder aufwärts führt. Die folgende Wegstrecke ist sicher markiert, eine Beschreibung nicht erforderlich. Wenn wir nach etwa zwei Kilometern von der Bahntrasse entfernt auf einem breiten Fahrweg wandern, achten wir auf eine unscheinbare kleine Abzweigung nach rechts auf einen schmalen Pfad in den romantischen Wald hinein. Die Abzweigung ist markiert.

Der schmale Pfad schlängelt sich nun, in Hauptrichtung Südwest, durch ein malerisches Waldgebiet, ist auch in seinen Kurven eindeutig. Schließlich gelangen wir, vorbei an einem weiteren Rastplatz, in die offene Wiesenlandschaft hinaus. Weite Blicke in die ruhige Landschaft eröffnen sich und wir biegen nach rechts in Richtung einiger Häuser ab. Unser Weg führt durch freistehende Kiefern hindurch und an einem besonders schönen, reetgedeckten Anwesen rechts vorbei zu der alten Wassermühle Lemke.

Diese alte Wassermühle befindet sich seit vielen Generationen im Familienbesitz. Korn wird hier zu Tierfutter noch immer mit altertümlichem elektrischen Antrieb gemahlen, den der typisch brandenburgische Müller Lemke mit etwas gutem Zureden und einem kleinen Obolus gern zeigt und erklärt, so wie er womöglich auch seine interessanten Mühlenwerke zeigt und über den Beruf des Müllers heute und früher erzählt. In seinem Hofladen können Wanderer einige Naschereien und Getränke kaufen. Im Annatal an der Abzweigung zum Kleinen Stienitzsee an der Pferdekoppel ist der Eingang zum Hofladen der Mühle, wenn das große Tor offen ist.

Müller Lemke vor dem Eingang zu seiner Mühle

Vor der alten Mühle, am Haus Nummer 8, geht unsere Wanderung auf dem schmalen Weg links in das Siedlungsgebiet hinein weiter, und nach etwa 200 Metern haben wir das Ufer des **Kleinen Stienitzsees** erreicht. Am linken Ufer entlang verfällt man, nach rechts und links schauend, unwillkürlich ins Bummeln.

Das Ufer des kleinen Stienitzsees bietet als sehr gepflegte Parkanlage etwas Einmaliges: Auf dem Uferweg sehen wir links Gärten mit kleinen Teichen unmittelbar hinter dem Zaun. Das sind eingefaßte Quellen, die als

Teiche gestaltet sind. Bei genauem Hinsehen erkennen wir an einigen Teichen – besonderes gut an den letzten Grundstücken – den Zufluß durch ein kleines Rohr und auf der Seeseite unseres Weges an einigen Stellen im Schilf den Abfluß in den See.

Wir sind nun in Hennickendorf, verlassen das Ufer und gelangen über die Seestraße bis zur Kirche. Am Kreisverkehr an der Kirche finden wir den markierten Abgang zum Großen Stienitzsee oder, wenn wir wollen, geradeaus in der Haupt-

Am Kleinen Stienitzsee

straße einige Geschäfte. Ebenso zweigt hier der Weg ab, auf dem man einen Abstecher zum Wachtelturm, der oberhalb eines deutlich erkennbaren Parkplatzes zu finden ist, unternehmen kann. In beiden Fällen heißt es aber zurück bis hier zum Kreisverkehrsrondell.

Der Wachtelturm liegt etwa 200 Meter abseits vom Weg. Er bietet eine sehr schöne Aussicht über die Wald- und Wasserlandschaft der Umgebung. Allerdings hat er unregelmäßige Öffnungszeiten, und der täglich geöffnete Aussichtsturm in Woltersdorf bietet eine ebenso gute Aussicht.

Vom Rondell geht es nun die Ringstraße hinab zum Ufer des **Großen Stienitzsees** und am Ufer sofort auf einem Weg nach rechts ab, denn wir wandern am rechten Ufer entlang.

Es folgt ein idyllischer Weg mit sehr beeindruckenden Passagen durch lieblichen Auwald, an Sumpfwiesen vorbei und mit beeindruckender Weitsicht über die Länge des Sees. Eigentlich wandern wir durch einen ehemaligen Teil des Sees, denn bei Anlage der Stege dort stellte sich heraus, daß der Untergrund enorm tief ist und nur aus abgelagerter und zu Erde gewordener Biomasse besteht.

Über eine Brücke hinweg gelangen wir an eine große offene Rast- und Badestelle, müssen uns hier wegen des sumpfigen Mündungsgebietes des Annafließes etwas vom Ufer entfernen und überqueren nach links über eine Brücke schließlich das inzwischen recht beachtlich angewachsene Flüßchen. Der nun recht breite Weg führt in Ufernähe Richtung Südwest weiter, jedoch ohne zunächst weitere Blicke auf den See zuzulassen. Dafür entschädigt der schöne Waldbereich.

Nach einigen Kilometern auf dem dort gut markierten Weg entfernt sich schließlich der Weg vom See und führt hinaus aus dem Wald an einem Wiesengelände entlang. Bei einer Wegkreuzung mit alter Eiche gehen wir geradeaus weiter, bis schließlich der Weg in einen Forstweg mündet, auf dem wir nach links Tasdorf erreichen.

Wir wollen zwar genau gegenüber unsere Wanderung links hinab fortsetzen, aber es empfiehlt sich, bis zu der mit Ampeln geregelten Kreuzung, dort sicher auf die andere Straßenseite und zurück bis zur Abzweigung Kurze Straße zu gehen. Genau neben der Bundesstraße beginnt an der Ecke ein Weg, der über einen kleinen Parkplatz und links neben einer Grundstückseinfahrt außerhalb des Zaunes hinab zum Mühlenfließ führt. Sofort am unteren Ende des Zaunes biegen wir scharf nach rechts ab, gehen also rechts am Hochspannungsmast vorbei.

Eine weitere Wegüberraschung bietet der heutige Tag: Fast ein kleiner Urwald präsentiert sich entlang des Wassers unter einer Brücke hindurch bis zu einer zweiten Brücke.

Hier gab es eine mit blauem Strich markierte reizvolle Abkürzung über die Brücke hinweg auf die andere Uferseite und direkt in den Museumspark hinein. Der alte Weg ist nicht mehr markiert. Er war am Ende des Jahres 2004 als Anglerpfad noch vorhanden, seine Benutzung aber illegal, weil somit ohne Eintritt der Park betreten wird. Es wird angestrebt, die 66-Seen-Route dort weiterzuführen. Gemäß Markierung weist unsere Route nach rechts hoch zur Straße und dort über die Bahnstrecke hinweg. Wir befinden uns in der Ernst-Thälmann-Straße, der wir nach links folgen und dann wiederum vor der Kirche nach links einbiegen. Dann geht es nach rechts und auf schmalem Weg entlang eines Gewerbegrundstücks vorbei zu einer Parkanlage und schräg hinab zum Mühlenfließ. Kurz nach rechts und dann nach links über eine Fußgängerbrücke hinweg erreichen wir direkt den Eingang des Museumsparks.

Dieser Museumspark ist einmalig, nicht nur für Brandenburg, so daß ein Abstecher dorthin in jedem Fall lohnt. Im Gegensatz zu der sandigen und lehmigen Bodenbeschaffenheit in weitem Umkreis befand sich hier ursprünglich ein Berg aus Kalkgestein. Seine Höhe ist unbekannt, denn bereits seit dem 13. Jahrhundert wurde nachweislich dieser Berg zu Bauzwecken abgetragen, und bereits davor hatte das Gestein des Berges zum Brennen von Kalk gedient. Nachdem etwa 750 Jahre lang Steine als Baumaterial herausgebrochen und Kalk gebrannt worden war, ermöglichten Erfindungen im 19. Jahrhundert zusätzlich die Herstellung von Zement. Dies brachte Rüdersdorf ab 1886 für die folgenden hundert Jahre eine erhebliche Umweltverschmutzung, die erst mit der Errichtung des abseits gelegenen neuen Zementwerkes vor einigen Jahren verschwunden ist. Seitdem entwickelt sich Rüdersdorf wieder zu dem Ausflugsort, der er früher einmal war.

Der Kalksteinberg ist nicht mehr vorhanden, ein langgestrecktes tiefes Tal mit steilen Felsabbrüchen reicht an seiner Stelle bis zu etwa 50 Meter unter den Meeresspiegel und gleicht einer Gebirgslandschaft in einer Wüstenregion. Zwischenzeitlich wurde in einem Teil des Tales das Grundwasser nicht mehr abgepumpt, und der Heinitzsee entstand, wurde wieder trockengelegt und wird wieder neu entstehen, wenn in einigen Jahrzehnten der Abbau beendet wird. Das Tal kann mit Geländefahrzeugen besichtigt werden, und die alten Kalkbrennöfen, andere Bauwerke sowie die unterschiedlichen Museen zur Geologie und zur Geschichte dieses Areals sind sehenswert. Es finden auch Führungen zu den neuen Abbruchstellen statt, an denen regelmäßig Fossilien gefunden werden.

Das Material aus Rüdersdorf fand unter anderem für den Bau des Brandenburger Tores in Berlin Verwendung, und in und um Rüdersdorf sind Bauten aus Kalkstein zahlreich vorhanden. Die Transporte fanden auf umfangreichen, eigens zu diesem Zweck angelegten Wasserwegen direkt aus dem Steinbruch heraus statt, bevor Eisenbahn und Auto günstigere Möglichkeiten boten. Heute geschieht der Transport des gesprengten Gesteins mit gigantischen Förderbändern direkt in das mehrere Kilometer entfernt am anderen Ende des Tagebaus neu entstandene Zementwerk.

Eine neue Zukunft beginnt nun damit, daß das Tal zum Filmdrehort und auch für Motocross-Veranstaltungen auserwählt wurde. Wer das Gelände und das Museum besichtigen möchte, sollte eineinhalb bis drei Stunden für eine lohnenswerte Wanderunterbrechung einplanen.

Der Wanderweg setzt sich von der Heinitzstraße in eine urwüchsige Landschaft hinein fort. Gegenüber den Häusern Heinitzstraße 13a und 14 befinden sich ein Garagengrundstück und davor ein Parkplatz. Direkt links neben dem Parkplatz

Brücke über einen alten Kanal im Museumspark Rüdersdorf

sehen wir einen Weg, der uns außerhalb des gesperrten Museumsgeländes und dann am Rand der Abbruchkante weiterleitet.

Das Ende dieser Etappe soll jedoch die Straßenbahnhaltestelle sein, die geradeaus unmittelbar am Ende der Heinitzstraße an der Hauptverkehrsstraße nach 200 Metern erreicht ist und von der uns in kurzen Abständen die Straßenbahn zur S-Bahn bringt.

Ausflugstips

• Rund um den Straussee gibt es einen behindertengerechten Uferweg. Er ist zwar auch für Nordic Walking geeignet, aber besonders am Wochenende stark frequentiert durch Spaziergänger. Die Runde kann ideal mit einem Altstadtbummel verbunden werden und als Ganzes oder halbiert mit Benutzung der Fähre von etwa 4 bis etwa 10 Kilometer Länge individuell gestaltet werden. Parkplätze sind im Zentrum vorhanden. Bahnfahrt bis Strausberg-Stadt oder Strausberg und mit der Straßenbahn zur Endhaltestelle.

• Rund um den Herrensee: Nordic Walking oder Spaziergang etwa 3 Kilometer um einen in besonders einmaliger Weise reizvollen See. Entweder mit der Bahn bis Hegermühle und unter der Brücke hindurch nach links oder ideal auch mit dem

Auto erreichbar, denn an der Südspitze des Sees gibt es in der Garzauer Straße einen Parkplatz, von dem eine Treppe zum Uferweg hinabführt.

• Rund um das Annatal: Ebenfalls ideal für Nordic Walking, zum Wandern und Spazierengehen und mit der Anfahrt per Bahn und Auto. Eine besonders schöne Tour mit idyllischen Waldpfaden, freien Wiesenflächen, romantischen Uferpartien und einer Badestelle. Der Rundkurs kann an verschiedenen Stellen begonnen werden: Entweder am Bahnhof Strausberg oder, mit dem PKW, Nähe Kirche in Hennickendorf. Gemeint ist eine etwa 8 Kilometer lange Runde bzw. 10 Kilometer ab Bahnhof um das Naturschutzgebiet, um den kleinen Stienitzsee, durch Hennickendorf und entlang des neuen Weges am Nordufer des großen Stienitzsees.

• Museumspark Rüdersdorf: Sehr interessantes Areal; dort kann man an Fossilienexkursionen teilnehmen oder bei einer Mitfahrt im Geländewagen eine Landschaft erleben, die bis unter Meeresspiegelniveau führt. Die Museen auf dem Gelände sind ebenfalls beeindruckend.

Rundfahrt mit dem Jeep im Museumspark Rüdersdorf

Hoch und tief

Tour 9: Von Rüdersdorf nach Hangelsberg

Gesamtlänge 22,5 km.
Teilstrecken Straßenbahn-Haltestelle Heinitzstraße/Museumspark–Straßenbahn-Haltestelle Rudolf-Breitscheid-Straße: 3 km, Haltestelle Rudolf-Breitscheid-Straße–Straßenbahn-Haltestelle Woltersdorf/Schleuse: 3,5 km, Straßenbahn-Haltestelle Woltersdorf/Schleuse–Bushaltestelle Löcknitzidyll: 2,5 km, Löcknitzidyll–Abzweig zum Bahnhof Fangschleuse: 6 km (Bahnhof plus 0,4 km), Abzweig Bahnhof Fangschleuse–Bahnhof Hangelsberg: 7,5 km.
Verkehrsverbindungen Rüdersdorf: Straßenbahn vom S-Bahnhof Berlin-Friedrichshagen nach Rüdersdorf.
Woltersdorf: Straßenbahn zum S-Bahnhof Rahnsdorf, S-Bahn Erkner–Berlin-Innenstadt; Straßenbahn und S-Bahn verkehren im Abstand von 20 bis 40 Minuten. Bus Löcknitzidyll zum S-Bahnhof Erkner im Abstand von 30 Minuten.
Bahnhof Fangschleuse und Bahnhof Hangelsberg: Regionalbahnlinie Brandenburg–Potsdam–Wannsee–Innenstadt Berlin–Erkner–Fürstenwalde–Frankfurt, Zugfolge im Abstand von zwei Stunden (Info-Telefon 018 05/82 26 62 oder 303/25 41 41 41).
Wanderkarten Kartenblätter 14 und 15 in diesem Buch
Topografische Karte L3548 (Strausberg), 1:50 000, Landesvermessungsamt Brandenburg. ›Müggelsee und Umgebung‹, 1: 35 000, Verlag Dr. Barthel.
Markierung Blauer Punkt.
Einkehr Woltersdorf, Erkner/Löcknitzidyll, Klein Wall, Hangelsberg.
Unterkunft Rüdersdorf, Woltersdorf, Erkner, Hangelsberg (Fürstenwalde).
Besondere Sehenswürdigkeiten Museumspark Rüdersdorf, Woltersdorf: Liebesquelle, Schleuse, Straßenbahn, Aussichtsturm in Woltersdorf auf dem Kranichsberg mit integriertem kleinen Museum (März bis Oktober täglich 9.30 bis 15.30 Uhr).
Hinweise Ab Rüdersdorf Karlstraße (Autobahnbrücke) ideal für Nordic Walking.
Mit Ausnahme der Ortsdurchquerung von Rüdersdorf und der Seepromenade in Woltersdorf erleben wir durchgängig unbefestigte ideale Wanderwege bis kurz vor dem Bahnhof Hangelsberg. In Rüdersdorf ist der Weg zum Kesselsee gegenwärtig ein idyllischer unbefestigter Waldweg, der dann als kurzer Höhenweg die allerbesten Blicke in das beeindruckende Tal des ehemaligen Bergbaugebietes ermöglicht. Die kleine Parkanlage und der Kesselsee sind ebenfalls

sehr sehenswert. Hier ist ein weiterer Abbau des Gesteins geplant, wodurch sich eine Wegveränderung ergeben kann. Das wird zu gegebener Zeit vor Ort erkennbar sein.In Woltersdorf ist der Aussichtsturm einen kleinen Umweg wert, Aufstieg für Wanderer etwa 15 Minuten.

Diese Wanderung ist die abwechslungsreichste aller hier vorgestellten Etappen. Sie beinhaltet fast alles, was das Land zu bieten hat: Sogleich am Beginn schauen wir in das tiefe Tal des Rüdersdorfer Steinbruchs. Der kleine Kesselsee folgt und dann der Kalksee mit einem langen abwechslungsreichen und beeindruckenden Uferweg und ständigem Seepanorama. Die Wanderung führt über das schön gelegene Woltersdorf mit Liebesquelle und Aussichtsturm und folgt dann in weiten Teilen der sich malerischen durch abwechslungsreiche Landschaften schlängelnden Löcknitz. Gerade hier ist eine große Vielfalt an Pflanzen zu erleben.

Hoch und tief sind die Landschaften entlang der Route. Die schroffen Tiefen des kahlen, grauen Tagebaus bilden einen eindrucksvollen Kontrast zu der übrigen Landschaft im weiten Umkreis, und der höchste Punkt auf dem Kranichsberg erfreut mit dem freien Rundumblick vom dortigen Aussichtsturm.

Streckenverlauf

Ab Tramhaltestelle oder ab Museumsparkeingang die Heinitzstraße entlang bis zum großen Parkplatz gegenüber den Häusern mit den Nummern 13a und 14 finden wir leicht, ebenso den dort links neben dem Parkplatz von der Straße abzweigenden Wanderweg. Wir halten uns bei Abzweigungen im Wald nach links, achten aber ganz besonders auf einen links aus dem Wald hinausführenden Durchgang zum Rand des Tagebaues. Plötzlich öffnet sich der Blick in die Weite und in das Tal. Der dortige breite Weg gewährt uns noch ein kleines Weilchen diesen Blick. Etwa an der höchsten Stelle zweigt als erste deutliche Möglichkeit ein breiter Schotterweg schräg rechts hinab ab. Die blauen Punkte meinen, daß wir

Die Liebesquelle ist eine der Attraktionen in Woltersdorf

Der Aussichtsturm in Woltersdorf beherbergt eine Ausstellung zur Filmgeschichte des Ortes

dem alten, in die ungenutzte alte Straße eingelassenen Lorengleis folgen sollen und an einer Weiche somit von der Straße rechts zum Kesselsee abbiegen. Es geht rund herum am Ufer, wobei wir an einer prächtigen, einzeln stehenden Kiefer vorbeikommen.

Nun bleibt ein Stück Straße unvermeidlich: Der Rudolf-Breitscheid-Straße müssen wir bis über die Kreuzung der Straßenbahn folgen. Dann biegen wir an der ersten Abzweigung dahinter nach rechts in die Karlstraße ab, denn nur sie führt unter der Autobahn hindurch direkt an das schöne Ufer des **Kalksees**, wo wir bald allen Verkehrslärm hinter uns gelassen haben. Der Wanderweg führt an diesem See in ganzer Länge, mehr als zwei Kilometer, immer unmittelbar am Ufer entlang, so daß wir das Gewässer ständig im Blick haben. In den Verbidungskanal zum Flakensee übergehend, enden See und Weg an einer kleinen Straße, wo wir auf die sehr schön eingefaßte Liebesquelle stoßen, die gegenüber der Straßeneinmündung aus dem über 100 Meter hohen Kranichsberg hervorsprudelt. Dem Wasser wird eine heilende Wirkung nachgesagt, jenseits aller Legenden ist es aber mindestens trinkbar und wird überwacht. Der Name Liebesquelle entstand, weil in früheren Zeiten hier ein Treffpunkt für Verliebte war.

Nun sind wir in Woltersdorf angekommen, dem teils sehr noblen, teils idyllisch-urtümlichen Ausflugsort, der malerisch am Fuß des Kranichsberges zwischen zwei Seen liegt. Der in weitem Umkreis bekannte Ort ist ein altes Dorf, das bereits vor 500 Jahren mit dem Bau einer Schleuse für den Abtransport des Gesteins aus Rüdersdorf Bedeutung erlangte und gegenwärtig immer mehr an Glanz gewinnt, denn aufgrund der lieblichen Lage hat sich der Ort in den letzten hundert Jahren zu einem Ferien-, Ausflugs- und Wohnort im Grünen mit guten Hotels und umfangreicher Gastronomie entwickelt.

Wußten Sie schon, ...

... daß Theodor Fontane bei seinen Wanderungen durch die Mark Brandenburg überwiegend gar nicht gewandert ist? Er nutzte die damals üblichen Verkehrsmittel, zu denen neben Bahn und Kutsche auch das Schiff gehörte, und war zusätzlich zu Fuß unterwegs. Fontane kam es weniger auf die sportliche Bewegung an, vielmehr darauf, als Chronist über die Schönheiten des Landes und die Menschen mit ihren Geschichten zu berichten.

... daß es eine Burg mit dem Namen Brandenburg nicht gibt und auch niemals gab? Eine durch Gräben und Wälle geschützte Befestigungsanlage, eine Burganlage slawischer Völker, gab es vor mehr als 1000 Jahren dort, wo erstmals im Jahre 948 der Ort Brennabor urkundlich im Zusammenhang mit der Errichtung eines Klosters erwähnt wird. Daraus entwickelte sich der Name Brandenburg. Bereits im 12. Jahrhundert begann die Regentschaft der Askanier mit der Übernahme der Stadt Brandenburg und des Umlandes, entstanden Dom und Stadt – aber keine Burg. Die Askanier benannten ihr Gebiet nach der wichtigsten Stadt darin: eben Brandenburg.

... daß es in der hiesigen Region noch die Uckermark mit dem Fûßchen Uecker und die Mittelmark als Teile des Landes Brandenburgs gibt, die Altmark jedoch in Sachsen-Anhalt liegt und die frühere Neumark jenseits der Oder im seit 1945 polnischen Gebiet?

... daß der höchste Berg Brandenburgs im Jahr 2005 ein anderer ist als im Jahr 2000? Der geschichtsträchtige Hagelberg bei Belzig galt mit 201 Metern Höhe bisher immer als der höchste Berg Brandenburgs, offiziell ist er 200,2 Meter hoch. Neuere Vermessungen ergaben nun aber, daß der Kutschenberg bei Ortrand 201 Meter hoch ist. Und so können die Bürger in Ortrand mit Stolz auf ihren höchsten Berg Brandenburgs, den Kutschenberg, verweisen.

... daß Brandenburg ein wasserreiches, aber regenarmes Land ist? Die Niederschlagsmenge liegt unter dem Durchschnitt in Deutschland. Die Bodenbeschaffenheit, das geringe Gefälle und Sperranlagen bewirken den Wasserreichtum des Landes, das zum Teil auch aus anderen Gebieten hereinfließt.

... daß Oder und Elbe Hochwassergefahren bieten, Havel, Spree und die kleineren Flüßchen jedoch nicht? Die Havel – wie auch die kleinen Flüßchen und Bäche des Landes – kommt aus dem Flachland mit wenig winterlichem Schmelzwasser und hat reichlich Möglichkeiten sich auszubreiten. Die Spree entspringt zwar in bergigem Land, kann aber im Spreewald optimal reguliert werden.

… daß die Vogelwelt Brandenburgs einige selten vorkommende Arten aufweist? Der rote Milan ist in Brandenburg ein sehr häufiger Vogel und kommt anderswo nur noch sehr selten vor, Störche gab und gibt es ebenfalls in vielen Regionen, der Bestand an Kranichen als Brutvogel nimmt zu, und es gibt hierzulande auch Brutpaare des Seeadlers, etwa in der Region um Leibsch, dort und am Blankensee auch Kraniche und Störche – Gebiete, die hier im Rahmen der Touren 13 und 16 durchquert werden. Nicht wahrnehmbar und mit besonderem Seltenheitswert sind in Brandenburg lebende Trappen und Schwarzstörche.

… daß dagegen Kormorane inzwischen als Plage gelten? Diese früher sehr seltene Vogelart hat sich so sehr vermehrt, daß sie mittlerweile zum Abschuß freigegeben worden ist. Die Vögel fressen mit Vorliebe Fische, können sehr tief in das Wasser tauchen und schädigen die Fischereiwirtschaft in dramatischer Weise. In gleichem Maße wie sich die Kormorane vermehrten, nahmen die Wildfisch- und sogar Zuchtfischbestände ab.

… daß in Brandenburg Slawen leben? Das ist der Sammelbegriff für östliche Volksstämme, entsprechend benennt man die westlichen als Germanen. In Brandenburg lebten früher zum Beispiel die Heveller, die Sprewanen und die Sorben. Das waren oder sind ihre slawischen Eigenbezeichnungen. Im Unterschied dazu blieb früher bei den Deutschen als Sammelbegriff für diese Volksgruppen das alte germanische Wort Wenden in Gebrauch. Daher gibt es zum Beispiel Ortsnamen mit dem Vorsatz ›wendisch‹, gelegentlich sogar im Gegensatz zu ›deutsch‹. Zum Beispiel hieß der Ort Königs Wusterhausen früher Wendisch Wusterhausen, zu dem das Gegenstück Deutsch Wusterhausen noch immer als Teil dieser Stadt existiert.

… daß Brandenburg eine Reihe kulinarischer Spezialitäten aufzuweisen hat? Neben den diversen pikanten Gurkenvarianten des Spreewaldes sind es vor allem die Peitzer Karpfen und der weithin bekannte Beelitzer Spargel, der wegen der optimalen Bodenverhältnisse eine hervorragende Qualität aufweist. Die früher als Delikatesse bekannten Teltower Rübchen werden seit einigen Jahren auch wieder angebaut und erfreuen sich zunehmender Beliebtheit. Das am Wanderweg in Wildenbruch (Tour 16) gelegene Gasthaus ›Zur Linde‹ bietet diese bereits von Goethe gelobte Delikatesse auf der Speisekarte an.

Mit der Schleuse und der museumsreifen Straßenbahn, die noch immer von hier nach Berlin-Rahnsdorf verkehrt, bietet Woltersdorf neben der Liebesquelle und dem Aussichtsturm weitere Sehenswürdigkeiten. Am unteren Hang des Kranichsberges finden wir eine schöne Parkanlage und Restaurants, die Schleuse, dahinter die Endstation der Straßenbahn und oben auf dem Berg, gute 60 Höhenmeter über dem Ort, den bekannten Aussichtsturm.

Die Sicht vom Turm über die Wald- und Seenlandschaft der Region ist sehr beeindruckend, und er lohnt auch einen Besuch wegen des kleinen Museums zur Geschichte des Ortes als Filmdrehort in der Stummfilmzeit, das er beherbergt.

Der Aufstieg beginnen wir nicht an der Liebesquelle, sondern später an der einfachen Stelle. Dort ist er nicht sehr beschwerlich und dauert kaum 15 Minuten: Am Anfang der Uferpromenade des **Flakensees** zweigt links eine Straße ab und von dieser nach 150 Meter nach links Treppen, die man hinaufsteigt, um dann auf einem Fußweg neben einem Fahrweg und dann an einem Geländer hinauf in Kürze den Anstieg zum ›Berggipfel‹ zu überwinden.

Zurück an der Straßenabzweigung, wandern nun auf der schönen Uferpromenade am Flakensee entlang und später durch Wald in der Nähe des Flüßchens Löcknitz bis zu der Gaststätte ›Löcknitzidyll‹, die mit ihrer beschaulichen Uferlage ihrem Namen alle Ehre macht.

Am ›Löcknitzidyll‹ ist die Straße zu dem gegenüberliegenden Parkplatz links neben einem weiteren Restaurant zu überqueren. Direkt am Parkplatz zweigt rechts in den Wald ein Wanderlehrpfad ab. Diesem Weg folgen wir etwa 500 Meter, bis wir eine Gabelung erreichen. An dieser Gabelung gehen wir gemäß dem blauen Punkt nach rechts und wählen den wesentlich schöneren und auch kürzeren Wegabschnitt, folgen nicht der übrigen Beschilderung auf breitem längerem Weg. Sofort erreichen wir das sichtbare Ufer der Löcknitz und auf schmalem Pfad daran entlang weiter das Ufer des romantischen **Wupatzsees** mit Sicht auf des See.

Zwischen beiden hindurch geht es nun über eine kleine Holzbrücke mit Sicht auf See und Fluß und weiter zu einer Wanderwegkreuzung mit größerer Fußgängerbrücke (mit Metallgeländer) nach rechts über die Löcknitz. Dieser kleine Wasserlauf wurde nur an wenigen Stellen geringfügig verändert, er plätschert überwiegend wie zu Urzeiten durch den Nadel-, Laub- und Auwald, bildet Schleifen, zerteilt sich und sammelt sich wieder. In der Nähe des Quellgebietes befindet sich die Fischzuchtanlage Klein Wall, die sehenswert ist.

Geradezu und dann links befindet sich der vergleichsweise unattraktive **Heidereutersee**. Unser Weg geht jedoch über den Hauptarm der Löcknitz hinweg und geradeaus in den Wald hinein, denn wir müssen noch einen Nebenarm des Flüßchens überwinden. Der Weg ist die Fortsetzung des Wanderlehrpfades, der uns nach etwa 300 Metern zu der hölzernen Hubertusbrücke leitet. Sollte die

Brücke noch wegen Baufälligkeit gesperrt sein, gilt die diesseitig markierte Route bis Gottesbrücke. Die Hauptroute geht über die Brücke hinweg und weiter geradeaus auf einen Fahrweg, einen Forstweg, dem wir nun nach links in Richtung Autobahn folgen. Vor der Brücke über die Autobahn weist unsere Markierung nach links, nach der wir wieder an das Ufer der Löcknitz gelangen und am Flüßchen entlang unter der Froschbrücke hindurch die Autobahn passieren.

Blick auf den Wupatzsee

In Ufernähe geht es auf dem eindeutig erkennbaren Wanderweg weiter bis zum Rastplatz Gottesbrücke. Es ist ein nicht zu verfehlender, erhöht liegender großer Platz am Rande einer Forststraße, von dem aus nach links die kleine Straßenbrücke sichtbar ist, die über das Wasser in den Ort Fangschleuse hinein führt und dort zu einer etwa 500 Meter entfernten Gaststätte und Bushaltestelle mit häufigem Busverkehr zum S-Bahnhof Erkner, wenn wir über die Brücke in den Ort und an der Gabelung hinter der Brücke nach links zu der Hauptverkehrsstraße gehen. Zwei Kilometer sind es noch bis zum Bahnhof Fangschleuse mit stündlichem Zugverkehr.

Ab dem Rastplatz Gottesbrücke setzt sich unsere Wanderroute rechts entlang der Löcknitz auf schmalem Pfad in Ufernähe fort. Auch in der Fortsetzung des markierten Weges erwarten uns nun reizvolle Landschaftseindrücke, bis das Flüßchen unseren Blicken entschwindet und unsere Umgebung sich zu einer lieblichen, stillen Auenlandschaft mit Wiesen und Birken verändert. Danach kommen wir an die Straße, auf der wir nach rechts den Bahnhof Fangschleuse erreichen können. Wir gehen jedoch nach links über die Löcknitzbrücke zu einer Gedenkstätte und setzen dort unsere Wanderung am anderen Ufer in das Löcknitztal hinab fort.

Ein besonders schöner Platz wird schließlich an der Fontanekiefer erreicht, wo der Uferbereich zum Fotografieren einlädt. Hier knickt das Gewässer ab, wir wandern geradeaus weiter zu einer großen Waldwiese, wo uns unser Weg und auch die Markierung halblinks am Waldrand entlang zu einem Forstweg geleiten. Auf diesem sandigen Fahrweg geradeaus weiter lassen wir uns nicht nach 50 Metern von einer Abzweigung irritieren, sondern behalten unsere gerade Richtung – östlich bis nordöstlich – bei, denn es geht nicht mehr in Ufernähe, sondern geradeaus durch den Wald bis zu den einen Kilometer weiter liegenden Gebäuden mit dem Namen Klein Wall. Nach rechts zwischen Gebäuden hindurch verläuft eine kleine Fahrstraße zu Ferienhäusern, einem auffälligen gelben Backsteingebäude und zu der dahinter liegenden Fischzuchtanlage mitsamt Fischteichen.

Das Gelände ist meist geöffnet, eine Gaststätte findet sich dort auch und in der Halle ein Imbiß- und Verkaufsstand. Frischgeräucherte Ware gibt es, viele Arten kleiner Fischspezialitäten und natürlich auch Getränke. Hinter der Halle befinden sich Angelteiche und idyllische Rastplätze, erlaubt und geeignet für die Rast auch mit eigenem Proviant.

Nach der Besichtigung dieser Anlage geht es einige Schritte zurück, denn die offizielle Wanderroute verläuft an dem gelben Backsteingebäude abzweigend zu einer kleinen Brücke über die Löcknitz. In dem klaren Wasser tummeln sich auch Forellen. Wenige Schritte weiter passieren wir über eine zweite Brücke den Zufluß zu einem idyllischen Stausee der Löcknitz. Hier verabschiedet sich die Löcknitz mit einer besonders hübsch angelegten Teich- und Bachregion hinter der dort ehemals befindlichen Wassermühle von uns. Die Wanderung setzt sich dahinter ab einer Wegverzweigung mit drei Wegen in hohem Laubwald fort. Wir wählen den mittleren der drei, der uns als Wanderweg geradeaus – also in östlicher bis südöstlicher Richtung – nach Hangelsberg führt.

Nach ungefähr zwei Kilometern durchbricht eine Schneise mit einer Hochspannungsleitung den Wald, gleich danach überqueren wir eine zweite Schneise mit einer unsichtbaren Erdgasleitung. Später geht der Sandweg in einen Asphaltweg über, und als solcher knickt er kurz vor dem sichtbaren Ende des geraden Weges deutlich nach rechts ab. Der abwechslungsreiche Mischwald hat nun bald ein Ende, wenn wir über ein Gleis hinweg, an einem Militärgelände entlang, genau in Richtung auf einen großen Sendeturm zugehen. 200 Meter weiter gelangen wir an einer prächtigen alten Eiche zu einer Asphaltstraße. Damit sind auch der rechts liegende Bahnhof Hangelsberg und eine schöne Gaststätte erreicht.

Ausflugstips

- Besuch im Museumspark Rüdersdorf (s. Tour 8, Ausflugstips).
- Ab Schleuse in Woltersdorf gibt es mehrere interessante Möglichkeiten: Spaziergang auf einem interessanten Uferweg entlang des Kalksees; Spaziergang entlang des Flakensees auf einem interessanten Uferweg mit Badestelle; nach Belieben weiter bis zum romantischen Wupatzsee, der umrundet werden kann und eventuell weiter bis Froschbrücke und zurück. Anfahrt mit dem Pkw, Parkplätze in den Straßen vor der Schleuse oder mit der Straßenbahn ab S-Bahnhof Rahnsdorf.
- Autofahrt bis zu den zwei großen Parkplätzen am Löcknitzidyll, Anfahrt über Erkner, Fürstenwalder Straße. Dort Spaziergänge wie zuvor und günstiger Startplatz für Nordic-Walking-Runden in beide Richtungen.
- Idealer Ausgangspunkt für Wanderungen, Spaziergänge und Nordic Walking entlang des idyllischen Flüßchens Löcknitz ist der Parkplatz an der Gottesbrücke in Fangschleuse am Gottesbrücker Weg. Anfahrt: Autobahn A 10, Ausfahrt Erkner, geradeaus in die Erknerstraße – Eichenallee – Friedrich-Ebert-Straße und dort ab zur Gottesbrücke. Von diesem Parkplatz und dem dahinter befindlichem großen Rastplatz sind Spaziergänge und Nordic Walking in beide Richtungen möglich.
- Eine besonders reizvolle Schiffsfahrt ist ab Woltersdorf mit den nostalgischen gepflegten Passagierschiffen der alten Familienreederei Kutzker (Grünheide, Tel. 033 62/62 51) durch die Löcknitz und einige Seen bis Buchhorst sehr zu empfehlen. Spreewaldidylle und Seen wechseln sich ab.
- Angelspaß für Anfänger, Picknickplätze, Fischzucht und Romantik im Wald ist auch für Autofahrer erlebbar in Klein Wall auf dem weitläufigen Gelände der Fischzuchtanlage und den dortigen Fischteichen an der Löcknitz. Anfahrt auf holperigen Waldfahrwegen (nicht auf dem Wanderweg) über Alt Buchhorst am nördlichen Ende des Peetzsees.

Am grünen Strand der Spree

Tour 10: Von Hangelsberg nach Petersdorf oder Bad Saarow

Gesamtlänge Nach Petersdorf 24 km, nach Bad Saarow 26,5 km.
Teilstrecken Bahnhof Hangelsberg–Bahnhof Fürstenwalde: 13 km, Bahnhof Fürstenwalde–Bushaltestelle Petersdorf: 12 km. Der Bahnhof Fürstenwalde liegt 0,5 km abseits vom Weg.

Das Alte Rathaus in Fürstenwalde

Varianten Wanderung mit und ohne Stadtzentrum Fürstenwalde. Ohne Stadtzentrum streift man am Rand auf Parkwegen beschaulich entlang der Spree, spart Wegstrecke und Besichtigungszeit und wird daher ohne Probleme bis zum Bahnhof Bad Saarow wandern können.
Verkehrsverbindungen Bahnhof Hangelsberg und Fürstenwalde: Regionalbahnlinie Brandenburg–Potsdam–Wannsee–Innenstadt Berlin–Erkner–Fürstenwalde–Frankfurt/Oder, Zugfolge in Hangelsberg zweistündlich, in Fürstenwalde stündlich.
Petersdorf: Buslinien zwischen den Bahnhof Bad Saarow und Bahnhof Fürstenwalde, Busverkehr in unregelmäßigen Abständen, werktags morgens und abends mehrmals am, Wochenende seltener (Info-Telefon 018 05/82 26 62 oder 303/25 41 41 41).
Der Bahnhof Bad Saarow mit häufigen Verbindungen nach Fürstenwalde liegt ebenfalls in der Nähe der Wanderstrecke; 2,5 km weitere Wegstrecke.
Wanderkarten Wanderkarten Maßstab 1:50 000, im Kartenteil dieses Buches die Seiten 15–17, Ausschnitte aus L 3548 (Strausberg), L 3748 (Storkow) und L 3750 (Fürstenwalde).
Markierung Blauer Punkt (geplant), andere vorhanden.
Einkehr Hangelsberg, Fürstenwalde, Petersdorf, Bad Saarow.
Unterkunft Fürstenwalde, Petersdorf, Bad Saarow.
Besondere Sehenswürdigkeiten Dom und Rathaus in Fürstenwalde, Markgrafensteine in den Rauener Bergen.
Hinweise Wechselnde Wegarten, nicht für Nordic Walking geeignet. Schöne Uferwege, Radwegstrecken, Fürstenwalde, Rauener Berge mit steilen Wegen. Die Strecke verläuft noch teilweise auf einem asphaltierten Radweg, Änderungen sind, so weit es sich ermöglichen läßt, vorgesehen. Zwischen Fürstenwalde und Petersdorf gibt es sehr viele Wandermöglichkeiten. Die beschriebene Strecke ist empfehlenswert, wird aber möglicherweise hinsichtlich Markierung geringfügig verändert, dabei aber nicht länger.

Der ganz eigene Reiz dieser Tour liegt in ihrer Vielfalt und Abwechslung und darin, daß wir am Ufer der Spree entlang gehen werden. Es ist von großen Wiesenflächen, aber auch einer großen Zahl alter Eichen gesäumt und vermittelt ein Bild der Ruhe. Als Kontrast zu der ruhigen Landschaft präsentiert sich Fürstenwalde, eine moderne Stadt mit einigen sehenswerten Zeugen ihrer mittelalterlichen Vergangenheit.

Weit in die Vergangenheit zurück weisen die Markgrafensteine, Relikte der letzten Eiszeit, die wir in den Rauener Bergen finden. In diesem Höhenzug liegt auch der höchste Punkt unserer Wanderung; zwar namenlos, aber mit seinen 150 Metern Höhe für brandenburgische Verhältnisse durchaus bemerkenswert.

Streckenverlauf

Ab Bahnhof Hangelsberg folgen wir der Markierung in Fortsetzung der bisherigen Richtung Südost. Erwähnenswert ist sicherlich, daß Gerhart Hauptmann, der zeitweise in Erkner wohnte, als Schauplatz für seine Novelle ›Bahnwärter Thiel‹ diese Bahntrasse wählte. Die Beschaulichkeit des Bahnhofes Hangelsberg erinnert durchaus noch an dieses Zeit.

Unmittelbar hinter dem Gasthaus geht es, von der Straße abzweigend, parallel zum Bahngelände im Wald, über die Hauptstraße hinweg durch das Siedlungsgebiet und weiter bis zum Ufer der Spree. Der Fußweg entlang der Spree endet zunächst an einem Autoparkplatz. Unmittelbar dahinter zweigt rechts eine kleine Straße ab, die uns erneut zu einer Wiese am Ufer der Spree führt.

Bitte beachten Sie die folgenden Hinweise auf Unterschiede zwischen der offiziellen markierten Route und erlaubter, aber nicht immer gut begehbarer Variante.

Die offizielle, also markierte Strecke entfernt sich zunächst wieder vom Ufer, und es geht weiter die Straße Am Anger entlang bis zu deren Ende. An der Ecke zur Fontanestraße kommen wir an einer prächtigen Eiche vorbei und biegen am Ende der Straße Am Anger nach links ab, erreichen nochmals die Hauptstraße und dort auf breitem Sandweg nach rechts entlang der Häuser 200 Meter weiter das Ende des Ortes Hangelsberg. Unmittelbar hinter dem letzten Haus zweigt rechts ein Waldweg ab, und nach wenigen Metern ist an einer offenen Stelle das Spreeufer wieder erreicht.

Wesentlich reizvoller ist der öffentliche Uferpfad innerhalb des Ortes, der hinter dem Parkplatz weiter am Ufer der Spree entlang bis zum Ortsende führt. Der Pfad ist teilweise sehr abenteuerlich, bietet aber sehr beeindruckende Landschaftsbilder entlang des Spreeufers. Wenn Teilstrecken zu naß oder zugewachsen sind, kann man ihn zwischenzeitlich durch Aufgänge zu den Straßen verlassen und etwas weiter erneut hinab gehen. Der Versuch lohnt, und mindestens Teilstrecken waren bislang immer begehbar.

Am Ortsende gibt es neben der markierten Route eine weitere wesentlich bessere Variante. Diese umrundet das am Ufer gelegene Privatgelände auf sumpfigem Pfad unmittelbar am Spreeufer und leitet über eine kleine Bachbrücke auf das Wiesengelände und dann auf das offene Gelände weiter entlang des Spreeufers. Dieser Weg kann bei Nässe sehr unangenehm sein und ist deshalb nicht als Wanderroute markiert.

Die markierte Route leitet etwa 600 Meter weiter jedoch ebenfalls nach rechts zum Spreeufer und dann mehrere Kilometer am Ufer der Spree entlang, bis der Radweg ebenfalls an das Spreetal heranreicht und der Wanderer gezwungen ist, diesen zu benutzen.

Vom Radweg zweigt jedoch bald wieder ein Fußpfad an das Ufer ab, der uns als erhöht verlaufender Walduferweg Blicke auf die Spree gewährt und vor allem mit alten Eichen erfreut. An der Hochspannungsleitung gehen wir wieder nach rechts an das Ufer und dort weiter bis zum Stauwehr, dem Rastplatz mit dem Namen Große Tränke.

Die Landschaft bleibt reizvoll, denn der folgende Abschnitt bietet schöne Aussichten auf seeähnliche Ausbuchtungen und Seitenarme des Wassers. So gehen wir zunächst auf einem Kiesfahrweg zur Asphaltstraße, dort an der grünen Schranke gleich wieder auf einem Waldweg nach rechts Richtung Ufer und hinter einer Brücke in unveränderter Richtung geradeaus auf das Ufer zu und am Ufer nach links weiter.

Nachdem wir auf einen Waldpfad gelangt und um eine Ausbuchtung herum gewandert sind, mündet unser Weg endgültig auf einen asphaltierten Wander- und Radweg, auf dem wir nun nach rechts der Stadt Fürstenwalde zustreben. Eichengiganten in großer Zahl säumen den Weg, den wir nun immer geradeaus entlangmarschieren. Vor einer Fußgängerbrücke, die geradeaus vor uns unseren Weg fortsetzt, biegt der Asphaltweg links ab, wir aber gehen geradeaus über die Brücke zu einer Gartenkolonie. Geradeaus säumen noch mehr alte Eichen den Weg. Wenn wir aber hinter der Brücke vor den Gärten zum Ufer schwenken, können wir auf einer sehr schönen Uferpromenade weiterwandern.

Sollte der Bahnhof Fürstenwalde das heutige Ziel sein, überqueren wir an der Gaststätte die Hauptverkehrsstraße und finden in dem gegenüberliegenden Park wenige Meter abseits der Straße einen Weg, der parallel zu ihr in das Stadtgebiet hineinführt und an der Karl-Marx-Straße endet. Der Bahnhof ist von hier aus etwa 300 Meter nach links zu erreichen.

An der Spree bei Hangelsberg

Fürstenwalde ist eine Stadt mit etwa 34 000 Einwohnern und weist ein weitgehend modernes Stadtbild auf. Etwa 80 Prozent der Stadt wurden im Zweiten Weltkrieg zerstört, darunter auch der Dom. Er war im 15. Jahrhundert errichtet worden, da die Stadt, seit dem 13. Jahrhundert urkundlich bekannt, zu einem Bischofssitz geworden war. Der Dom konnte wieder neu aufgebaut werden und präsentiert sich äußerlich in altem, im Inneren in völlig neuem Gewand. Auch das Rathaus erstand neu als sehenswerte Rekonstruktion. Im 19. Jahrhundert entwickelte sich Fürstenwalde, nicht zuletzt durch seine Lage an einer wichtigen Bahnstrecke, zu einem Industriestandort. Auch heute noch ist dies prägend.

Die Wanderroute folgt dem Spreeufer auf einem neu angelegten Weg bis zur Fußgängerbrücke über die Spree und umgeht dadurch die gesamte Altstadt, doch

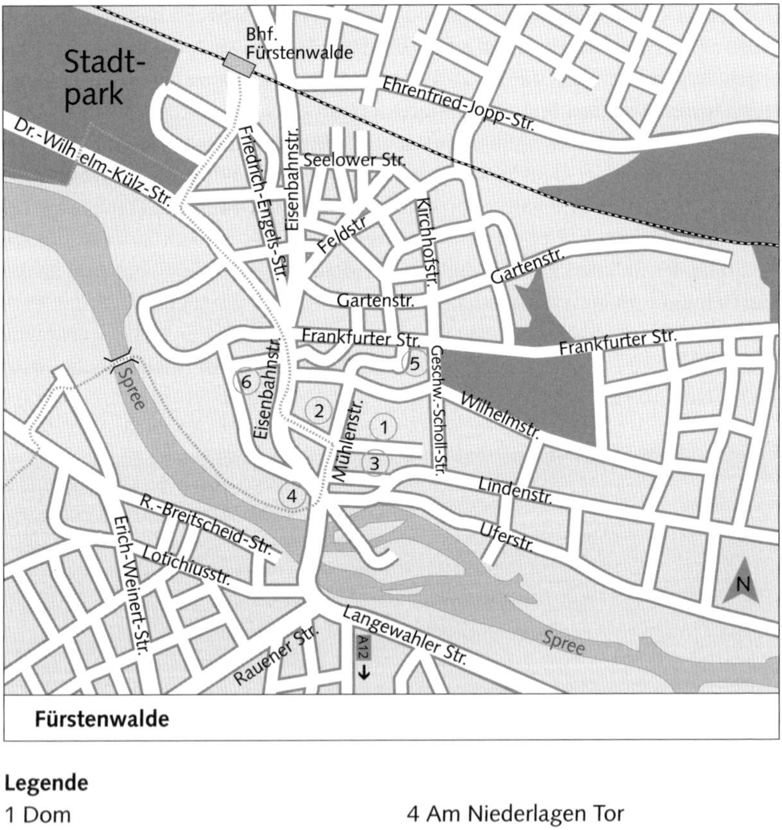

Fürstenwalde

Legende

1 Dom
2 Rathaus
3 Heimatmuseum
4 Am Niederlagen Tor
5 Reste der Stadtmauer
6 Wehrturm

ist es durchaus lohnenswert, die hübsche Innenstadt mit einem Umweg von etwa 1,5 Kilometern in die Wanderung einzubeziehen. Mit dem kurzen Bummel durch das Zentrum und die Fußgängerzone lernen wir eine Stadt kennen, die das wenige Alte liebevoll restauriert und mit Neuem zu einem harmonischen Stadtbild vereint hat. In diesem Sinne typisch und sehenswert ist vor allem auch das Innere des Doms und die Fußgängerzone Mühlenstraße mit dem neuen Geschäfts- und Verwaltungszentrum und dem alten Rathaus.

Wer diesem Vorschlag folgen möchte, geht ab Gaststätte etwa 500 Meter die Dr.-Wilhelm-Külz-Straße entlang und dort weiter in Richtung Stadtzentrum in die Eisenbahnstraße. Von dieser machen wir sogleich einen kurzen Abstecher nach rechts in die Goethestraße, denn dort finden wir nach wenigen Metern einen alten Turm und Reste der alten Stadtmauer.

Zurück zur Eisenbahnstraße, setzen wir von dort unseren Stadtbummel nach links in die Rathausstraße hinein fort. Wir kommen am Alten Rathaus vorbei zum Dom. Nun gehen wir zurück zur Mühlenstraße, wo wir uns nach Süden in Richtung Spree bewegen und sich der Blick auf einen schönen Brunnen und hübsche Häuser eröffnet. Die Straßenbrücke über die Spree liegt nun vor uns, doch wir schwenken diesseits des Ufers rechts zum Ufer hinab und gelangen entlang des Ufers zu der Fußgängerbrücke, die uns über den Fluß dirigiert.

Gegenüber erreichen wir geradezu eine Straße, und 30 Meter nach rechts versetzt eine Fortsetzung dieser Richtung. Die Hans-Thoma-Straße führt zur Rudolf-Breitscheid-Straße. Dort geht es kurz links und erneut in bisheriger Richtung, also nach Südwest, in der Luise-Hensel-Straße weiter. Als unbefestigter Fahrweg endet diese neben einem Friedhof, hinter dem wir nach links schwenken und in südlicher Richtung zu einem Höhenzug gelangen, der uns hinter dem Siedlungsgebiet auf dem unbefestigten Höhenweg gelegentlich weite Blicke über das Stadtgebiet ermöglicht. Schließlich endet der Waldweg an einer Straße.

Gemäß Markierung sollen wir nun auf einer Strecke von etwa 1,5 Kilometern die Straße benutzen und dann links zu der Fußgängerunterführung unter der Autobahn hindurch. Es geht jedoch kürzer und angenehmer im Wald weiter.

Einige Schritte auf der Straße nach rechts beginnt vor den ersten Grundstücken ein für Fahrzeuge durch einen Sandwall gesperrter Weg schräg in den Wald hinein in Richtung Autobahn und verläuft schließlich etwa einen Kilometer neben der Autobahn parallel bis zu der Fußgängerunterführung, die unübersehbar an der Schulstraße links erkennbar ist.

Hier könnten noch immer die Markierungen fehlen. Falls keine blauen Punkte erkennbar sind, wird als kürzeste Variante zu den Markgrafensteinen und weiter bis Petersdorf ein grün markierter Weg und die folgende Beschreibung empfohlen. Zunächst müssen wir hinter der Autobahn gegenüber der uralten Eiche vor einer Bank nach rechts vom Hauptweg abbiegen, dann etwa 100 Meter parallel zur

Autobahn und nach links in den hohen Wald hineinschwenken. Auf dem breiten Weg kommen wir, leicht aufwärts schreitend, an einer Hütte vorbei zu einem Platz und steigen hier geradeaus weiter in Richtung Süden steil bergauf. Stellenweise erleichtern uns Treppen den Aufstieg. Am oberen Ende der alten Skisprungschanze erreichen wir einen Querweg und gehen nur 75 Meter nach rechts weiter. An der folgenden Verzweigung laufen wir nochmals 75 Meter nach rechts und kommen damit an den Tisch, der die höchste Stelle des gesamten Wanderweges markiert und der aus den nahegelegenen Markgrafensteinen herausgeschlagen wurde. Wir befinden uns hier auf etwa 150 Meter Höhe. Das klingt nicht sehr bedeutend, allerdings ist zu berücksichtigen, daß der Hagelberg und der Kutschenberg mit lediglich 201 Metern die höchsten Erhebungen des Landes Brandenburg darstellen. Ein wesentlich schönerer Rastplatz ist vom ›Tisch‹ in drei Minuten erreicht, wenn wir nun die letzten 75 Meter zurück und geradeaus nach Süden etwas bergab gehen. Damit kommen wir auf eine kleine Asphaltstraße und weiteren 100 Metern zu den Markgrafensteinen und dem schönen Rastplatz dort.

Die Steine wurden in der Eiszeit aus unbekannter, aber sehr großer Entfernung hierher gewälzt. Ein Exemplar haben viele Berlinbesucher, wenn auch in veränderter Form, schon einmal gesehen: In den Jahren 1826 bis 1829 wurde einer der Felsen zu eincr großen Granitschale verarbeitet, die im Lustgarten vor dem Alten Museum zu bewundern ist. Die Schale, ein Koloß von sieben Metern Durchmesser und 76 Tonnen Gewicht, aus diesen Bergen ins Zentrum Berlins zu transportieren, war eine für diese Zeit bewundernswerte Transportleistung.

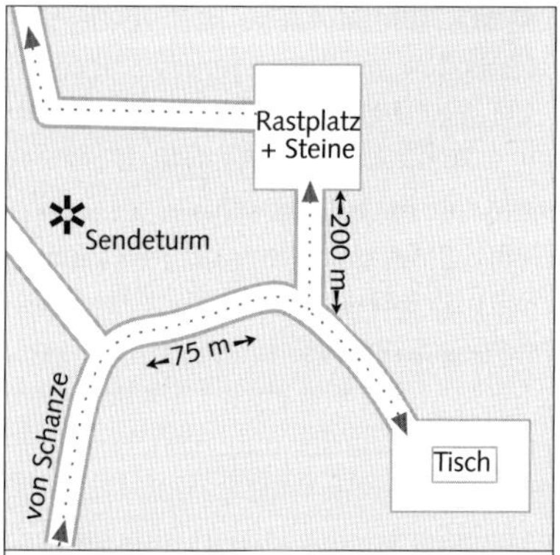

Tour 10

Nun gehen wir auf der kleinen Teerstraße weiter, also links an den Steinen vorbei in Richtung Osten, etwas bergauf bis zum Ende der Straße, das nach etwa 200 Metern am Eingang zu einer Anlage mit einem Sendeturm erreicht ist. Wir gehen geradeaus, also rechts neben dem Eingangstor, weiter am Trafohaus vorbei am Zaun entlang. Nach ungefähr weiteren 100 Metern endet der Zaun, und wir gehen an der Weggabelung rechts ab in Richtung Osten. Der recht breite Weg durch den hohen Wald schwenkt in Richtung Südost, später weiter nach Süd, also nach rechts. Wir kommen an einer Holzschranke und einer großen Kastanie an einem Parkplatz vorbei und wandern nun auf der Fahrstraße weiter, aus dem Wald hinaus und an einer Gabelung der Straße geradeaus nach Petersdorf

Die Granitschale im Berliner Lustgarten stammt aus den Rauener Bergen

hinein. Einen hübschen Tupfer setzen an dieser Stelle eine alte, aus Feldsteinen erbaute Scheune und eine Mauer.

Das Etappenziel wird erreicht, wenn wir der Dorfstraße geradeaus beziehungsweise halbrechts bis kurz vor die Feuerwache folgen und unmittelbar vor der Feuerwache nach links den Weg bergab durch die Schlucht einschlagen. Der Kiesweg mit Stufen geleitet uns zur Hauptstraße genau dort, wo wir eine Bushaltestelle mit stündlich fahrendem Bus sowie Gasthaus und Pension ›Beyer‹ am **Petersdorfer See** erreichen. Es gibt dort eine Wiese und einen schönen Rastplatz außerhalb des Gasthofes unmittelbar am Wasser.

Ausflugstips

- Wanderung von Fürstenwalde nach Hangelsberg entlang der Spree und Einkehr beim Hangelwirt in Bahnhofsnähe. Rückfahrt eine Station nach Fürstenwalde, Fahrkarte im Zug lösbar, Abfahrtszeiten im Lokal zu erfahren.
- Autofahrt nach Petersdorf, Spaziergang zu den Markgrafensteinen und zurück (6 km). Als weitere Möglichkeit ist ein Spaziergang rund um den Petersdorfer See empfehlenswert (2,5 km). Parkplätze, Rastplätze und Restaurants gibt es in Petersdorf, an den Markgrafensteinen jedoch nur einen Rastplatz ohne Gastronomie.

Der Kurort und das Märkische Meer

Tour 11: Von Petersdorf oder Bad Saarow nach Wendisch Rietz

Gesamtlänge Von Petersdorf 24 km, von Bad Saarow 26 km.
Teilstrecken Petersdorf–Bad Saarow-Mitte: 2,5 km, Bad Saarow-Mitte–Kolpin: 7 km, Kolpin–Reichenwalde: 3 km, Reichenwalde–Storkow-Bushaltestelle: 5 km, Storkow-Bushaltestelle–Wendisch Rietz: 8,5 km.
Varianten Siehe Ausflugstips.
Verkehrsverbindungen Petersdorf: Buslinien ab/bis Bahnhof Fürstenwalde, Busverkehr in ungleichen Abständen. Genaue Fahrzeiten sind zu erfragen beim VBB, Tel. 018 05/82 26 62 oder 303/25 41 41 41, oder dem Busverkehr Oder-Spree, Fahrplanauskunft, Tel. 03361/2106.
Fürstenwalde: Regionalbahnlinie Brandenburg–Potsdam–Wannsee–Innenstadt Berlin–Erkner–Fürstenwalde, Zugfolge stündlich mit Anschluß nach Bad Saarow.
Bad Saarow: Regionalbahnlinie Fürstenwalde – Bad Saarow, Zugfolge stündlich mit Anschlußverbindung.
Kolpin, Reichenwalde und Storkow: Bus ab/bis Fürstenwalde und Storkow. Busverkehr in unregelmäßigen Abständen.
Bahnhof Storkow: weit abseits des Wanderweges.
Storkow und Wendisch Rietz: Regionalbahnlinie Berlin-Lichtenberg–Königs Wusterhausen–Beeskow–Frankfurt, Zugfolge stündlich.
Wanderkarten Maßstab 1:50 000, im Kartenteil dieses Buches die Seiten 17–18, Bad Saarow.
›Ferienregion Scharmützelsee‹ (mit 66-Seen-Wanderweg), 1:25 000, von Kartox, zu beziehen über die Touristinformationen der Region.
Markierung Blauer Punkt.
Einkehr Petersdorf, Bad Saarow, Storkow, Wendisch Rietz.
Unterkunft Petersdorf, Bad Saarow, Storkow, Wendisch Rietz.
Besondere Sehenswürdigkeiten Kurhaus mit Kurpark und Therme in Bad Saarow; Binnenlanddüne in Storkow (Aussichtspunkt), Kirche in Dahmsdorf.
Hinweise Die Etappe kann abgewandelt werden; für Nordic Walking geeignet. Die Entfernungen beziehen sich auf die Wanderroute, der Bahnhof Bad Saarow liegt etwa 500 Meter abseits des Weges. Der Bahnhof Storkow liegt mehr als 2,5 Kilometer abseits des Weges am anderen Ende der Stadt und kommt nur in Betracht, wenn in Storkow zur Stadtbesichtigung die Route verlassen wird.

Die Wanderung führt nicht in ganzer Länge am Strand des ›Märkischen Meeres‹ entlang, da im Uferbereich unangenehme Straßenabschnitte vorkommen würden. Der See zeigt sich sowohl am Anfang der Tour auf der Uferpromenade in Bad Saarow als auch am Ende in Wendisch Rietz in seiner ganzen Schönheit und sollte gegebenenfalls vom Wasser aus – beispielsweise während einer Dampferfahrt – intensiver erlebt werden.

Nicht ohne Grund besitzt der Ort Saarow den Zusatz ›Bad‹ und kann mittlerweile auf eine lange Tradition als Kurort zurückblicken. Auch architektonisch ist Bad Saarow bemerkenswert. Es ist ein hübscher, moderner Kurort in phantastisch

Das alte Moorbad in Bad Saarow

schöner Lage am Scharmützelsee, mit sehenswerten Gebäuden und neu angelegtem Park, nach Plänen des Gartenarchitekten Ludwig Lessner am Anfang des 20. Jahrhunderts als Gesamtensemble entstanden. Der Ort entwickelte sich mit der Entdeckung von heilendem Moor und einer Solequelle sowie dem Bau entsprechender Anlagen bereits kurz danach zu einem von vielen Prominenten besuchten Kur- und Wohnort. Zwischenzeitlich etwas vernachlässigt, erstrahlt Bad Saarow heute wieder in Schönheit und Glanz. Ganz neu und doch in der Tradition des Ortes stehend, präsentiert sich das neue Solebad mit Wellnesszentrum und ›Therme‹, in dem man allein ganze Tage verbringen kann. Ebenso ist eine Dampferfahrt über das ›Märkische Meer‹ ein besonderes Erlebnis. Beides ist nicht im Vorbeiwandern ›mitzunehmen‹.

Der gewählte Verlauf des Wanderweges bietet eine erstaunliche Vielfalt, sehenswerte Abwechslung und führt fast durchgängig auf unbefestigten Wanderwegen, zunächst durch einen Miniatur-Urwald ehemaliger Tongruben, weiter durch eine ruhige Landschaft mit Feldern, Wäldern, weiteren Gewässern, an Badestellen vorbei durch kleine Dörfer und über die größte Binnenlanddüne Deutschlands hinweg. Dieser 36 Meter hohe Sandberg am Rande der Stadt Storkow beeindruckt mit der weiten Sicht vom Gipfel und dem feinen hellen Sand, der im oberen Teil auch heute noch nicht bewachsen ist, sondern sich wie eine Meeresdüne präsentiert.

Unser Weg endet in dem alten Dorf Wendisch Rietz, jetzt ein moderner und touristisch zunehmend frequentierter Erholungsort. Dazwischen liegen Reichenwalde und Dahmsdorf, zwei moderne Dörfer mit alten Ortskernen und typischen Feldsteinkirchen sowie Storkow, das älter als 1000 Jahre ist und somit zu den ältesten Städten des Landes Brandenburg gehört.

Der mehr als zehn Kilometer lange Scharmützelsee ist mit 1200 Hektar Wasserfläche der größte See Brandenburgs und bekam von Theodor Fontane den Beinamen ›Märkisches Meer‹ verliehen – eine durchaus angemessene Bezeichnung. Es gibt übrigens häufig Verwechslungen mit dem ebenfalls recht großen und bekannten Schermützelsee in der Märkischen Schweiz und dem Zermützelsee im Norden Brandenburgs.

Immer wieder ergeben sich weite Blicke in die Landschaft

Weinbau in Brandenburg

Dem aufmerksamen Wanderer wird nicht entgehen, daß er in der Mark Brandenburg gelegentlich einen Weinberg umrundet oder bei Ortsdurchquerungen einen Weinbergsweg beschreitet. Solche Weinberge finden wir beispielsweise im Gebiet des Dahme-Seengebietes in Pätz, Deutsch Wusterhausen, Mittenwalde, Zesch am See, Freidorf-Oderin, Gräbendorf, Münchehofe und Gallun.
Diese Bezeichnungen sind die letzten Zeugnisse einer zwischenzeitlich untergegangenen Kultur in der Mark Brandenburg – des Weinbaus. Schwäbische und fränkische Siedler

und vor allem die Ordensgemeinschaften der aus Frankreich stammenden Zisterzienser und Prämonstratenser brachten den Weinbau im 12. und 13. Jahrhundert in unsere Region, obwohl der 50. Breitengrad als ›Weinäquator‹ gilt. Den slawischen Einwohnern war diese Form der Landwirtschaft offensichtlich nicht bekannt.
Heute kann man davon ausgehen, daß in etwa 40 Prozent des damaligen Ortschaftenbestandes Weinbau betrieben worden ist. Dabei war die territoriale Verteilung keineswegs einheitlich. Es bildeten sich kleine Weinbaugebiete heraus, während ungeeignete Regionen kaum vom Weinbau berührt wurden.
Gerade entlang des südlichen Verlaufes des 66-Seen-Wanderweges werden solche Gebiete berührt. Die Binnenlanddüne in Storkow, die wir bei der Tour 11 als Aussichtsberg besteigen, trägt laut Karten noch immer die Bezeichnung Weinberg. Im Schenkenländchen und Zesch am See durchqueren wir ebenfalls ein ehemaliges Weinanbaugebiet. Auf dem Kartenblatt 21 erkennen wir unten links ebenfalls einen Weinberg. In dieser Region waren Weinberge noch bis 1852 in Betrieb, in Zesch am See gab es noch bis 1945 einen Weinberg, mit verwilderten Rebstöcken sogar noch bis 1957. Auch die für den Obstanbau bekannte Region um Werder war

zuvor Weinanbaugebiet. Dort ist besonders deutlich erkennbar, daß der Obstanbau den Weinanbau abgelöst hat, denn das Ende des Weinanbaus dort um etwa 1900 setzte sich nahtlos im Aufschwung der Obstweinkultur fort. Doch erst 1955 wurden dort die letzten Weinstöcke gerodet.
Doch lange zuvor, etwa um das Jahr 1800, begann der allgemeine Niedergang dieses Wirtschaftszweiges. Die Ursachen waren vielfältig: Das Klima verschlechterte sich, für den Kartoffelanbau wurden zusätzliche Flächen benötigt, die Trinkgewohnheiten der Menschen änderten sich, und mit der Gründung des Deutschen Zollvereins 1834 sanken die hohen Zölle für ausländische Weine drastisch.
Über die Qualität der erzeugten Weine ist sowohl Positives wie Negatives überliefert: Studenten der Universität Frankfurt/Oder spotteten im 16. Jahrhundert: ›Märkischer Erde Weinerträge sind im Hals wie eine Säge‹.
Doch die gegenwärtige Klimaerwärmung begünstigt die Wiedererweckung der Weinkultur in Brandenburg. Bereit 1984 begann man in Werder wieder Rebstöcke zu pflanzen und konnte erstmals im Jahre 1989 den ersten Wein in Flaschen abfüllen.
Inzwischen gedeihen dort 19 000 Rebstöcke verschiedener Weißweinsorten und 2000 Rotweinstöcke.
Die Weine und der Sekt aus Werder sind gegenwärtig keinesfalls mehr eine ›Säge‹, sondern als Qualitätswein mit Prädikaten weinrechtlich als eigene Lage dem Gebiet Saale-Unstrut zugeordnet und in verschiedenen Geschmacksnuancen ein den übrigen deutschen Weinen gleichwertiger Genuß.
Im übrigen liegt hier in Brandenburg die nördlichste weingesetzlich erfaßte Reblage der Welt.
Das Weingut und der Wachtelberg befinden sich in Werder, liegen daher außerhalb des Kartenblattes 28, westlich des Ortes Geltow und etwa 4 Kilometer nordwestlich des auf der Karte erkennbaren Petziensees.
Der Vollständigkeit halber sei das zweite erfolgreich arbeitende Weinanbaugebiet Brandenburgs erwähnt. In Schlieben westlich von Cottbus gibt es eine der Weinbauregion Sachsen zugeordnete Reblage mit 2000 Rebstöcken.
In uralten noch vorhandenen Weinkellern reifen dort seit 1992 ebenfalls edle Tropfen heran.
Sorten beider Weinanbaugebiete werden in Flaschen abgefüllt und sind sehr zu empfehlen.

G. Schönfeld, Tourismusverband Dahme-Seen-Gebiet/M. Reschke

Literaturtip: Roland Fröhlich, Am Polarkreis des Weinbaus. Der Werderaner Wachtelberg, Vacat Verlag, Potsdam 2001.

Streckenverlauf

Um Petersdorf zu verlassen, müssen wir zunächst die Saarower Chaussee, also die Hauptstraße, auf dem Gehweg in Richtung Süden entlanggehen, um nach wenigen hundert Metern außerhalb des Ortes zu einer Straßenabzweigung nach rechts zu gelangen, die ebenfalls nach Bad Saarow führt. Wir bleiben auf unserer Chaussee und finden etwa 100 Meter weiter einen unbefestigten Fahrweg nach rechts, der vor Wochenendgrundstücken und rechts an den Grundstücken entlang in spitzem Winkel in den Wald hinein abzweigt. Diesem Weg folgen wir nun geradeaus in südlicher Richtung, bis wir an einer großen Wiesenfläche die ersten Häuser von Bad Saarow passieren.

Weiter geradeaus stoßen wir auf eine Wegkreuzung und gehen vor dem Haus Ahornallee 26 B nach links unter Kastanien weiter auf einem Kurparkweg. Am Ende dieses Weges sehen wir einen Turm und das Kurhaus vor uns. Die Wanderroute setzt sich gegenüber in den Kurpark hinein fort, links neben uns liegt am Rande des Kurparkes die Therme.

Nur wenn wir zum Bahnhof wollen, wenden wir uns vor dem Kurhaus mit Kurpark nach links, kommen an einem kleinen Parkpavillon vorbei und haben nach 250 Metern ein in russischem Stil erbautes Meisterwerk der Holzarchitektur erreicht, ein Wohnhaus. Weitere 250 Meter weiter befindet sich der Bahnhof von Bad Saarow.

Am Bahnhof beginnend, führt die Wanderung zurück und in den Kurpark hinein und dort zunächst zum Kurhaus. Weiter geht es nun durch die Moorstraße rechts am Turm vorbei und links am Parkplatz entlang, geradeaus hinunter und durch den schönsten Teil des Parks zum Ufer des **Scharmützelsees**.

Viele Bänke laden zum Verweilen und Genießen ein. Am Ufer gehen wir nach rechts, bis zur Anlegestelle der Ausflugsschiffe. Hier verlassen wir den See nach oben, kommen zu einem Autoparkplatz und an dessem linken Ende zu einer Straßenabzweigung. Wir müssen uns noch etwa 500 Meter nach links parallel zum Seeufer halten. Dafür wählen wir einen Waldweg, der rechts neben der weiterführenden Straße unmittelbar hinter den Häusern im Wald verläuft und in der Lindenstraße gegenüber dem Parkplatz beginnt, einige Meter vor der Kolpiner Straße.

Im Wald kommen wir an der Rückseite eines weiteren Parkplatzes vorbei und etwa 100 Meter weiter zu einem Querweg. Dort ändern wir unsere Richtung und gehen nach rechts über eine hölzerne Bachbrücke auf eine alte Bahntrasse, auf der früher Ton für die Ziegelherstellung aus den Gruben an das Wasser transportiert wurde und die nun zu einem Wanderweg in die ehemaligen Tongruben hinein umgewandelt wurde.

Wir überqueren eine kleine Straße und betreten damit das urwaldähnliche Gebiet der früheren Tongruben. An der Gabelung 150 Meter weiter halten wir uns links und folgen dem Pfad bis zu einer nach rechts aufwärts führenden schmalen Abzweigung, die an einem Rastplatz mit Tisch und Bänken beginnt. Sollte dieser Pfad gesperrt sein oder als zu beschwerlich erscheinen, findet sich weiter hinten vor einem eingezäunten Gelände ein bequemer Weg, der ebenfalls nach rechts aufwärts weiterführt und sich am Waldende mit unserem ›Abenteuerpfad‹ vereint.

Der erstgenannte Pfad schlängelt sich durch den ›Urwald‹, mündet in einen breiteren Weg, auf dem wir nach links sogleich an das Ende des Waldes gelangen und dort nochmals nach links an eine Wegkreuzung am Waldrand. Rechts geht es nun außerhalb des Waldes und unterhalb des Wasserreservoirs auf dem Feldweg weiter bis zu einer Abzweigung, von der der bereits sichtbare Ökobauernhof ›Marienhöhe‹ mit kleinem Laden zu erreichen ist (Di 15–18, Fr 10–12 und 15–18, Sa 9–12 Uhr).

Unsere Wanderung setzen wir auf dem halblinks weiterführenden Feldweg in westlicher Richtung bis zum Ortseingangsschild ›Reichenwalde‹ fort. Die markierte Route ist durch den Ort vorgesehen, also geradeaus und im Ort rechts in die Kieferstraße.

Eine schöne Abkürzung ist der Weg unmittelbar am Waldrand entlang. Am Ende des Feldes ist der geradeaus im Wald weiterführende Weg auszu-

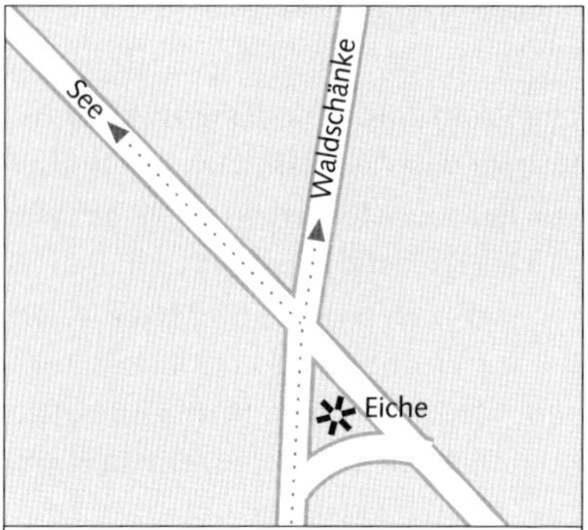

Tour 11

Die alte Post in Kolpin

machen. Auf ihm gelangen wir nach etwa 300 Metern auf einen Forstweg. Nach links wird die Einmündung der Kieferstraße erreicht. Nun wenden wir uns, in Fortsetzung der Kieferstraße, nach Norden, passieren eine Schranke und wandern im Wald weiter. Geradeaus erreichen wir dann zwei gleichartige Wegverzweigungen, von denen die zweite hier abgebildet ist.

An der zweiten der genannten Kreuzungen zweigt nach links ein Weg ab, der zum **Großen Kolpiner See** führt. Über den Weg geradeaus erreicht man zunächst einen Campingplatz mit der ›Waldschänke‹ und links daran vorbei das Seeufer. Wir gehen in beiden Fällen nach rechts auf dem Uferweg um die nördliche Seite herum und kommen an Badestellen vorbei. Wenn der Uferweg auf Häuser stößt, das Ufer durch einen Zaun abgegrenzt ist, biegen wir vor den Häusern nach rechts über einen Wiesenweg vom See ab, kommen auf einen Sandweg und auf diesem in der Nähe einiger Einfamilienhäuser zu einer Einmündung.

Hier wenden wir uns rechts, danach auf diesem Weg nun links und wieder rechts und gelangen auf die Hauptstraße. Auf ihr bewegen wir uns nun nach links und erreichen etwa 300 Meter weiter das Zentrum von Kolpin mit der Bushaltestelle. Dort biegen wir nach links in Richtung Reichenwalde ab. In der Nähe der Feuerwache befindet sich der Abgang zum **Kleinen Kolpiner See** mit einem idyllischen Rastplatz am Ufer.

Zurück vom See geht es nun auf der Straße nur noch ein kurzes Stück in Richtung Reichenwalde. Dann lassen wir die Straße abknicken, denn wir wollen zu dem parallel verlaufenden Feldweg. Deshalb gehen wir zunächst noch in Ufernähe weiter geradeaus bis zum Ortsausgangsschild. Dort gehen auf einem Feldweg geradeaus. Etwas weiter stoßen wir auf die unbefestigte Straße ›Am Forst‹. Hier biegen wir nach rechts ab und marschieren, gemäß unserer und einer gelben Punktmarkierung folgend, nun etwas mehr als zwei Kilometer immer geradeaus auf der Straße nach Süden. Die Sandwegstraße führt zunächst in den Wald hinein.

Bald treten wir jedoch aus dem Wald wieder heraus und kommen an einem Haus vorbei. Dahinter erhebt sich ein auffallend schöner Ahornbaum. Weiter geradeaus nach Süden umgibt uns eine liebliche, offene, stille Landschaft, und wir wandern auf einem von Obstbäumen gesäumten Sandweg bis nach Reichenwalde.

Reichenwaldes Hauptsehenswürdigkeit ist ein alter Feldsteinbackofen auf dem Kirchengelände, der noch immer genutzt wird. Der Ortskern Reichenwaldes liegt jedoch etwa einen Kilometer abseits des eigentlichen Weges.

Bereits am Ortsanfang mündet der Weg in eine Hauptstraße. Hier heißt es anhalten und genau schauen! Die markierte Route schwenkt nach scharf rechts auf die Hauptstraße und nach etwa 50 Metern von dort nach links in einen Feldweg ab, der mittels Hinweisschild und Markierung in Richtung West von der Straße wegführt. Durch offenes Land geht es in Richtung des Waldes und weiter nach

Storkow, zunächst an der Waldkante, dann im Kiefernwald entlang, danach über eine Wegkreuzung hinweg, an einer Schranke vorbei, später an einer Gabelung auf dem von Birken gesäumten Weg halblinks leicht bergab und gemäß der Markierung weiter.

Unser blauer Punkt führt uns zu dem mitten im Wald gelegenen Freizeit- und Jugendzentrum Hirschluch, dessen Gastronomie und Übernachtungsmöglichkeiten künftig auch den Wanderern angeboten werden sollen.

Direkt vor dem Eingangsbereich befindet sich am Fahrweg ein kleiner origineller Rastplatz mit Bank. Wesentlich reizvoller aber ist es, wenn wir unserem blauen Punkt noch einige Minuten durch den verwirrenden Wald exakt auf die Düne hinauf folgen und dort oben bei einer Rast die schöne Aussicht genießen.

Entgegengesetzt geht es nun bergab und ein deutlicher Weg mündet genau am Gasthof mit Pension ›Weinberg‹ an der Straße, eine weitere Pension befindet sich nur wenige Gehminuten nach rechts stadteinwärts.

Der Name Storkow geht auf den Storch zurück, und dieser Vogel ist auch das Wappentier der Stadt und mit einem Storchennest im Ort präsent. Von der mehr als 1000 Jahre alten Geschichte zeugt in erster Linie die Burg, die 1978 ausbrannte und sich derzeit noch in Rekonstruktion befindet. Teile sind bereits wiederhergestellt, darin ist die Touristinformation untergebracht.

Wie die meisten Orte Brandenburgs wurde auch Storkow von Katastrophen unterschiedlichster Art nicht verschont, sorgte aber zusätzlich für negative Schlagzeilen: Im Jahre 1844 plante der Bürgermeister von Storkow ein Attentat auf den König. Es mißlang, der Bürgermeister wurde geköpft und die ganze Stadt bestraft.

Unser Weg streift Storkow nur, wer jedoch Altstadt, Storchennest, Burg und die alte Ziehbrücke besichtigen möchte, muß für Hinweg, Rundgang und Rückweg etwa 4 Kilometer zusätzlicher Wanderstrecke einplanen. Dazu geht es von unserem Standpunkt etwa einen Kilometer weiter stadteinwärts, dann links ab in die Burgstraße zur Burg und Touristinformation, dann rechts durch die Schloßstraße und Kirchstraße zum Storchennest. Markt und Altstadt bilden dann bereits den Anfang des Rückweges der weiter durch die Heinrich-Heine-Straße zur Reichenwalder Straße und dort rechts zum Wanderweg zurück führt. Bitte beachten Sie, daß der Versuch einer Wanderung auf der Westseite des Sees einer der Abkürzungsversuche ist, die jeder Wanderer kennt: Es ist zwar theoretisch kürzer, aber weniger attraktiv und es gibt keinen durchgängig klaren Wegeverlauf, vermutlich laufen Sie länger und weiter.

Von der Reichenwalder Straße zweigt stadtauswärts kurz hinter der Pension Weinberg ein Knüppeldamm in Richtung des Storkower Sees ab, der gemäß Markierung unangenehme Straßenstrecken verkürzt und im Wald zur einer Kopfsteinpflasterstraße führt. Dort geht es nach rechts und an der Verzweigung links auf dem unbefestigten Fahrweg durch den Wald und weiter bis nach Dahmsdorf, wie Reichenwalde ein altes Dorf mit Feldsteinkirche.

Wir wandern durch Wald, doch läßt sich im letzten Drittel der große Storkower See des öfteren durch die Bäume hindurch erblicken. Der Weg unmittelbar am Ufer entlang beginnt jedoch erst in Dahmsdorf. Dort können wir unmittelbar hinter dem Campingplatz am Ortsanfang zum Ufer hinabwandern. Es lohnt sich aber, bis zur uralten Feldsteinkirche auf dem Hauptweg zu bleiben und hinter der

Mühlrad an der Neuen Mühle in Wendisch Rietz

Kirche auf dem Weg hinab zum Ufer zu gehen. Dort findet sich dann am Ufer des **Storkower Sees**, auch **Dolgensee** genannt, gleich eine offene Rast- und Badestelle. Nur hier hat man eine gute Aussicht auf den See und die einzige Uferraststelle mit Bademöglichkeit.

Am Ufer geht es in südlicher Richtung weiter; etwas später verlassen wir das Ufer und gelangen schließlich zu einer Brücke, an der der Weg endet. Nach rechts führt ein beschaulicher Waldwanderweg über die Brücke, die einen hübschen Ausblick bietet. 50 Meter weiter geht es nach links auf dem blau und gelb markierten Weg in Richtung Bahnhof Wendisch Rietz. Der romantische Waldweg passiert einen sumpfigen Waldteich und wendet sich in einem Bogen aus dem Wald hinaus auf den Bahndamm zu. Unmittelbar davor geht der schöne Feld- und Wiesenweg nach links weiter.

Der Ort Wendisch Rietz macht mit seinem Namen deutlich, daß hier Wenden, also slawische Bewohner, lebten, während es anderswo bereits deutsche Siedlungen gab, denn erst in diesem Zusammenhang entstand der Vorsatz deutsch oder wendisch.

Wir bleiben diesseits der Bahn und biegen an der ersten Dorfstraße nach links ab, um nach Erreichen der Hauptstraße dann ebenfalls durch die Straße Am Kanal zum Ufer des Scharmützelsees zu gelangen.

Der Uferbereich ist auch hier sehenswert. Wir biegen in die wassernahe Straße nach Süden ab und stoßen an deren Ende in Wassernähe wieder an die Bahnlinie. Nur wenn wir es sehr eilig haben, sollten wir den kurzen Weg über die Bahngleise und nach links zum Bahnhof wählen. Angenehmer ist es jedoch diesseits der Bahn. Unser Wanderweg geht zwischen Wasser und Bahn weiter, es folgen ein Rastplatz und gute Sichtstellen. Aber erst ungefähr 100 Meter hinter dem Bahnhof bietet sich ein Fußgängerüberweg über die Gleise nach rechts, über die hinweg wir dann den Bahnhof Wendisch Rietz erreichen.

Ausflugstips

• Bad Saarow: Besuch der Therme, Dampferfahrt auf dem Scharmützelsee, Kurparkbummel und Einkehr in eines der sehr schönen Restaurants an der Seepromenade.
• Storkow: Autofahrt dorthin und Besichtigung der Düne und der Burg, Weiterfahrt nach Groß Schauen zur Fischerei Köllnitz mit Fischereimuseum, Restauration und Spaziergangsmöglichkeiten.
• Wanderung am Westufer des Scharmützelsees von Wendisch Rietz nach Bad Saarow oder umgekehrt (14 km), Rückfahrt mit dem Schiff über die Länge des Sees. Autoparkplätze und Bahnanschluß sind an beiden Enden vorhanden. Bahnverbindung zurück geht nicht, Busverbindung ist selten.
• Bademöglichkeiten am Scharmützelsee: Es gibt mehrere Badestellen, entlang der Wanderstrecke ebenfalls eine am Kolpiner See und eine am Storkower See, die aber nicht mit dem Auto erreichbar sind.

Die Glubig-Seenkette

Tour 12: Von Wendisch-Rietz nach Leibsch

Gesamtlänge Tour 12: 25 km, Tour 13: 23 km.
Die Touren 12 und 13 bilden eine Einheit, die die Nordspitze des Spreewaldgebietes durchzieht und idyllische Spreewaldecken aufweist.
Teilstrecken für Tour 12 und 13: Wendisch-Rietz–Neuendorf: 19,5 km, Bushaltestelle, Gasthof/Pension, weitere Übernachtungsmöglichkeiten in Hohenbrück, Neu-Lübbenau, Leibsch.
Neuendorf–Leibsch: 5,5 km, Bushaltestelle, Gasthof, Privatzimmer.
Leibsch–Köthen: 6,5 km, zwei Gasthöfe mit Übernachtungen und diverse weitere Privatzimmer im Ort.
Köthen–Märkisch Buchholz: 11,5 km, Bushaltestelle, Gasthof, Pension im Ort.
Märkisch-Buchholz–Halbe: 5 km.
Varianten Abkürzung Tour 12 und 13 zusammengefaßt: Wendisch Rietz–Halbe 31 km.
Busverbindung und Übernachtung in Märkisch Buchholz nach 26 km.
Eine Abkürzung bei der Teilstrecke der Tour 13 als Alternative ist über Oderiner See-Teurow möglich und ergibt eine Verkürzung um 3 km bei gleichwertiger Wanderstrecke mit anderen Aspekten auf ebenfalls überwiegend unbefestigten Wanderwegen. Diese Route ist unmarkiert, aber leicht zu finden.
Verkehrsverbindungen Bahnverbindung Wendisch Rietz: Regionalbahnlinie über Königs Wusterhausen nach Frankfurt(Oder), Zugfolge stündlich.
Neuendorf am See und Leibsch: Haltestelle Leibsch Damm, tägliche Busverbindungen morgens und abends nach Lübben.
Neuendorf am See: Wochenendverbindung nachmittags nach Königs Wusterhausen (s. Hinweise).
Märkisch Buchholz: tägliche Verbindungen nach König Wusterhausen.
Halbe: Regionalbahnlinie Berlin-Schöneweide–Königs Wusterhausen–Lübben, Zugfolge stündlich (Info-Telefon 018 05/82 26 62 oder 303/25 41 41 41).
Hinweis zur Autoanfahrt nach Neuendorf am See und Köthen: Autobahnabfahrt Halbe und Fahrt über Märkisch Buchholz.
Wanderkarten Maßstab 1:50 000, im Kartenteil dieses Buches die Seiten 18–21, Landesvermessungsamt Brandenburg 1:25 000 Unterspreewald und Scharmützelseekarte gemäß voriger Tour.
Markierung: Blauer Punkt.
Einkehr Wendisch Rietz, Neuendorf am See, Leibsch, Köthen, Märkisch Buchholz, Halbe.

Unterkunft Wendisch Rietz, Neuendorf am See, Hohenbrück, Neu Lübbenau, Leibsch, Köthen, Märkisch Buchholz.
Besondere Sehenswürdigkeiten Windmühle in Hohenbrück, mehrere besiedelte Storchennester im Sommer, Kaskade in Märkisch Buchholz (Stauwehr mit Wasserfall), Aussichtsturm auf dem Wehlaberg bei Köthen, aber abseits vom Weg.
Hinweise Die Gesamtstrecke ist für Nordic Walking geeignet.
Die Konzeption der Touren 12 und 13 stellt eine Besonderheit dar, weil einmalig von dem Prinzip der Einteilung nach den günstigsten Verkehrsverbindungen abgewichen wird. Die vorgeschlagene Route bietet aber eine so große Fülle an landschaftlicher Vielfalt und herausragenden Sehenswürdigkeiten, daß eine Zweitagestour sinnvoll ist. Das ist problemlos möglich, weil sich viele Übernachtungsmöglichkeiten entlang der Strecke befinden. Eine Busverbindung garantiert aber auch die Möglichkeit der zwei separaten Eintagestouren.

Storchennest bei Leibsch

Für die Touren 12 und 13 gibt es eine zusammenfassende Abkürzungsmöglichkeit, um dem System der günstigen Verkehrsverbindungen zu entsprechen. Diese Variante schließt den Spreewaldbereich und die Köthener Heideseen aus. Hinsichtlich von Eintagestouren einschließlich des Spreewaldbereichs sind zuvor die Busverbindungen abzufragen (Tel. 018 05/8 226 62, 030/25 41 41 41 oder 035 46/2 72 73/32). Bewährt hat sich bisher eine Teilung der Touren 12 und 13 in Neuendorf am See mit Wochenendwanderung von beiden Seiten dorthin und mit Rückfahrt per Bus gegen 17.30 Uhr zurück nach Königs Wusterhausen. Der Gasthof ›Uferparadies‹ in Neuendorf bildet einen sehr guten Abschluß. Ab Halbe ist jedoch die Strecke lang. Früher Start ist ab Halbe dringend zu empfehlen und Mittagseinkehr in Köthen oder Rast dort am See. Außerdem gibt es in Neuendorf und in Leibsch (Haltestelle Leibsch Damm) tägliche Busverbindungen morgens und abends ab und nach Lübben.
In Leibsch gibt es eine Wandermöglichkeit durch den Ort, dort sind Gaststätte und Storchennester, oder um den Ort herum auf unbefestigten Wegen.
In Neuköthen wird als Verbesserung in der Beschreibung eine geringe Abweichung von der Route empfohlen, die kein Umweg ist.

Diese Etappe bietet sich vor allem für eine Wanderung im Juli an. Zum einen liegen viele idyllische Badestellen an sauberen Seen am Weg, die zum Teil ausschließlich zu Fuß, zum Teil auch mit dem Auto, aber nur sehr umständlich und schwer erreichbar sind.

Zum anderen lassen sich manche Vögel nur im Sommer beobachten. Wir kommen an vier regelmäßig besiedelten Storchennestern vorbei, in der Region um Leibsch hat ein Seeadler sein Nest und ist oft auf den großen Weiten zwischen Neuendorf und Köthen im Fluge zu beobachten. Ebenso sind Kraniche in diesem Gebiet gelegentlich anzutreffen, Graureiher an den Fließgewässern und Kormorane am Köthener See.

Weite Blicke, verschwiegene Waldbereiche, schöne Plätze zum Träumen, eine kräftig sprudelnde naturbelassene Quelle und eine alte Windmühle gibt es unterwegs zudem zu sehen.

Viele Wanderer, die einmal hier waren, sind wegen der vielfältigen landschaftlichen Reize mehrmals wiedergekommen, haben einzelne Stellen für Ausflüge erneut aufgesucht, und nicht wenige sind speziell diese Touren bereits mehrmals gewandert.

Neben der Spree, den weiten Wiesen und sehr viel Wald kommen wir auch an zahlreichen Seen vorbei. 16 sind sichtbar, am Ufer von 8 wandern wir entlang, 9 sind unbesiedelt, mindestens fünf Badestellen finden wir unterwegs, und es gibt in den Wäldern ringsum noch viele weitere Seen – versteckt, verschwiegen, teilweise absolut unzugänglich, Rückzugsgebiete für die Tierwelt.

Streckenverlauf

Vom Bahnhof Wendisch Rietz haben wir nochmals einen weiten Blick über den Scharmützelsee. Wir verlassen ihn nun endgültig, indem wir über Bahnhofsvorplatz und Hauptstraße hinweg auf den neben der Straße verlaufenden grün und blau markierten Wanderweg gelangen und der Wassermühle zustreben. Wir gehen rechts neben der Straße, bis wir an der zweiten Brücke die links liegende Neue Mühle erreicht haben. Auffällig an ihr sind die großen Feldsteine, die als Baumaterial dienten.

Wir zweigen in die kleine Straße nach rechts ab und gleich wieder rechts zum bezeichneten Aussichtspunkt am **Kleinen Glubigsee**, dessen Ufer 50 Meter von der Straße entfernt liegt. Zurück zur Straße zu gehen ist unvermeidlich. Nun geht es an Gartengrundstücken vorbei, wir biegen nochmals nach rechts in die Straße Am Glubigsee ab, folgen sofort am Ende der Bebauung der Markierung und biegen wiederum nach rechts von der Straße in Richtung Großer Glubigsee ab. Unten geht es nur ein kurzes Stück zurück zu einem Schild, das uns in das für Wanderer zugänglich gemachte reizvolle Gebiet einlädt.

Auf einem Holzsteg wird ein Sumpfgebiet durchquert, und durch urwüchsigen Wald ist kurz danach der **Große Glubigsee** erreicht. Die blaue und gelbe Markierung führt uns weiter unmittelbar am Ufer des Sees entlang, unterhalb einiger Wochenendgrundstücke, einer Klinik und eines Hotelkomplexes. An Wegverzweigungen und unübersichtlichen Stellen ist die Fortsetzung des Fußweges, der in Ufernähe bleibt, nicht immer sofort zu erkennen.

Am südlichen Ende des Sees zwingt uns unmißverständlich ein bis an das Wasser reichender Zaun zur Richtungsänderung hin zum etwa einen Kilometer südlich liegenden **Springsee**. Die Markierungen weisen uns den Weg. Unser Wanderweg führt am linken, dem östlichen Ufer des Springsees entlang. ›Spring‹ ist ein altes Wort für Quelle, diese liegt unmittelbar am Uferweg und ist unübersehbar, denn sie speist das Bächlein, das den Weg kreuzt. Unmittelbar links nahe des Weges ist der Quellbereich – erstaunlich kräftig und deutlich erkennbar.

Am südlichen Ende dieses Sees erreichen wir einen sehr schönen Rastplatz mit Badestelle an einem Campingplatz. Es gibt dort auch eine Restauration und eine weitere Badestelle am Ufer unterhalb des Restaurants Richtung Campingplatzende.

Zwischen Springsee und Melangsee stellt ein Bächlein die Verbindung her. Vom Seeufer wenden wir uns südwärts und wandern in bisheriger Richtung weiter, benutzen die Wege mit unserem blauen Punkt in dessen Nähe auf der linken, der östlichen Seite des Bächleins bis zum Melangsee.

Der **Melangsee** gehört zu den Kleinoden, die der Tierwelt bleiben sollen, deshalb ist er nicht so zugänglich wie der vorangegangene Springsee. Doch gibt es einen sehr schönen Aussichtsplatz etwas oberhalb und dort unten sehr schöne Fotomotive.

Kurz danach erreichen wir einen weiteren See. Sein Kuriosität liegt darin, daß er in Karten nicht mit Namen versehen ist und vor Ort als Karpfenteich oder kleiner Melangsee oder Kleiner Grubensee oder Kleiner Tiefer See bezeichnet wird und jeder meint, daß dies der offizielle Name sei. Der dahinterliegende See hat übrigens zwei offizielle Namen: Tiefer See oder Grubensee. Unser kleiner ›**Vielnamensee**‹ ist eine Perle ganz anderer Art, an der auch Schwäne zu Hause sind.

Am Springsee

Wir schlendern zunächst nach rechts zunächst nahe des Ufers um ihn herum und auf der gegenüberliegenden Seite auf der Höhe entlang.

An der Straße angekommen, sehen wir gegenüber einen eingezäunten Campingplatz, der bereits am **Grubensee** liegt. Wir erreichen den Uferweg dort, kurz nach rechts versetzt und in der Nähe des Campingplatzzaunes hinab und setzen unsere Wanderung auf einem bequemen Uferwanderweg fort. In diesem Waldgebiet kommen wir nach einer leichten Linkskurve an uralten, teils sehr mächtigen Kiefern vorbei, danach steigt der Weg leicht an und gibt oben den Blick über den Schilfgürtel hinweg auf den See frei. Wir bleiben in Ufernähe, bis sich schließlich am südlichen Ende des Sees unsere Route vom dem breiten Weg in einen ver-

Am Neuendorfer See beginnt der untere Spreewald

schwiegenen Waldpfad nach links abzweigt. Etwas weiter kommen wir an eine Waldwegkreuzung mit Hinweisschildern. Unser nächstes Ziel, der **Godnasee**, ist ein einsam im Wald gelegener unbesiedelter See ohne Zufahrtswege. Er ist nur zu Fuß erreichbar und liegt etwa 1500 Meter weiter in Richtung Süden. Deshalb gehen wir hier geradeaus. Es gibt verschiedene Wege dorthin, wir wählen den kürzesten, den uns der vertraute blaue Punkt anzeigt.

Am Ufer schwenken wir nach rechts, bleiben in unmittelbarer Nähe, umrunden ihn etwa zur Hälfte und kommen ungefähr an der Mitte des Sees an eine schöne erhöhte Raststelle auf einer Kiefernwaldlichtung, wo es am Ufer auch Bademöglichkeiten gibt.

Etwas weiter schwenken wir gemäß Markierung vom See nach rechts ab, erreichen bald eine Straße, überqueren sie und vertrauen uns weiterhin dem blauen Punkt an, der uns sicher durch das große Waldgebiet geleitet. Unterwegs passieren wir ein kleines Naturschutzgebiet, eine sumpfige Waldwiese.

Die kleine Fahrstraße, die wir erreichen, markiert bereits unser nächstes Ziel. Nach rechts entlang passieren wir ein Forsthaus und zweigen bald darauf nach links an einer auffallenden Lichtung von der Pflasterstraße in den Wald hinein ab.

Am äußersten linken Rand dieses Platzes beginnt, unscheinbar und vielleicht etwas verwildert, der etwas kürzere romantische Weg als Fortsetzung entlang des **Neuendorfer Sees**. Der markierte Weg, etwas länger und bequemer zu wandern, zweigt am rechten Rand der Lichtung ab. Beide vereinen sich wieder und benötigen keine weitere Beschreibung. Ein Hinweis ist jedoch wichtig: Bis zum Campingplatz bitte auf die Markierungen achten, denn mehrmals wird der Uferbereich kurzzeitig verlassen. Der Wanderweg ist nicht immer der breitere Weg, sondern führt zum Beispiel unterwegs als schmaler Fußpfad links neben einer Ferienhaussiedlung durch eine kleine Wanderwegallee mit uralten Bäumen.

Überhaupt überrascht die hier nun wieder andersartige Landschaft, die immer wieder weite Blickmöglichkeiten eröffnet und sich so von den zuvor durchschrittenen dichten Waldgebieten unterscheidet.

Schließlich befinden wir uns im Zentrum des für Wanderer offenen Campingplatzes an einer Rast- und Badestelle und streben nach der Pause dort landeinwärts dem Ausgang des Geländes zu.

Wenn wir die Strecke über Birkholz nehmen wollen, also die Eintagestour nach Halbe, verlassen wir jetzt den Neuendorfer See auf dem asphaltierten Zufahrtsweg des Campingplatzes, passieren die Schranke an der Einfahrt, überqueren die Straße und marschieren auf dem für Fahrzeuge gesperrten Forstweg geradeaus in Richtung Westen in den Wald hinein. Dort folgen wir dem markierten Wanderweg, der später in südwestlicher Richtung die Waldoase ›Birkholz‹ passiert und in Märkisch Buchholz an die schönere Wanderroute anschließt. Leibsch, das oben genannte Etappenziel, wird also nicht erreicht.

Die Zweitagestour – also über die Orte Neuendorf, Leibsch und Köthen – setzt sich entlang der Pflasterstraße nach links zunächst bis nach Neuendorf hinein fort. Bevor wir ziemlich am Ende des Ortes hinter der Bushaltestelle nach links in Richtung ›Uferparadies‹ abzweigen, können wir das etwas weiter geradeaus direkt links an der Hauptstraße befindliche Storchennest erkennen.

An dem Gasthof mit Pension ist das Ufer der hier bereits idyllischen Spree erreicht, die Wanderroute setzt sich über die Brücke in das dahinter bereits beginnende Gebiet der verschiedenen Spreearme fort. In den Wiesen sich verzweigende Wege führen immer wieder zusammen und enden am Campingplatz in Hohenbrück. Inmitten der Sumpfwiesen kommen wir an die zweite Brücke und können hier besonders reizvolle Landschaften erblicken.

Weiter geht die Wandertour durch Hohenbrück gemäß Markierung und demnach an einer Gaststätte links ab, immer weiter um Ecken herum, an einer alten restaurierten Windmühle vorbei, die noch immer im Familienbesitz, aber innen als reines Wohngebäude gestaltet und nicht zu besichtigen ist und weiter bis zur Chaussee am Ortsanfangsschild von Neu Lübbenau. 200 Meter links davon befindet sich die Pension ›Haus am Erlensteg‹ (Tel. 03 54 73/491).

Der Wanderweg setzt sich neben dem Ortsschild auf dem Feldweg in die Wiesenlandschaft hinein fort. Hier geht es nun am linken Rand eines Wassergrabens geradeaus bis zu einem kleinen Sperrwehr mit Pumpwerk, davor nach links am Rande eines durch dichten Bewuchs verdeckten Spreearmes in sanftem Bogen nach rechts und schließlich zu einer verkehrsreichen Bundesstraße. Auf dieser überqueren wir zunächst diesen Spreearm und erreichen an der nächsten Brücke die behende fließende Hauptspree.

Wir sind nun in Leibsch im unteren Spreewald. Einige Kähne auf dem Wasser und die Fähranlegestelle zeigen es an. Ein Storchennest präsentiert sich von der Anlegestelle unten gegenüber der Spree in der Nähe einer alten Weide in geradezu fotogener Weise. Hier am Ufer entlang kann der Ort umgangen werden.

Über die Brücke hinweg und durch den Ort hindurch passieren wir weitere Storchennester direkt am Weg und erreichen die Gaststätte ›Spreeblick‹ am Spreeufer.

Im Ort gibt es auch Privatquartiere; im Zweifelsfalle holt Sie der Wirt der Pension ›Schafspelz‹ aus Köthen von hier ab (Tel. 03 37 65/8 03 96).

Die Bushaltestelle befindet sich am Ortsende.

Ausflugstips

• Ab Wendisch Rietz gibt es eine sehr schöne Rundwanderung um die beiden Glubig-Seen und zurück zum Bahnhof. Parkplatz am Bahnhof vorhanden.

• Die Gaststätte ›Uferparadies‹ in Neuendorf am See und die beiden Gaststätten in Köthen am See sind in Verbindung mit Spaziergängen unterschiedlicher Längen je nach Belieben in jedem Falle einen besonderen Ausflug dorthin wert.

• In Köthen gibt es diverse Spaziergangs- und kurze Wandermöglichkeiten als Rundkurse und eine besonders ausgewiesene Nordic-Walking-Strecke um die Heideseen. Parkplätze und zwei Gaststätten sind in Köthen vorhanden.

• Ab Köthen ist die Wanderung zum Aussichtsturm auf dem Wehlaberg besonders schön, und die Aussicht von dem immer offenen Aussichtsturm ist sehr beeindruckend.

• Ein besonderes Erlebnis für kleine Gruppen ist eine Spreewaldkahnfahrt durch den Unterspreewald ab Köthen, zuerst über den See oder ab Leibsch, jeweils mit Ziel Schlepzig, Tagesfahrt mit Charteranmeldung. Diese ist schöner und ruhiger als die allseits bekannten Massenrouten. Zwei Anbieter in Leibsch.

• Das bekannte ›Tropical Island‹, die Halle nahe dem Ort Brand, liegt derart nahe an den idyllischen Gebieten um Köthen und dem Aussichtturm Wehlaberg, daß hier auch ein Kombiausflug mit weiter Tagesanreise oder Mehrtagesausflug in diese Region empfehlenswert ist.

Spreewaldecken mit Sahnehäubchen

Tour 13: Von Leibsch nach Halbe

Gesamtlänge 23 km.
Die Touren 12 und 13 bilden eine Einheit, dennoch ist es möglich, jede für sich zu wandern, und zwar völlig unabhängig voneinander (s. Einleitung zu Tour 12). Diese Wanderstrecke verläuft überwiegend auf unbefestigten, gut begehbaren Wanderwegen und ist daher auch für Nordic Walking sehr gut geeignet. Eine Teilstrecke um Köthen ist darüber hinaus als Nordic-Walking-Route beschildert.
Teilstrecken Siehe Tour 12.
Bei Übernachtung in der Pension ›Schafspelz‹ in Köthen holt Sie der Wirt dort ab, wo sie es wünschen und bringt sie am nächsten Tag wieder dorthin, Tel. 03 37 65/8 03 96.
Varianten Eine Verkürzung um etwa 3 km ist über Oderiner See möglich, unmarkiert, aber leicht zu finden, siehe Kartenblatt 21.
Ein Abstecher zum Aussichtsturm auf dem Wehlaberg bedeutet zusätzliche Strecke – bis zum Turm und zurück zum Weg etwa 1200 Meter –, wobei die Tour nicht nur durch die Aussicht an Reiz gewinnt, sondern auch dadurch, daß der Schwanensee beidseits entlang des Ufers erlebt werden kann.
Verkehrsverbindungen Siche Tour 12.
Wanderkarten Siehe Tour 12.
Markierung Blauer Punkt.
Einkehr Leibsch, Köthen, Märkisch-Buchholz, Halbe.
Unterkunft Leibsch, Köthen, Märkisch-Buchholz, Halbe.
Besondere Sehenswürdigkeiten Kaskade in Märkisch-Buchholz, Aussichtturm auf dem Wehlaberg.
Hinweise Siehe Hinweise bei Tour 12: Wer den Aussichtsturm in Woltersdorf bereits bestiegen hat, kann den Wehlaberg weglassen. Die Aussicht ist empfehlenswert, ähnelt aber der in Wolterdorf. Bei einer Turmbesteigung wäre die Verkürzung über Oderin der entsprechende Ausgleich.
Unmarkierte und markierte Route sind in ihrem Erlebnischarakter gleichwertig, weisen jedoch Unterschiede auf. Märkisch-Bucholz bietet die Kaskade, Oderin eine uralte Eiche als Solitärbaum inmitten eines freien Geländes und den Weitblick zur ›Tropical Island‹-Halle in Brand sowie eine zusätzliche Seeuferwanderstrecke.

Eine besonders schöne Aussicht gibt es auch von einer Höhe abseits des Weges auf den in der Tiefe absolut unzugänglich liegenden Wehrigsee.

Die Etappe beginnt an der nordwestlichsten Ecke des Spreewaldgebietes, verläßt die Spree entlang weiter Wiesen und eines sehenswerten Wasserlaufes, dem Verbindungskanal zwischen Spree und Dahme, zeigt uns Pferdekoppeln und setzt sich dann in einem großen Kiefernwaldgebiet fort.

Die sechs Köthener Heideseen, unbesiedelt im Wald versteckt, bilden einen Kontrast zum ersten Teil der Tour und die Fortsetzung entlang des Dahme-Umflutkanales bietet erneut andere Eindrücke.

Was soll der Titel aber ausdrücken? Die Kombination der Spreewaldecke hier im Norden mit den verschiedenen Aussichtspunkten unterwegs, den möglichen Tierbeobachtungen, den verträumten Waldseen, Bade- und Raststellen und mit einem Abstecher vielleicht sogar zum Aussichtsturm auf dem Wehlaberg, den verschiedenen sehr empfehlenswerten Restaurants und Beherbergungsbetrieben bie-

Die Spree am nördlichsten Punkt des Spreewaldgebietes

tet im Zusammenhang mit der vorigen Etappe das gewisse Etwas, das eine Wanderung so vervollkommnet wie das Sahnehäubchen, das einen Kaffee zum Capuccino verfeinert. Hinsichtlich Restaurants hält das ›Uferparadies‹ in Neuendorf, was der Name verspricht, in Leibsch kann man ebenfalls am Spreeufer einkehren, in Köthen wird die Wahl gar schwer, hier besteht die Wahl zwischen dem gemütlichen Dorfgasthof ›Kühn‹ mit langer Tradition und dem neuen Restaurant ›Bärengewölbe‹ mit ungewöhnlichen Spezialitäten für den Gaumen. Direkt hinter beiden befindet sich eine Badestelle am ruhigen Köthener See. In Märkisch Buchholz gibt es eine kleine Eisdiele mit gutem Eis in bisher noch durchaus liebenswerter DDR-Nostalgie-Umgebung. Viele weitere Informationen auch über diese Tour enthält die Beschreibung der Tour 12.

Streckenverlauf

Die Beschreibung schließt an das Ende der vorigen Tour an, eigentlich könnte sie entfallen, da die gesamte Tour sicher markiert ist: Es geht so: In Leibsch sind die Wege um das Dorf herum entlang der Spree oder durch das Dorf hindurch vorbei an Storchennestern etwa gleich lang, sie treffen sich in der Nähe der Bushaltestelle am Ende des Ortes.

Wir zweigen von der Straße durch den Ort vor der nördlichen Brücke links ab. Wenn wir den Ort außen umrundet haben, müssen wir hier wenige Schritte zurück über die Straßenbrücke, denn an der südlichen Seite des Kanals geht es weiter.

Oben auf dem kleinen Deich entlang läuft es sich auf dem unbefestigtem Weg besser und die Sicht ist nach beiden Seiten beeindruckender. Wir erleben Pflanzen und Blumen am Ufer, haben weite Blicke über die Wiesen und können mit etwas Glück auch Seeadler beobachten. Weiter geht es gemäß Markierung auf einem schattigen Feldweg in Form einer alten, recht wildromantischen Allee, dann an Pferdekoppeln vorbei, danach weiter auf einer kleinen Straße, an der ersten offenen See-Sichtstelle vorbei und schließlich nach Köthen hinein.

An der Einmündung im Ort gehen wir zunächst nach rechts ein kurzes Stück bis zu den Gaststätten und nach links hinunter zum See. Dort liegt die schönste Sicht-, Rast- und auch Badestelle am **Köthener See**. Dann schlagen wir unten weiter unmittelbar am Ufer die kleine Runde nach rechts ein und gehen von der Wasserseite durch das Gelände der Jugendherberge, deren Büro in einer alten sehenswerten Fischerkate untergebracht ist. Dieser Weg steht Wanderern offen. Der Name Köthen leitet sich übrigens von Kote ab, einem alten Wort für Holzpfahlbauten. Dennoch ist der Ort, verglichen mit anderen Dörfern der Region, verhältnismäßig jung.

Unsere Etappe führt uns nun zu den Heideseen. Wir wandern vom Ortskern aus die Straße in Richtung Märkisch Buchholz bis zu der gekennzeichneten Abzweigung zu den Seen und verlassen die Straße; die Markierung hilft uns nun weiter.

Zuerst erreichen wir Pferdekoppeln. Im anschließenden Hochwald gelangen wir an eine Weggabelung. Rechts geht es zum Gestüt, wir aber wandern weiter geradeaus und kommen am Haupteingang dieses Anwesens vorbei, einem ehemaligen Jagdschloß. Unser Wanderweg zweigt nach rechts zum östlichen, linken, Ufer des **Pichersees** ab. Nun wandern wir geradeaus, am Ende des Pichersees weiter zum **Mittelsee** und gelangen weiter geradeaus zu einem Rastplatz am Anfang des **Schwanensees**.

Hier kann man sich entscheiden, wie die Wanderung fortgesetzt werden soll. Die Markierung weist uns nach rechts sofort zum gegenüberliegenden Ufer des Mittelsees und läßt den Wehlaberg aus. Wenn wir jedoch auch zum Aussichtsturm möchten, müssen wir bis zum Ende des Schwanensees geradeaus gehen, dort links abbiegen und im Wald an einer Gabelung an einer Kurve nochmals nach links vom breiten Weg auf einen schmalen ansteigenden Pfad. Für den Rückweg bietet sich die andere Seite des Schwanensees an.

Weiter geht es unmittelbar am gegenüberliegenden Ufer des Mittelsees, dann des **Triftsees**. So erreichen wir einen Fahrweg, in den wir nach links abbiegen. An dieser Stelle muß man genau auf die Wegführung achten. Wir verlassen diesen Fahrweg nach kurzer Strecke wieder nach rechts, an der Stelle, wo die große Wiese links neben uns zu Ende ist. Nun begleitet uns auf der einen Seite Schilf, auf der anderen Hochwald. An einer Weggabelung folgen wir der Markierung nach links in den Wald hinein und gelangen zum märchenhaften **Tschibingsee**. Am Ufer halten wir uns rechts, verlassen es aber bereits nach 100 Metern wieder, da wir dem breiten Weg nach halbrechts bergauf folgen. Wir gelangen wieder auf den früheren Hauptweg und auf diesem weiter geradeaus zu einem großen Querweg. Nun biegen wir nach rechts ab, um auf die höchste Stelle des Geländes zu kommen, und achten genau auf die Markierung, denn auf der Höhe zweigt unscheinbar rechts durch das Dickicht ein 30 Meter langer Pfad zu einem versteckten Aussichtspunkt ab. Tief unter uns ruht still und verträumt der **Große Wehrigsee** in seinem Waldbett – ein angenehmer Platz für eine Rast.

Spätestens hier müssen wir uns zwischen zwei weiteren Möglichkeiten entscheiden: Die Markierung leitet nach Märkisch Buchholz, vom Aussichtspunkt aus gesehen nach rechts.

Verlauf der nicht markierten Wanderroute

Zum Oderiner See verlassen wir diese markierte Strecke nach dem Aussichtspunkt an einer folgenden Gabelung nach links und kommen schließlich an eine Schranke, hinter der erneut eine Wegkreuzung liegt. Wir biegen nach links ab und marschieren dann geradeaus, also westwärts.

Dieser Weg ist teilweise geschottert. Nach etwa drei Kilometern Waldstrecke, die durch Kiefern und Birken bestimmt wird, eröffnet sich plötzlich ein unerwartet schöner Blick nach links in eine weite, liebliche Landschaft und die ›Tropical-Island‹-Halle in Brand und nach rechts in offenes Land. Eine eindrucksvolle Eiche präsentiert sich inmitten des offenen Geländes.

Das ›Tropical-Island‹, ein Freizeitparadies in der größten Halle der Welt, lädt zum Faulenzen und Baden unter Palmen mit Strandflair ein. Errichtet wurde diese Halle auf einem ehemaligen Militärgelände zum Bau für Zeppeline für den Lastentransport. Nach jahrelangen Entwicklungsarbeiten scheiterte das ›Cargolifter‹-Projekt jedoch, und nach Umbauarbeiten dient die Halle nun der Freude und der Erholung.

Unser Weg führt zur Eiche hin und dort den Weg nach links am Baum vorbei. Der beschauliche Wiesenweg setzt sich im Wald fort, in dem sich der Oderiner See noch ein wenig versteckt. Wir kommen an weiteren mächtigen Eichen, einem hübschen Birkenhain und einem Wäldchen aus Robinien vorbei. Immer öfter gibt es nun Sichtstellen auf den See. Die schönsten Sicht- und Raststellen finden wir, wenn das nördliche Ufer erreicht ist und der Weg am Ufer deutlich nach links in die Westrichtung gewechselt hat. An einer Gabelung in der Nähe einer Eiche an der Nordspitze des Sees gibt es eine Wahlmöglichkeit: Rechts führt ein Fahrweg zur Straße, links geht ein schönerer, wenn auch um 300 Meter längerer Weg am Ufer weiter. Im letzten Falle müssen wir bei der nächsten Verzweigung das Ufer nach rechts verlassen, um auf die Straße zu kommen. Auf der Straße halten wir uns rechts und kommen nach Teurow, gehen geradeaus bis zur Bahnstrecke, bleiben aber diesseits der Gleise.

Vor der Bahn zweigt rechts ein Weg ab, der genau entlang der Bahn nach Halbe führt, sich dabei gelegentlich auch ein wenig von der Bahn entfernt. Wir orientieren uns immer an der Nähe zur Bahn, bis uns das erste Haus des Ortes den Weg versperrt und auch andere Grundstücke auf einem Fahrweg uns nach rechts bis zur Straße umleiten. Direkt am Ortsanfangsschild wechseln wir auf die Hauptstraße und kommen nach etwa 500 Metern direkt zum Bahnhof Halbe.

Am Köthener See

Verlauf der markierten Wanderroute

Vom Aussichtspunkt am Wehrigsee zur Dahme und nach Märkisch Buchholz geht es vom Aussichtspunkt in bisheriger Richtung weiter, an der Gabelung nach rechts zur Straße hinab und gegenüber in Richtung Neuköthen.

Während die Markierung uns auf den Hauptweg zwingen will, möchte der Naturliebhaber vielleicht den Pfad entlang des Ufers nutzen. Deshalb achten wir nach etwa 800 Metern auf mögliche Abzweigungen an das Ufer. Es gibt mehrere mehr oder weniger deutlich erkennbare Stellen. Am Ufer wird der Weg immer besser und darf hinter Grundstücken entlang des Wassers begangen werden. Am Ende des letzten Grundstückes müssen wir aber nach links und leicht bergan gehen, da sich sonst ein zwar sehr schöner, aber mehr als ein Kilometer langer Umweg ergibt.

Die Markierung ist oberhalb der Grundstücke wieder sichtbar und kürzt die Uferstrecke ab. Nach ihrer Weisung wandern wir durch den Wald zum Dahme-Umflutkanal und an dessen Ufer nach links nach Märkisch Buchholz.

Am Stauwehr endet dieser Uferweg. Nach rechts ist das Zentrum des Ortes mit der Kirche zu erreichen. Besonders schön ist ein kleiner Umweg, der von der Kirche zunächst nach rechts zur Eisdiele, daran vorbei wenige Schritte weiter geradeaus, dann links entlang einer alten Allee zum Ufer der Dahme führt. Sie präsentiert sich hier ganz besonders reizvoll. Wir können am Ufer entlang nach links die Straßenbrücke erreichen, zu der wir ebenfalls gelangen, wenn wir uns an der Kirche links halten.

Nur etwa 100 Meter benutzen wir die Straße bis zu einer Wegabzweigung nach links. Dort bleiben wir anfangs in der Nähe der Dahme, entfernen uns nach rechts von ihr und folgen durch den Wald den deutlich vorhandenen Markierungen, die uns in Richtung Westen nach Halbe zum Bahnhof geleiten, der diesseits der Bahngleise rechts zu finden ist.

Wer von hier nicht nach Berlin zurück möchte, kann mit dem stündlich verkehrenden Zug in Richtung Berlin eine, zwei oder vier Stationen fahren: In der Nähe der Bahnhöfe Groß Köris, Bestensee und Königs Wusterhausen gibt es empfehlenswerte Quartiere.

Ausflugstips

• Nordic Walking oder Wanderung als Rundkurs ab Köthen in unterschiedlich gestaltbaren Längen, siehe punktierte Linien auf Kartenblatt 21. Die verschiedenen Möglichkeiten sind ab Köthen beschildert und allesamt empfehlenswert.
• Siehe auch unter Hinweise und Ausflugstips für Tour 12.

Das Schenkenländchen

Tour 14: Von Halbe nach Wünsdorf

Gesamtlänge 28 km.
Teilstrecken Halbe–Tornow: 10 km oder Halbe–Teupitz: 10 km, Tornow–Egsdorf: 4 km, Egsdorf–Wünsdorf: 14 km.
Varianten Abkürzungsmöglichkeit um 1 km, Verlängerungsmöglichkeit durch den Ort Teupitz. Nur realistisch bei anderer Etappenteilung, empfohlen bei Übernachtung in Teupitz.
Verkehrsverbindungen Bahnverbindung Halbe: Regionalbahnlinie Berlin-Schöneweide–Königs Wusterhausen–Lübbenau–Senftenberg, Zugfolge stündlich.
Tornow, Teupitz und Egsdorf: tägliche Busverbindungen nach König Wusterhausen im Abstand von etwa zwei Stunden, Fahrplan erfragen, RVS Lübben, Tel. 035 46/2 72 70 oder Tourismusverband Dahme Seen e. V.,
Tel. 033 75/2 52 00 oder VBB, Tel. 030/25 41 41 41 oder 018 05/82 26 62.
Wünsdorf: Regionalbahnlinie S-Bahnhof Flughafen Berlin-Schönefeld–Wünsdorf, Zugfolge halbstündlich; Oranienburg–Berliner Innenstadt–Wünsdorf–Elsterwerda stündlich.
Wanderkarten Wanderkarten Maßstab 1:50 000, im Kartenteil dieses Buches S. 22–23; Ausschnitte aus L 3948 (Märkisch Buchholz) und L 3946 (Baruth).
Markierung Blauer Punkt.
Einkehr Halbe, Teupitz, Tornow, Mittelmühle, Zesch, Wünsdorf.
Unterkunft Teupitz, Zesch.
Besondere Sehenswürdigkeiten Quelle am Tornower See.
Hinweise Das gesamte Gebiet um Teupitz-Tornow ist für Nordic Walking gut geeignet. Parkplätze und Gaststätten gibt es in Teupitz und Tornow.

Das Kartenblatt Seite 22 bietet eine Vielzahl von Variationen an. Für das System Bahnstation zu Bahnstation ist der Weg durch Teupitz zu lang. Gemäß Übernachtung zu Übernachtung ist es empfehlenswert, in Teupitz nicht abzukürzen. Deshalb sind hier zwei Wege markiert, die durchgezogenen Linien. Die Kurzstrecke bietet weniger Kilometer, aber die längere Variante ist die schönste, also durch den alten Ortskern zum Seeufer und dort am Parkplatz links durch einen Park zur markierten Route zurück und später hinter Tornow zusätzlich um den Briesesee. Das ergibt das gesamte Schenkenländchen, eine Miniaturlandschaft mit erstaunlicher Vielfalt auf engstem Raum, die aus der Karte nicht wirkungsvoll herauszulesen ist. Die bezeichnete Strecke um den Tornower See sollte keinesfalls ausgelassen werden.

Halbe, Wünsdorf, Schenkenländchen – zwei historisch bedeutsame Orte und eine liebreizende Landschaft bestimmen diese Etappe.

Das Schenkenländchen ist ein kleines Gebiet in der Nähe des Teupitzer Sees, der in Teupitz gelegene Sitz der ›Schenken von Landsberg und Seyda‹ gab ihm seinen Namen. Die Geschichte des reizvoll auf und an einer Halbinsel gelegenen Ortes Teupitz selbst reicht weit vor das Mittelalter zurück. Eingebettet ist er in eine so wundervolle Landschaft, daß unser Weg, um sie genießen zu können, nicht der kürzestmöglichen Route folgt. Insbesondere die Strecke entlang des Tornower Sees bis zur Mittelmühle sollte man keinesfalls versäumen und sich auch noch Zeit für die Umrundung des kleinen Briesesees nehmen.

Deshalb ist als längste Variante auch dieser Bereich zusätzlich in die Wanderroute aufgenommen. Auf einer früheren Insel, jetzt eine Halbinsel, entstand eine Burg, die später zu einem Schloß umgebaut wurde und jetzt ein Schloßhotel beherbergt. Davor entstand die Stadt, die jetzige Altstadt. Das ganze Ensemble ist in seiner Gesamtstruktur und der idyllischen Lage am See sehenswert.

Es empfiehlt sich, in Teupitz im ›Schloßhotel‹ oder Hotel ›Schenk von Landsberg‹ zu übernachten und als Zweitagesausflug das Schenkenländchen insgesamt zu genießen oder im Rahmen dieser Gesamtwanderungsroute in der längsten Variante.

Halbe am Anfang der Etappe steht für die Grausamkeit des Krieges. Am Ende des Zweiten Weltkriegs fand in der Nähe eine der letzten großen Kesselschlachten statt, der Zehntausende zum Opfer fielen. Die – meist unbekannten – Opfer, die man bislang bergen konnte, wurden auf verschiedenen Friedhöfen beerdigt, der große Waldfriedhof in Halbe ist als zentrale Gedenkstätte gestaltet. Hier ruhen allein mehr als 22 000 Tote. Es handelt sich nicht um eine Sehenswürdigkeit im herkömmlichen Sinn, sondern um einen Ort der Trauer und Besinnung. Der Friedhof liegt zwei Kilometer abseits der Wanderroute.

Die Folgen dieser jüngeren Vergangenheit begegnen uns auch an anderen Stellen, weil wir im späteren Teil der Etappe ab Egsdorf am sicheren Rande außerhalb eines noch immer zur höchsten Gefährdungsstufe zählenden, mit deutlichen roten Warnhinweisen versehenen Gebietes wandern, in dem noch immer scharfe Munition in unbekannter Menge im Boden verborgen ist. Man muß sich nicht sorgen: Wege und unsichere Gebiete sind sehr gut ausgeschildert.

Wir können uns auf dieser Etappe auch an einer abwechslungsreichen Landschaft erfreuen, die an Liebreiz seit Fontanes Zeiten nichts verloren hat. Wasser, Wald und Weite gibt es immer wieder in neuen Facetten, beispielsweise an einer enorm kräftig sprudelnden Quelle unmittelbar am Wegesrand im schattigen Laubwald und mit weiten Blicken über Wiesenflächen in neuen Varianten zu erleben. Aber vielleicht wandern wir durch die Gegend um Halbe mit einem etwas anderen Blick dafür.

Mühlenfließ im Schenkenländchen

Halbe

Nach der gewonnenen Schlacht um Seelow an der Oder trieb im April 1945 die Sowjetarmee die Reste der Wehrmacht und flüchtende Zivilisten Richtung Westen vor sich her. Am 25. April 1945 wurden bei Halbe etwa 200 000 Menschen, Militärs wie Zivilisten, von einer Übermacht sowjetischer Truppen in einem Kessel zusammengetrieben. Bis heute ist nicht bekannt, wie viele wirklich in den Kessel gerieten und wie viele in den fünf Tagen der Kesselschlacht darin oder anschließend an den Folgen umkamen; Schätzungen sprechen von mehr als 60 000 Toten. Die Leichen wurden geborgen und auf vielen verschiedenen Friedhöfen beerdigt, allein 22 000 Tote auf dem Friedhof in Halbe beigesetzt. Immer wieder stößt man heute noch, etwa beim Straßenbau, auf Tote.

Zwei Berichte von Menschen, die diese furchtbaren Tage als Kind erlebt haben und das Glück hatten, dem Chaos entkommen zu können, geben Zeugnis von den Geschehnissen.

Der Erlebnisbericht eines Mannes, der als achtjähriges Kind mit seiner gesamten Dorfgemeinschaft auf der Flucht in den Kessel von Halbe geriet, ist in Auszügen dem Band ›Niemandszeit‹ entnommen. Die Herausgeberin Angela Kiefer Hofmann hat hier 15 Berichte von Zeitzeugen zusammengetragen.

»›Komm Manfred, steh auf, wir müssen schnell weg, das Schießen wird immer lauter und nach Fürstenwalde ist der Himmel ganz schwarz‹, rüttelte Ella ihren Sohn wach.

Mehrere Leiterwagen verließen kurz danach das Dorf in Richtung Südwesten, in Richtung der großen Wälder um Halbe: Mutter und Sohn, Verwandte, Bekannte, Nachbarn, Berliner, ein Treck ins Ungewisse auf Wegen querfeldein, denn auf den Landstraßen fluteten Truppen zurück, blockierten den Weg der Flüchtlingsmassen, die der roten Armee zu entkommen versuchten.

Am Abend erreichten sie Eichholz. Das Dörfchen lag schon unter Beschuß, war mit Menschen völlig überfüllt, und an ein Unterkommen war nirgends zu denken. Tante Lotte rannte schnell auf ein Haus zu, um Wasser zu erbitten, wurde auf halbem Wege von Splittern getroffen und brach zusammen. Fremde zerrten sie auf einen Wagen. In einem Waldstück außerhalb des Dorfes an der Straße nach Halbe beschloß man, die Nacht zu verbringen.

Der Beschuß war stärker geworden, Pulks von Tieffliegern donnerten über die Gegend und die Menschenmassen hinweg. Die ersten Toten lagen an der Straße, Verwundete

schleppten sich irgendwohin, verlorengegangene Kinder riefen nach ihren Müttern, umgestürzte Treckwagen neben den toten Besitzern und verendeten Pferden lagen im Straßengraben, Koffer, Betten, Taschen auf den Wiesen und im Wald verstreut und überall Russen.
Binnen weniger als einer Stunde waren Ella und Manfred in ein Inferno geraten, aus dem es keine Rettung mehr zu geben schien. Wohin, was sollten sie tun? Jeder Schritt konnte den Tod bedeuten. Sie ließen die Wagen am Straßenrand stehen und machten sich im Wald, nur wenige Meter entfernt, ein Lager zurecht, um ein wenig zu ruhen. In der Nähe befand sich ein kleiner Sandwall. Der würde einen gewissen Schutz bieten vor den Geschossen.
Die Menschen waren in Todesangst, erschöpft, müde und kraftlos. ›Komm, Manfred, wir kuscheln uns unter das dicke Federbett und halten uns die Ohren zu‹, meinte Ella und legte schützend den Arm um ihren Sohn. Eng an die Mutter geschmiegt, schlief der Junge ein. Auf der Straße fuhren sowjetische Militärfahrzeuge in Richtung Halbe oder Königs Wusterhausen. Vereinzelt sah man auch deutsche Wehrmacht. Die ganze Gegend lag unter ständigem Beschuß, über allem ein ungeheurer Lärm und manchmal jagten die Sowjets MG-Salven in den Wald. Von einem ganz nahen, krachend lauten Einschlag wurde Manfred jäh geweckt. Alle um ihn herum waren weggelaufen, nur Mutter hielt immer noch schützend ihren Arm um ihn und war bei ihm.
Sein Kopf schmerzte, verängstigt rappelte er sich hoch, stupste sie an der Schulter und wollte sie wecken, kraftlos fiel Mutters Arm neben ihren Oberkörper, Blut lief aus ihrem Ohr – sie war tot.
Um Manfred toste ein Höllenlärm. Pfeifende, zischende krachende Geschosse, donnernde Granateinschläge, aufheulende Motoren von Panzern und LKWs, schreiende kreischende Menschen, knisternd brennende Bäume und Wiesenstücke und über allem dröhnende Tiefflieger, die das Gebiet mit einem Bombenteppich überzogen. Inmitten dieses Chaos verzweifelte Menschen in Panik und Todesangst. Wie lange er so dasaß, weiß er nicht, hat auch gerufen, geweint und geschrien.
Plötzlich fühlte er einen starken Arm, der ihn samt Federbett packte und weit durch die Luft auf einen harten LKW warf. Ein blutiger fratzenhafter toter Pferdekopf war das letzte, was er sah, bevor er mit nun auch noch schmerzenden Knochen das Bewußtsein verlor [...]«
Ein weiteres Zeugnis ist dem Kalender des Naturschutzbundes Dahmeland des Jahres 2005 entnommen. Autorin Andrea Mack zitiert im Rahmen eines ausführ-

lichen Berichtes zum 60. Jahrestag der Kesselschlacht Halbe aus einer Tagebuchaufzeichnung, die ein damals zehnjähriger Junge, der namentlich genannt wird, wenige Tage nach dem Geschehen anfertigte. Ein Auszug:
»29. April 1945: [...] Inzwischen waren wir in Schützenlöcher gesprungen, das Schießen wurde immer lauter. Nun kommen Russen über die Lichtung, Vati hebt die Arme, es schoß wieder und Vati fiel hin. Mutti rannte zu Vati und fragte, kannst Du aufstehen?
Er sagte ›Nein, aber Linchen wie wirst du das alles ohne mich schaffen.‹ [...] Nun wurden wir in den Wald getrieben, hinter uns kamen Deutsche, die uns befreien wollten, und schossen auf die Russen, die Russen schossen zurück. In dem Feuergefecht lagen wir und dachten nun ist es vorbei. Neben uns wurde ein 14jähriger Junge erschossen. Wir mußten weiter, hinter uns kamen Deutsche, sie wollten uns wieder befreien, doch dahinter wieder Russen und die Befreier wurden gefangen: Es war furchtbar.«
Im Rahmen des Berichtes wird auch von Leichenbergungen berichtet. Der hier als Vati bezeichnete namentlich bekannte Mann starb und wurde erst im Jahre 1952 zusammen mit anderen Toten in dem Schützenloch mit Erde überdeckt gefunden, identifiziert und ordentlich bestattet.

Waldweg bei Halbe

Streckenverlauf

Wenn nicht der Bahnhof Halbe der Startpunkt sein soll, ist der Weg hinter dem Bahnübergang auf der westlichen Seite entlang der Bahn und auf schmalem Pfad rechts am Seeufer, zwischen See und Bahngelände zum nördlichen Seeufer, wesentlich reizvoller.

Wenn der Bahnhof Halbe der Startpunkt ist, wollen wir die recht lange Tour nicht mit einem Umweg von etwa 500 Metern beginnen, sondern gehen auf der östlichen Seite, rechts neben der Bahn, in Richtung Nordwest und können nach etwa 600 Metern links die Bahn an einem kleinen Bahnübergang mit Schranke überqueren. Dort gelangen wir auf einen Fußweg direkt an das nördliche Ufer des **Heidesees**. Er ist klein, aber fein. Wir bleiben für etwa 500 Meter unmittelbar am nördlichen Seeufer und haben rechts Wochenendgrundstücke neben uns. Am Ende dieser Siedlung führt der Weg etwa 100 Meter geradeaus durch Wald weiter bis zu dem **Kleinen Heidesee**. Es ist ein idyllisches Gewässer, das einen Blick lohnt.

Wir biegen hier auf einen deutlich nach rechts vom Ufer hinwegführenden Weg ab und erreichen nach wenigen Schritten die Schweriner Straße mit Wegverzweigungen. Vor einem Gewerbegrundstück lenken wir unsere Schritte nach links in das Ortsgebiet hinein. Am Ende dieser Straße halten wir uns rechts, danach wieder links und orientieren uns in Richtung der Häuser Schweriner Straße Nr. 59a und 59b, denn genau zwischen diesen Häusern befindet sich ein kleiner Fußweg zur Chaussee. Dort ist genau gegenüber ein weiteres Gewässer auszumachen. Es ist ein Anglersee, der nach Aufgabe einer ehemaligen Tongrube entstanden ist.

Leider ist jetzt ein Stück Straße unvermeidlich. Nach rechts weiterwandernd, passieren wir das Ortsausgangsschild von Halbe und erreichen kurz danach die Abzweigung der Sonnenallee. Wir folgen dieser rechts abzweigenden Straße 400 Meter bis zu der beschilderten Abzweigung nach links in Richtung Löpten. An einem Haus vorbei gelangen wir in den Wald.

Wir wandern an dieser Stelle geradeaus in einer Birkenallee in den Wald hinein, denn unser Weg führt nicht nach Löpten. Mehr als einen Kilometer geht es nun bis zum Ende dieses schönen Waldweges immer geradeaus. An seinem Ende finden wir 50 Meter nach rechts versetzt eine weitere Birkenallee, durch die es in bisheriger Richtung immer gemäß unseren Markierungen weitergeht. Der Weg hat allerlei Verzweigungen, ist aber bis zur Brücke über die Autobahn sicher markiert.

Dahinter links von der Straße und von der Autobahn wegführend verläuft die Abkürzung (gestrichelte Linie auf Kartenblatt 22). Die Markierung leitet uns etwa 500 Meter weiter entlang der Straße nach Teupitz, dann müssen wir vor einer Tankstelle nach rechts auf einen Fahrweg zu einer Kiesgrube abbiegen. An der

Einfahrt zu dem Betriebsgelände gehen wir auf dem kleinen Waldweg links am Zaun entlang und kommen sogleich an den einsam im Wald liegenden **Nicolassee**.

Ab dieser Stelle sind zwei Varianten möglich. Wenn Teupitz in die Wanderung einbezogen werden soll, setzt sich unser Weg etwas nach rechts versetzt über eine sandige Fläche in bisheriger Richtung fort und erreicht geradeaus ganz automatisch das Hotel und den Ortskern. Dort geht es durch die Altstadt zum Seeufer, am Parkplatz links durch die Parkanlage zurück zur markierten Strecke auf den Weg zum Tietschensee, an dem sich beide Varianten vereinen.

An der freien Fläche zeigt ein Hinweis auf eine Bergeshöhe. Wer hier Fontane folgt, wird enttäuscht sein. Denn die Aussicht, die der Dichter noch lobte, ist mittlerweile zugewachsen. Den Umweg hinauf kann man sich also sparen.

Bei Verzicht auf das lohnenswerte Städtchen gehen wir am Ende des Nicolassees auf dem breiten Weg nach links, überqueren die Straße und gehen geradeaus weiter. Die anfangs neue Straße verwandelt sich in eine verkehrsarme schmale Teerstraße und führt uns an das offene Ufer des **Tietschensees**. Wir folgen dieser kleinen Teerstraße, bis sie uns nach einigen Kurven zu einer kleinen Kreuzung geleitet und dort wieder mit der Teupitz-Besichtigungsvariante zusammentrifft.

Über die Kreuzung gehen wir hinweg und geradeaus die Teupitzer Straße entlang. Anschließend erreichen wir den alten Ortsteil von Tornow und gehen bis zum Dorfplatz mit dem Kriegerdenkmal. An der kleinen Straßeninsel biegen wir rechts in die Seestraße ab zum Gasthof ›Lindengarten‹. Dahinter hinab ist sofort das Ufer des **Tornower Sees** erreicht, der uns hier gleich mit einer schönen Rast- und Badestelle begrüßt. Wir wandern den Naturlehrpfad am See entlang und erreichen linker Hand einen **Quellsee** und am Ufer eine sehr schöne Raststelle mit Bänken, Tisch und Aussicht.

Die Quelle und die Aussichtsstelle wären allein schon eine weite Anfahrt wert, doch wenn wir uns noch ein besonderes Erlebnis gönnen wollen, dann legen wir noch einen Kilometer zu und umrunden den **Briesesee** im Naturschutzgebiet. Die Abzweigung ist kurz hinter der Quelle vor einem Bächlein aber nur an einem einzigen kleinen Schild erkennbar. Wir kommen wieder an unsere Wanderroute zurück, wenn wir dem Ufer folgen. Der sehr schmale Uferpfad mit vielen engen Kurven, Wurzeln, teils unmittelbar am Wasserrand verlaufend und kleine Steigungen aufweisend, darf begangen werden, ist jedoch absolut unmöglich für Nordic Walking und Fahrräder jeder Art. Daher bleibt dieses intensive Erlebnis Wanderern vorbehalten. Der Weg ist übrigens auf Karten durchweg nicht verzeichnet. Unsere sehr schöne Markierungsroute, für Nordic Walker auch gut geeignet, bietet am Tornower See durchaus noch weitere Sichtstellen und Fotohaltepunkte.

Dann entfernen wir uns vom Tornowsee, halten uns nach rechts, bis wir wieder oberhalb des Sees an Grundstücke gelangen. Über den Fahrweg hinweg geht es gen Mittelmühle einen romantischen Weg zu der Mittelmühle entlang, und wieder werden wir zum Verweilen animiert, spätestens am Mühlenfließ und der Gaststätte dort. Der öffentliche Weg durchquert das Gelände und führt über einen Bach zu einer Straße. Das Gelände zwingt uns, nun die Straße zu benutzen, auf der wir nach links den Ort Egsdorf erreichen. Im Ort ist rechts hinab der kurze Abstecher an den **Teupitzer See** zur Sicht- und Badestelle unbedingt empfehlenswert, denn dort kann Fontanes Sehnsucht, diesen See wiederzusehen, gut nachempfunden werden.

Wir gehen zurück, überqueren die Hauptstraße und wandern die kleine Straße in Richtung Zesch, die bald von Feldern und Wiesen gesäumt wird. Nach etwa einem Kilometer biegt die Straße nach rechts in den Wald. Wir können eine rustikale Abkürzung wählen und wandern auf einem kleinen Weg geradeaus am Waldrand weiter. Dieser Weg, der später in den Wald hineinführt, leitet uns auf eine sehr breite Waldschneise mit gelben Schildern einer Erdgasleitung. Der korrekte Weg dorthin ist zuvor die Straße weiter, bis die Schneise dieser Erdgastrasse erreicht ist. Wir folgen dem breiten Weg dieser Schneise nach links etwa zwei Kilometer geradeaus, bis eine Hochspannungsleitung diese Schneise kreuzt. Nun biegen wir rechts ab und bleiben am Rande eines Sperrgebietes unter der Hochspannungsleitung. Wir folgen ihr wiederum etwa zwei Kilometer, bis sie nach rechts abknickt.

Am Teupitzer See in Egsdorf

Unser Weg mündet an dieser Stelle in einen Forstweg. Ihn überqueren wir und wandern auf schmalem Pfad durch ein Waldstück geradeaus weiter, gelangen nach etwa 80 Metern auf einen weiteren Forstweg und orientieren uns auf diesem nach halblinks. Er schlängelt sich mit einigen Kurven durch den Wald und führt in die Mitte des Ortes Zesch am See.

Geradeaus gibt es nach wenigen Metern ein Ortszentrum mit Gaststätten, dem Eiscafé und Übernachtungsmöglichkeiten.

Unser Wanderweg setzt sich vor der Försterei nach Norden fort. Nach einem Kilometer ist am Siedlungsende auch das Ufer des **Zeschsees** erreicht. Nach einer leichten Linkswendung führt uns der Weg zuerst an eine kleine, kurz danach an eine wesentlich größere freie Rast- und Badestelle mit weitem Blick über den See. Wir bleiben auf dem Fahrweg und verlassen den Zeschsee, links erstreckt sich

Im Hochwald

weites Wiesenland, rechts Waldgebiet. Schließlich gelangen wir nach Lindenbrück. Im Ort zweigen wir 100 Meter vor dem Kriegerdenkmal an einem hübschen alten Fachwerkhaus nach rechts in die Straße nach Funkenmühle ab.

Nach weniger als einem Kilometer, kurz hinter dem Ortseingangsschild von Funkenmühle, verlassen wir die Straße schräg nach links und gehen rechts entlang einer Hecke über einen Kinderspielplatz. Dahinter finden wir geradeaus eine kleine Straße, die uns nach links zu einem hübschen Holzhaus führt. Dort halten wir uns rechts und erreichen die Abzweigung zum Seeweg, auf dem wir nach links an das Ufer des **Wolziger Sees** kommen. Er ist von einer Uferpromenade gesäumt. An ihrem Ende geht es auf der Straße ›Am See‹ weiter.

Wenn das Seeufer und mit ihm die Straße ›Am See‹ nach rechts abknickt, folgen wir ihr bis zum Ende der rechts stehenden Häuser. Genau gegenüber einer von rechts einmündenden Straße geht unser Wanderweg als Uferpfad nach links in nördlicher Richtung weiter.

Am nördlichen Zipfel des Sees verlassen das Ufer, indem wir geradeaus weiterwandern. Nach etwa 300 Metern stoßen wir auf eine Straße genau am Ortsanfang von Wünsdorf.

Der Ort wurde durch seine militärische Vergangenheit bekannt, von der wir auf der Wanderung jedoch nichts bemerken, da dieses Areal abseits unserer Strecke liegt. Anfang des 20. Jahrhunderts war Wünsdorf Garnisonsstandort, im Ersten Weltkrieg befand sich hier ein Kriegsgefangenenlager, während der NS-Zeit der Standort des Oberkommandos des Heeres. Die umfangreichen Anlagen und Spitzbunker wurden im Zweiten Weltkrieg nicht zerstört und ab 1945 vom Oberkommando der sowjetischen Streitkräfte genutzt, die in Deutschland stationiert waren. Es gab dort sogar einen eigenen Personenbahnhof für die sowjetischen Bewohner mit kyrillischen Schriftzeichen und regelmäßige direkte Bahnverbindungen nach Moskau für sie. Die letzten russischen Offiziere verließen Wünsdorf 1994. Damit endete die Geschichte Wünsdorfs als Militärstadt, und aus dem Gelände wurde die ›Wünsdorf Waldstadt‹, Wohnort und Bücherstadt mit Museen und Antiquariaten. Für eine Besichtigung sollte man allein einen weiteren Tag einplanen (Anmeldung und Absprachen hierzu im Museum des Teltow, Schulstraße 15, Tel. 03 37 02/ 6 69 00).

Am Ortsanfang nehmen wir die Straße nach links und gehen auf ihr geradeaus, kreuzen somit die Hauptstraße und die Bahnstrecke und erreichen geradewegs den großen **Wünsdorfer See**. Dort gehen wir nach rechts und entlang des Seeufers in Richtung Bahnhof. Dabei kommen wir an dem Anwesen eines Fischers – Seestraße 55 – vorbei, das oft für Gäste geöffnet ist.

Wir haben hier erneut einen schönen Blick auf den weiten See, passieren auf unserem Weg ein Strandbad und müssen noch ein gutes Stück weiterlaufen, bis wir zu einer großen Straßenkreuzung gelangen. Dort führen uns ein Hinweisschild und die Bahnhofstraße zum Bahnhof, zur Wanderroute links.

Ausflugstips

• Bahnfahrt nach Halbe, Friedhofsbesichtigung, von dort Wanderung nach Teupitz, ggf. Einkehr und Rückfahrt mit dem Bus nach Königs Wusterhausen. Diese Tour ist auch mit dem Pkw möglich. Die Anfahrt ist in Halbe ausgeschildert, in Teupitz gibt es zwei große Parkplätze, in Tornow im Ortskern viel Platz zum Parken. Beide Orte bieten eine Fülle unterschiedlich langer Spaziergangsmöglichkeiten und jeweils eine Badestelle. Die Wege sind gut markiert, Verirren kann man sich in diesem kleinen Gebiet nicht oder nur geringfügig.
• Egsdorf: Der Uferblick von der Badestelle und das Restaurant ›Mittelmühle‹ am Mühlenfließ sind allein eine Autoanreise wert. Der Parkplatz an der Mittelmühle ist ebenfalls ein guter Ausgangs- und Endpunkt für Spaziergänge.
• Zesch: Das Eiscafé mit seinen hervorragenden Eiskreationen ist ein Geheimtip. Der Ort hat als Feriendomizil seit der DDR-Zeit nicht an Beliebtheit verloren und wird im Sommer stark besucht, hat mehrere Restaurants, Wasser, Wald und strahlt Ruhe aus, lädt zum Spaziergang ein, ist als Tagesausflug allein aber nicht ergiebig genug. Es bietet sich an, mit dem Pkw zunächst in Wünsdorf die dortigen Museen oder Antiquariate aufzusuchen und anschließend in Zesch den Nachmittag zu genießen.
• Besuch der Museen in Wünsdorf, dann weiter nach Zesch.

Zum Faulen Luch

Tour 15: Von Wünsdorf nach Trebbin

Gesamtlänge 28,5 km.
Teilstrecken Wünsdorf–Sperenberg: 10 km, Sperenberg–Kummersdorf: 3 km, Kummersdorf–Trebbin: 15,5 km.
Varianten In Sperenberg über den Gipsberg mit schöner Aussicht und idyllischem Weg.
An den Gipsseen vorbei, die mit grünblau schimmernder Tiefe beeindrucken. Als beste Empfehlung: Zuerst gemäß Beschreibung zum ersten See hinab, dann über den Berg und Aussichtturm dort oben; kein nennenswerter Umweg.

Bächlein bei Wünsdorf

Verkehrsverbindungen Bahnverbindung Wünsdorf: Regionalbahnlinie S-Bahnhof Flughafen Berlin-Schönefeld–Wünsdorf, Zugfolge halbstündlich, Oranienburg–Berliner Innenstadt–Wünsdorf–Hoyerswerda bzw. Elsterwerda stündlich.
Sperenberg: Bus (Info-Telefon 018 05/82 26 62).
Trebbin: Regionalbahnlinie Wittenberge–Berlin-Spandau–Berliner Innenstadt–Schönefeld–Luckenwalde–Jüterbog, Zugfolge stündlich in beide Richtungen.
Wanderkarten Maßstab 1:50 000, im Kartenteil dieses Buches die Seiten 24–25; Ausschnitte aus L 3946 (Baruth), L 3746 (Königs Wusterhausen) und L 3744 (Potsdam).
Einkehr Wünsdorf, Sperenberg, Kummersdorf, Trebbin.
Übernachtung Kummersdorf und Trebbin.
Besondere Sehenswürdigkeiten Aussichtsturm auf dem Gipsberg.
Hinweise Sehr gut geeignet für Nordic Walking.
Von Kummersdorf bis Trebbin wandern wir 15 Kilometer überwiegend durch offenes Land ohne Möglichkeit der Einkehr oder anderer Getränke- oder Proviantbeschaffung, es gibt jedoch dort mehrere schöne, auch schattige Raststellen. Sonnige Tage erfordern viel Flüssigkeit auf dieser Strecke, bieten aber auch die Möglichkeit des erfrischenden Bades am Gadsdorfer See.

Die Länge dieser Etappe sollte Wanderer nicht entmutigen. Sie ist zwar lang, aber leicht wanderbar, auf eigene Weise wunderbar und hinsichtlich der Übernachtungsmöglichkeiten sogar günstig mit anderen zu variieren. Abkürzungen läßt die Entfernung der Bahnstrecken nicht zu, eine Aufteilung ist mit – ungünstigen – Busverbindungen aber dennoch möglich. Die Art der Landschaft und der Wege verleitet jedoch zu schnellem Schritt wie sonst nirgends während der gesamten Wanderroute. Nordic Walker fühlen sich hier wohl, allerdings gibt es hier auch Feldwege mit hartem Untergrund.

Dabei ist es eine sehr abwechslungsreiche und weitgehend sehr ruhige Strecke, auf der wir neben Feldern, Wäldern und Wiesen auch drei kleine typisch märkische Dörfer sowie Einzelgehöfte passieren werden; Gewässer ganz unterschiedlicher Art runden die Vielfalt dieser Etappe ab.

Mit ›Luch‹ wird eine Wiesenfläche auf Moorboden bezeichnet, ›faul‹ meint in diesem Zusammenhang Fäulnis, faulig oder moorig. Das ›Faule Luch‹ ist also ein Sumpfgebiet mit Tümpeln und morastigen, teilweise wiesenähnlichen Uferbereichen, dementsprechend gibt es daneben auch den Faulen See. Er wirkt dunkel, ist aber nicht schmutzig. Eine interessante Landschaftsidylle erwartet uns dort.

Wir passieren auf der Etappe die Orte Sperenberg, der früher durch den Gipsabbau geprägt wurde und ihm seine Seen verdankt, Kummersdorf und schließlich das sehr gepflegte Christinendorf.

Ungewöhnliche Berufe

In Brandenburg gab es in früheren Jahrhunderten Erwerbsmöglichkeiten, die heute fast vergessen sind. Sie sagen etwas über die Besonderheiten der Landschaften in diesem Bundesland, aber auch über manche Bestrebungen der Herrschenden.
Der Krebsfang war früher eine Erwerbsquelle für Fischer. Insbesondere in den Havelgewässern und vor der Trockenlegung des Oderbruchs gab es ideale Lebensbedingungen für Krebse, und so waren Flußkrebse Erwerbsquelle, Handelsgut und gängiges Nahrungsmittel.
Die Harzgewinnung aus Kiefern ist vor nicht allzu langer Zeit eingestellt worden. In der DDR wurden in die Rinde von Kiefern V-förmige Kerben eingeritzt und an das untere Ende Glasgefäße gehängt. Das ausfließende Harz wurde gesammelt und diente als Rohstoff für verschiedene Zwecke in der Chemischen Industrie. Kiefern mit diesen charakteristischen Einkerbungen gibt es in den Wäldern noch zu sehen.
Das Treideln war eine anstrengende Tätigkeit. Von einem unmittelbar an Flüssen und Kanälen entlangführenden Pfad aus wurden vor der Entwicklung motorisierter Boote die Kähne auf dem Wasser mittels Schlepptau von Menschen oder Pferden gezogen, später sogar an einigen Kanälen von Lokomotiven. Die Treidelwege, die andernorts auch als Leinpfade bezeichnet werden, gibt es als reizvolle Rad- und Wanderwege noch heute. Der vielleicht schönste und bekannteste verläuft von Königs Wusterhausen nach Mittenwalde im Landkreis Dahme-Spreewald.
Die Seidenraupenzucht war durch das gesamte 18. Jahrhundert hindurch eine vom Königshaus forcierte Nebenerwerbsquelle für die unter königlicher Hoheit stehenden Kirchenbediensteten und Lehrer. So wurden insbesondere auf Kirchengrundstücken und Friedhöfen Maulbeerbäume gepflanzt und besonders geschützt. Darüber hinaus gab es sogar Maulbeerbaumplantagen zur Seidenraupenzucht. 1762 soll ein Zählung 25 000 Maulbeerbäume ermittelt haben.
Die Blätter dieses Baumes sind Nahrung und Grundlage der Seidenraupen zur Produktion der Seide. Im 19. Jahrhundert lohnte sich dieses Gewerbe nicht mehr, es gibt jedoch noch vereinzelte Maulbeerbäume, unter anderem auf dem Gelände der Dorfkirche in Sperenberg, unmittelbar am 66-Seen-Wanderweg gelegen.
Es gab nach dem Zweiten Weltkrieg vereinzelt Versuche zur Wiederbelebung der Seidenraupenzucht. Die wenigen Maulbeerbäume der Region reichten jedoch nicht, neue Maulbeerbäume wurden nicht gepflanzt, so daß aus Mangel an Seidenraupenfutter die ganze Angelegenheit zum Erliegen kam.

Streckenverlauf

Unser Ausgangspunkt ist der Bahnhof Wünsdorf. Von hier wandern wir den letzten Kilometer der vorigen Etappe zurück, also die Bahnhofstraße bis an die Kreuzung, und nehmen die Straße in westlicher Richtung. Über einen Bach gelangen wir in den alten Ortskern von Wünsdorf, gehen an der Kirche vorbei und biegen kurz dahinter nach links in eine kleine Straße ab. Nach weiteren 200 Metern folgen wir der Adlerhorststraße nach rechts um die Ecke und erreichen nach weiteren 700 Metern den schönsten Platz am großen **Wünsdorfer See**, eine Badestelle mit weitem Blick über das Gewässer.

Wir bleiben auf der Adlerhorststraße und lassen den Ort hinter uns, überqueren dann ein Stück weiter einen kleinen Bach. Dahinter knickt die Straße nach links ab. Wir verlassen die Straße und gehen auf dem Fahrweg geradeaus an Entwässerungsgräben entlang weiter. Nach etwa 500 Metern zweigt nach rechts ein weiterer Fahrweg ab. Wiederum etwa 300 Meter an einem Graben entlang und dann über eine kleine Brücke nach links abzweigend, bewegen wir uns jetzt in westlicher Richtung auf den Waldrand und ein Gehöft zu. Der sich in den Wald hineinschlängelnde Weg führt uns an zwei rechter Hand liegenden Gehöften vorbei. Gleich nach dem zweiten Gehöft befinden wir uns auf einer Wegkreuzung und nehmen hier den halblinks abzweigenden Waldweg, der für Fahrzeuge gesperrt ist.

Der markierte Weg geht nun 400 Meter geradeaus in Richtung Südwest, dann rechts um die Ecke und weitere 400 Meter Richtung Nordwest bis zu einer Tierpension. Sie ist auf etwas kürzerem Weg entlang eines Grabens ebenfalls zu erreichen, wenn wir, unmittelbar nachdem das Dickicht auf der rechten Seite aufhört, also vom Weganfang nach etwa 100 Metern, nach rechts in einen sehr unscheinbaren Waldpfad abzweigen.

Nach weiteren 300 Metern stoßen wir aus dem Wald heraus geradewegs auf die Tierpension. Wir gehen an dem Gebäude vorbei und anschließend am rechten Rand der Sumpfwiesenlichtung entlang. An ihrer hinteren rechten Ecke zweigt zunächst nach rechts ein unscheinbarer Waldweg ab, der sich in die Hügel hinein fortsetzt und im Wald sogleich eine Linkskurve beschreibt. Wir befinden uns in der Klausdorfer Heide und wollen diesen Wald bis zum **Faulen Luch** weiter in westlicher Richtung durchqueren. Damit Wanderer sich nicht verlaufen, waren fleißige Helfer mit Pinsel und Farbe unterwegs: Der Weg ist gut und sicher markiert.

Sollte es irgendwo vorübergehend dennoch plötzlich eingetretene Problemstellen geben, dann verhindert folgender Hinweis das Verirren: Zwei Hochspannungsleitungen, eine rechts, eine links von uns noch entfernt, verlaufen aufeinander zu, und an dem Punkt, an dem sie sich treffen, gelangen wir an das Faule

Luch. Wenn man keine Hochspannungsleitung unterquert und sich westlich orientiert, findet man selbst ohne Markierung sicher dorthin.

Hier ändern wir unsere Richtung nach Süden. Auf einem markierten Wanderweg bewegen wir uns nun nach links und entfernen uns damit von den Hochspannungsleitungen. Rechts neben uns haben wir nun einen kleinen See und das Sumpfgebiet. Nach etwa 500 Metern Wegstrecke nutzen wir den kleinen Pfad, der nach rechts abzweigt, zwischen Faulem Luch und dem Faulen See hindurchführt und dann links weiterverläuft, immer am rechten Ufer des ruhigen Waldsees entlang. Beeindruckende Blicke auf den **Faulen See** tun sich auf, mehrere Stellen laden zur Rast ein.

Wir gehen am Ufer entlang, bis uns am Ende des Sees ein Angleranwesen das Ufer versperrt. Dort verlassen wir das Gewässer nach rechts, kommen auf eine Anhöhe und dort an das Ende des Waldes. Dort stehen Häuser und auch ein Wanderwegweiser. An dieser Stelle ist ein kleiner Abstecher möglich: Wenn wir an dem Gehöft rechts vorbei in den Wald hinein gehen, finden wir geradeaus nach wenigen Schritten hinab einen verborgenen **Gipssee**.

Die Bedeutung Sperenbergs lag früher im Gips. In unmittelbarer Nähe des Ortes war Gipsgestein zu finden, Reste sind an den Gipsseen noch erkennbar. Deshalb wurde hier etwa seit dem 13. Jahrhundert und bis vor wenigen Jahrzehnten Gips abgebaut. Die vollgelaufenen Tagebaurestlöcher sind nun Seen – tief, kühl und klar. Der Ort wurde überregional im 19. Jahrhundert zusätzlich dadurch bekannt, daß dort die seinerzeit weltweit tiefste Bohrung in die Erde bis über 1200 Meter getrieben wurde.

Unabhängig von diesem Abstecher bieten sich hier am Ortsanfang zwei gleich lange Möglichkeiten:

Entweder auf dem Fahrweg am Haus links vorbei unten an den Seen in den Ort oder auf dem breiten Forstweg vor dem Haus nach rechts ab und 500 Meter nördlich auf einem Weg nach links über die offene Höhe mit Aussichtsturm an der höchsten Stelle etwas abseits des Weges. Weiter in Richtung Westen wird das Zentrum von Sperenberg erreicht. An der Kirche treffen sich beide Wege und gegenüber lädt der Gasthof ›Alter Krug‹ zu einer Rast ein. Der See ist sehr beeindruckend, tiefgrün und idyllisch. Daher bietet es sich an, erst dorthin und dann über die Höhe zu wandern.

Vom Gasthof nehmen wir nun die kleine Straße, die rechts neben dem Gasthof gegenüber der Kirche beginnt. Über die Brücke eines kleinen Bachs hinweg erreichen wir bald die Abzweigung nach rechts in die Puschkinstraße. Auf dieser überqueren wir ein Bahngleis, gehen bis zum Ende der Straße und stehen nun vor dem Eingang zu dem ehemaligen Militärflugplatz Sperenberg. Rechts neben dem Eingangstor geht der Weg über ein stillgelegtes Bahngleis und dann nach links immer an der Mauer des Geländes entlang weiter.

Bis 1994 war dieses Gelände einer der größten Militärflugplätze im Deutschen Osten. Er wurde bereits in der Nazizeit gebaut und nach dem Zweiten Weltkrieg von der Sowjetarmee genutzt. Zeitweilig war er als Standort für den geplanten Großflughafen Berlin-Brandenburg International im Gespräch, bis sich die beiden Landesregierungen entschlossen, den Flughafen Schönefeld auszubauen. Nun herrscht hier Ruhe. Die ehemaligen Landebahnen und Gebäude liegen westlich unserer Route.

Unterwegs bei Sperenberg

Erfreulicher als der Blick auf das frühere Fluggelände ist ein Blick nach rechts: Dort liegt ein liebliches ruhiges Wiesengelände, durch das sich der vorhin überquerte Bach dahinschlängelt. Unsere Wanderung führt auf diesem Weg immer an der Grenze des gesperrten Geländes entlang, bis wir an einer Brücke über einen Bach links den Blick auf einen See innerhalb des Sperrgebietes werfen können, in dem Bauwerke auszumachen sind. Sie sind allein zu militärischen Übungszwecken errichtet worden. Unserem Weg hinter der Brücke schräg nach

Am Sperenberger See

rechts folgend, erreichen wir nach etwa 500 Metern Kummersdorf. Wie viele Orte in Brandenburg geht sein Name auf alte slawische Begriffe. Hier vermuten die Forscher das slawische ›Komor‹ als Ursprung, was Mücke heißt.

Wir können geradeaus den Ort durchqueren, der Gasthof ist mit sehr geringem Umweg nach rechts erreichbar. Am Kriegerdenkmal geht es schräg nach rechts vorbei weiter in nördlicher Richtung. Wir orientieren uns weiter geradeaus auf diesem Fahrweg, halten uns dabei an einer Gabelung rechts, also weiter geradeaus an einer kleinen Stromleitung entlang und sind inzwischen in ein kleines Waldstück gelangt. Am Ende öffnet sich der Blick in die Weite der Landschaft. Ein Schild ›Büffel‹ weist an dieser Stelle auf ein rechts befindliches Anwesen hin. Vor uns sind, in etwa drei Kilometer Entfernung, einige Häuser auszumachen. Sie sind unser nächstes Ziel. Wir erreichen sie, indem wir noch weitere 200 Meter geradeaus gehen, über eine Grabenbrücke hinwegkommen und dann nach rechts am Graben entlang zu der nun vor uns sichtbaren Hecke gelangen. Davor befindet sich ein weiterer Graben. Vor der Hecke biegen wir nach links ab, sehen die Häuser wieder vor uns und haben nun fast drei Kilometer schnurgerade Wegstrecke vor uns.

In Saalow angekommen, wenden wir uns nach links und schwenken nach etwa 250 Metern am Waldrand rechts in den Weg, der sich in Richtung Norden in lieblichen Schlangenlinien auf die Hochspannungsleitung zu bewegt und diese nach etwa einem Kilometer kreuzt. Weiter in nördlicher Richtung, also rechts an Gebüschen vorbei, gelangen wir an eine kleine Teerstraße, kreuzen sie ebenso wie einen Graben, wandern gemäß der Markierung zunächst am Waldrand weiter und dann in den Wald hinein.

Dort stoßen wir auf einen kleinen **Sumpfsee**. Er hat noch keinen Namen und ist der kleinste der drei Gadsdorfer Torfstichseen. Dem markierten Weg folgen wir nach rechts und kommen zu dem zweiten See, dem **Kleinen Gadsdorfer See**, der auch Kleiner Gadsdorfer Torfstich genannt wird.

An seinem Ende führt der Weg um eine Ecke nach links, also westlich weiter am Waldrand entlang. Damit kommen wir zu einer Attraktion dieser Etappe, dem verträumt zwischen Wald und Feld, am Fuß des soeben umrundeten Höllenberges gelegenen **Großen Gadsdorfer See**, auch Großer Gadsdorfer Torfstich genannt. Am Seeufer nach rechts, dann dem Wegknick nach links folgend, zweigen wir hinter der auffälligen Eiche, hinter dem Seezipfel, durch die grüne Schranke nach links vom Hauptweg ab und folgen dem Ufer gemäß Markierung bis zum Abzweig rechts.

Nach etwa 500 Metern verlassen wir den Wald und sind wieder in der Weite der Landschaft, passieren ein grünes Containergebäude, man könnte es den Terminal des hiesigen Modellflugplatzes nennen, nehmen dessen Zufahrtsweg bis zur Landstraße.

Wir überqueren die Straße, denn genau gegenüber führt uns geradeaus weiter ein Asphaltweg über weite Felder nach Christinendorf. Am Ortsrand verläuft unsere Route geradeaus weiter und sofort wieder hinaus. Christinendorf hat eine Kirche und mehrere hübsche Häuser, wie man bei einem kleinen lohnenswerten Rundgang schnell erkennen kann.

Entlang der Bundesstraße 246 folgt ein unangenehmes Wegstück zur Überwindung der autobahnähnlichen neuen Bundesstraße 101 – derzeit noch eine Baustelle –, doch hinter der Brücke können wir, uns links haltend, sehr schnell wieder auf angenehmen Wegen wandern.

Nochmals überraschen uns in einem Wäldchen idyllische ehemalige **Torfstiche**, jetzt als kleine Seen mit wieder eigenem Charakter. Dazu umrunden wir rechts einen Hügel und biegen wir zwischen den beiden Seen hindurch rechts ab.

Weiter geradeaus endet unser Weg in Kürze an einer Straße, und wir haben dort den Ortsanfang von Trebbin erreicht. Der Bahnhof befindet sich vor der Bahnunterführung rechts, das Hotel hinter dem Bahnhof ebenfalls rechts.

Ausflugstip

• Autoausflug nach Sperenberg, über die B 101 Abfahrt Trebbin und die B 96 erreichbar. Dort ist besonders im Frühling ein Spaziergang entlang der Gipsseen im Tal und des Gipsberges mit Aussichtsturm einen lohnenswerten Rundgang wert. Noch abwechslungsreicher wird die Wanderrunde, wenn das benachbarte Waldgebiet mit dem Faulen Luch und dem Uferweg entlang des Faulen Sees einbezogen wird. Parkmöglichkeiten und Start der Runde an der Kirche. Als Ausklang bietet sich dort ein einfacher Gasthof und in Kummersdorf eine schöne Gaststätte an. Vielleicht schauen Sie zuvor noch beim Fischer am Neuendorfer See vorbei. Beides mit dem Auto ab Sperenberger Kirche nicht weit entfernt.

Eine ganz besondere Dorfstruktur bietet Lüdersdorf, der Umweg und Halt dort lohnen sich, denn der alte Ortskern ist ein komplett erhaltener liebenswert gepflegter Rundling.

Das Vogelparadies

Tour 16: Von Trebbin nach Seddin

Gesamtlänge 25 km.
Teilstrecken Trebbin–Stücken Bushaltestelle: 14,5 km; Stücken–Wildenbruch: 5,5 km; Wildenbruch–Seddin Jägerhof/Bushaltestelle: 5 km.
Varianten Es gibt eine Abkürzungsmöglichkeit am Südufer des großen Seddiner Sees entlang. Diese Route zeigt zwar anstelle des Dorfes Wildenbruch den Ort Seddin, verläuft aber unattraktiv, da viel auf Straßen, und bietet bedeutend weniger Natur.
Verkehrsverbindungen Bahnverbindung Trebbin: Regionalbahnlinie Wittenberge–Berlin-Spandau–Berliner Innenstadt–Schönefeld–Luckenwalde–Jüterbog, Zugfolge stündlich in beide Richtungen.
Stücken und Wildenbruch: Busverbindung nach Potsdam; Fahrzeiten erfragen unter 030/25 41 41 41 oder 018 05/82 26 62.
Seddin: Bus im Abstand von 30 Minuten nach Potsdam mit 15 Minuten Fahrzeit zum Bahnhof Michendorf.
Dort folgende Regionalbahnlinien: Eberswalde–Bernau–Berlin Innenstadt–Potsdam–Belzig, Zugfolge stündlich; Berlin-Schönefeld–Potsdam, Zugfolge stündlich; Berlin Wannsee–Beelitz, Zugfolge stündlich.
Wanderkarten Maßstab 1:50 000, im Kartenteil dieses Buches die Seiten 26–27; Ausschnitte aus L 3744 (Potsdam) und 3742 (Werder).
Markierung Blauer Punkt.
Einkehr Trebbin, Blankensee, Wildenbruch, Seddin.
Unterkunft Trebbin, Blankensee, Seddin.
Besondere Sehenswürdigkeiten Blankensee: Schloß und Schloßpark, Bauernmuseum, das Innere der Dorfkirche, Wildenbruch: Dorfkirche und typische ländliche Wohnhäuser.
Hinweise Für Nordic Walking sehr gut geeignet.
Ein früher Start und anfangs zügiges Wandern empfiehlt sich bei dieser Tour besonders, denn in Blankensee gibt es zahlreiche herausragende Sehenswürdigkeiten. Dort ist das Baden wegen Naturschutz verboten, eine sehr große und beliebte Badestelle bietet später das Ostufer des Seddiner Sees direkt am Wanderweg. Wegen der zahlreichen Möglichkeiten, Vögel zu beobachten, empfiehlt es sich, ein Fernglas mitzunehmen.

Auch diese Etappe führt auf überwiegend unbefestigten Wegen durch abwechslungsreiche Landschaftsformen. Sie zeichnet aus, daß wir ein großes Naturschutzgebiet passieren, in dem sich große Populationen an Zugvögeln vor allem im Herbst und Frühjahr aufhalten. Je nach Jahreszeit tummeln sich dort Kraniche, Reiher, Störche, Wildgänse und Kiebitze, aber auch andere allenthalben in dieser Region anzutreffende Greifvögel und Singvögel.

Das Rathaus in Trebbin

Mit Trebbin erleben wir eine typische märkische Kleinstadt, das Dorf Wildenbruch ist schmuck, Blankensee mit Schloß und Schloßpark, Dorfmuseum und Kirchen und seiner zauberhaften Lage am gleichnamigen See aber sicherlich die Hauptattraktion dieser Etappe. Für eine Besichtigung sollte man sich Zeit nehmen.

Streckenverlauf

Die Tour beginnt in Trebbin. Das ist ein unspektakulärer Ort mit etwa 4000 Einwohnern, der sich aus einer Siedlungsstätte, die seit dem 13. Jahrhundert bekannt ist, entwickelt hat. In jüngster Zeit hat sich im Stadtkern wenig verändert. Trebbin ist ein kleines märkisches Städtchen, wie sie seit Jahrhunderten für diese Landschaft typisch sind.

Wir verlassen den Bahnhof Trebbin in westlicher Richtung durch die Parkstraße. Am Park gelangen wir in spitzem Winkel auf die Hauptstraße, die Bundesstraße 246, überqueren sie, folgen der kleinen Straße nur bis zur nächsten Querstraße und schwenken dort nach rechts zum Ortszentrum. Hier folgen wir der typischen Kleinstadtstraße nach links bis zum Rathaus. Dort bleiben wir, rechts abbiegend, auf der Bundesstraße bis zum Ortsende, überqueren das Flüßchen Nuthe und erreichen Löwendorf.

Rund 50 Meter hinter dem Ortseingangsschild verlassen wir die Bundesstraße nach links, um gleich danach am Wanderweghinweisschild nach halbrechts, also in die Waldstraße hinein, zu gehen. Wir kürzen an dieser Stelle gegenüber dem auf dem Schild angegebenen Weg etwas ab. Wenn die Straße kurz danach zu einem sandigen Waldweg wird, erreichen wir hinter dem Ende der rechts neben uns befindlichen Grundstücksbegrenzungen eine Kreuzung, an der links die Straße An den Sümpfen abzweigt. Wir biegen nach rechts ab, vor dem an der Ecke befindlichen einzelnen eingezäunten Grab mit einem Obelisken.

Sehr schnell finden wir somit an der vierten Laterne gegenüber dem Grundstück Nr. 12 den Anfang des nach links abzweigenden, markierten Wanderweges, auf dem wir nun im Wald geradeaus einen immer sandiger und breiter werdenden Weg aufwärts zu bewältigen haben.

Am oberen Ende der breiten Schneise, unterhalb des Gipfels des 103 Meter hohen Löwendorfer Berges, lohnt ein Blick zurück: Eine erstaunliche Fernsicht bietet sich von hier. Etwas höher steht ein nicht zu besteigender Markierungsturm, an dem vorbei und geradeaus weiter ein markierter Weg in Richtung Priedel bergab weiterführt. Dabei ergeben sich ebenfalls noch einige Weitblicke.

Nachdem der Abstieg vom Löwendorfer Berg bewältigt ist, geht es an der Einmündung nach rechts und gemäß unserer Markierung weiter zur Straße, die an einem Gasthof erreicht und geradeaus überquert wird. Gegenüber führt die Route weiter im Blankenseer Weg bis zur nächsten Ecke, dort nach links in den Birkenweg hinein. Er mündet am Ende der Besiedlung in einen Fahrweg. Dort folgen wir nach links einer Markierung und gelangen auf diesem Weg entlang eines gesperrten Gebietes bis zu seinem Ende.

150 Meter vor dem erkennbaren Ende des Weges weist ein Hinweisschild nach links und leitet uns zweimal rechts mit 500 Metern Weg dorthin, wo wir auch geradeaus, mit etwa 70 Metern Weg, aber etwas beschwerlich hinkommen.

Wir halten uns nun nach rechts am Waldrand in nördlicher Richtung, bis der Weg in spitzem Winkel zu der Straße führt, die zu überqueren ist. Somit gelangen wir in die kleine Straße Mühlenberg hinein.

Wir folgen dieser Markierung, verlassen am Ende diese Straße vor einigen Häusern nach rechts und gelangen zu einem Parkplatz. Dieser ist rechts zu umrunden und die Richtung auf einem Feldweg bis zu einer weiteren kleinen Straße fort-

Vom Steg ergibt sich ein weiter Blick über den Blankensee

zusetzen. Dort geht es nun nach links hinab zum Ufer des **Blankensees**, den wir nun in schöner Pracht von nahem sehen.

Diese wunderschöne Uferstelle ist die einzig zugängliche Stelle des großen Blankensees und bietet sich für eine Rast an. Es gibt allerdings noch eine weitere Stelle, von der dieser See eindrucksvoll zu sehen ist: Auf der Höhe ›Seeblick‹ ist ein Rastplatz eingerichtet, der in ruhigem Gebiet eine weite Sicht über Wasser und Land ermöglicht. Dieser südlich des Sees gelegene Punkt bedeutet für uns einen deutlichen Umweg und bietet sich daher eher als separates Ausflugsziel an.

Unser Weg führt nun über den abgebildeten Holzsteg, von dem aus sich ebenfalls ein weiter Blick über das Gewässer bietet. Auf dem schwarzen Weg, gemäß Markierung in Ufernähe, gelangen wir zu dem Dorf Blankensee und am Ortsanfang zu einer Brücke über das Flüßchen Nieplitz. Darüber hinweg wäre gleich das Ortszentrum erreicht.

Wesentlich reizvoller ist jedoch ein Besuch des Schloßparks und des gesamten Dorfes. Folgt man diesseits des Flüßchens dem gepflegten Wiesenweg, gelangt man von der Rückseite über Brücken hinweg in den Schloßpark. Am Ende des Wiesenweges könnten wir nach rechts mit beträchtlichem Umweg das Gasthaus und die Johannische Kirche erreichen, angenehm rustikale Gastronomie gibt es am Museum.

Der berühmte Schloßpark in Blankensee ist ein Kleinod im gesamten Land. Ein regional bekanntes Adelsgeschlecht legte mit dem Bau eines Gutshauses den Grundstein. Später wurde unter Einbeziehung des Flüßchens Nieplitz ein Park von dem berühmten Gartengestalter Peter Joseph Lenné angelegt und insbesondere durch den Schriftsteller Herrmann Sudermann, dem das Anwesen später gehörte, noch geschmackvoll verbessert. Im Ergebnis ist hier die große Kunst der Parkgestaltung auf kleinem Raum zu bewundern.

Also halten wir uns am Ende der Wiese an den Häusern auf dem Fahrweg nach links und erreichen das Schloß, passieren es aber nicht, sondern zweigen vor dem Gebäude nach rechts in den Park hinein ab, sehen das Schloß jetzt noch nicht von vorn, sondern von der Rückseite und folgen den Wegen in die hinteren rechten Ecken.

Dort öffnen sich verborgene Schönheiten. Dann schlendern wir am Rand des Parkes zunächst in Richtung des Flüßchens, dort über kleine Brücken und erst dann zum Schloß zurück. Nun lassen wir uns auch die andere idyllische Runde auf der gegenüberliegenden Seite des Hauptweges nicht entgehen. Es sind nur wenige Minuten Fußweg. Schließlich sehen wir das Schloß von vorn und schlendern durch die Hauptallee mit den Figuren an den Seiten und durch das imposante Tor aus dem Park in das Dorf und finden nach wenigen Metern geradeaus das Museum mit der Gaststätte.

Zahlreiche Skulpturen schmücken den Schloßpark in Blankensee

Das bäuerliche Museum bietet in dem Rückbau eines alten Bauernhauses mit ursprünglicher Bauweise der Räume und einer Küche mit offenem Kamin etwas Besonderes. Es ist komplett im Stil und mit dem Inventar früherer bäuerlicher Zeiten eingerichtet, denn bereits vor sehr langer Zeit hatten Bewohner die Idee, nicht nur traditionell Museales zu sammeln, sondern Gebrauchgegenstände, Kleidung und alles, was es in einem bewohnten Haus gibt. Dieses Sammeln wurde bis in die Gegenwart fortgesetzt, so daß in separaten Räumen zusätzlich auch die jüngere Geschichte bis zur DDR-Vergangenheit ortsbezogen vorgestellt wird.

Nach einem möglichen Besuch des Museums orientieren wir uns in Richtung Kirche. Sie stammt aus dem 13. Jahrhundert. Etwas abseits des Ortskernes liegt eine weitere Kirche, die Johannische Kirche, die im Besitz der gleichnamigen Gemeinde ist. Damit weist Blankensee eine weitere Besonderheit auf. Der Kirchengründer Joseph Weißenberg, ehemals Maurer, besaß offenbar derart beeindruckende unerklärbare mediale Fähigkeiten, das sich eine große Anhängerschar um ihn versammelte. Er gründete eine Kirchengemeinschaft, die bis heute als evangelisch orientierte ›Johannische Kirche‹ besteht und wollte eine kleine heile Welt schaffen, gekennzeichnet durch Frieden untereinander und mit der Welt. Neben der Kirche entstand auch eine Siedlung, die den Namen ›Friedensstadt‹ erhielt. In der NS-Zeit wurde der Kirchengründer verbannt; er starb 1941. Die Friedensstadt paßte auch nicht in das System der DDR, wurde enteignet und erst in jüngerer Zeit dieser Kirchengemeinschaft zurückgegeben. Bemerkenswert ist aber, daß durch alle Zeiten hinweg die einfache Kirche der Johannischen Kirche in Blankensee erhalten blieb und gegenwärtig Anhänger aus ganz Deutschland mit regelmäßig weit über einhundert Gottesdienstbesuchern dort versammelt.

Links neben der Dorfkirche setzt sich unsere Route fort, ein weiterer Abstecher könnte zum Vogelbeobachtungsturm führen. Hin- und Rückweg machen zusammen etwa zwei Kilometer aus, also etwas weniger, als angegeben ist. Dabei wird jeweils der See mit dem simplen Namen ›**Seechen**‹ passiert. Vom Vogelbeobachtungsturm ist übrigens rechts auch der Grössinsee wahrzunehmen. Nur wenn intensive Vogelbeobachtungen mit dem Fernglas angestrebt werden, lohnt sich der Umweg, ansonsten kann man sich diesen Weg ersparen, denn mit Ausnahme der beiden Gewässer sehen wir alles andere später auch vom Weg aus ebensogut.

Wir befinden uns nun inmitten des Naturschutzgebietes, das neben den weiten Wiesen auch den Blankensee und den Grössinsee umfaßt. Deshalb ist das sumpfige Wiesengelände nicht passierbar, und wir müssen, um unsere Wanderung fortzusetzen, auf der kleinen Fahrstraße in Richtung Stücken an der Kirche vorbei. Hinter der Siedlung ›Breite‹ bieten sich immer wieder Blicke auf das weite Wiesengelände des Naturschutzgebietes.

Wir wandern nun geradeaus bis nach Stücken hinein und dort weiter bis zur Einmündung einer Straße, auf ihr nun nach links über eine Brücke. An der Stra ßenverzweigung und der Bushaltestelle dahinter schauen wir nach rechts in die Seddiner Straße und biegen dort sofort nochmals rechts in die Straße Am Bauernteich ab. Ein Feldstein zeigt die Fortsetzung des Ortolan-Rundweges an, dem wir nun durch Waldgebiet folgen. Im Wald ist eine ungewöhnlich mächtige Eiche auszumachen, als Naturdenkmal ist sie geschützt. An der Einmündung des Ortolan-Weges in einen Forstweg schwenken wir nach links und 100 Meter weiter nach rechts in einen weiteren Weg, der nun in Richtung Nordwest bald danach unter einer Hochspannungsleitung hindurch und dann in offenes Gebiet führt.

Die Kirche in Wildenbruch

Der Weg geleitet uns an das rechte Ufer des **Kähnsdorfer Sees** und daran entlang zu einer kleinen Asphaltstraße, an der nach links ein Autoparkplatz zu finden ist. Dieser liegt zwischen dem Kähnsdorfer See und dem Seddiner See.

Über den Parkplatz nach rechts hinweg erreichen wir die dazugehörige Badestelle am **Großen Seddiner See**. Wir wandern weiter, dem deutlichen Fahrweg folgend. Zunächst verlassen wir wieder das Ufer nach rechts, gelangen dann erneut an eine Ausbuchtung des Sees, an der wir uns nun in Richtung der inzwischen sichtbaren Kirche von Wildenbruch nach links vom Fahrweg in einen kleinen Fußweg abbiegen. Der Fußweg leitet uns auf kurzem Weg zum Zentrum des hübschen Dorfes Wildenbruch.

Hinter der Feldsteinkirche halten wir uns links und erreichen das Gasthaus ›Zur Linde‹, ein bekanntes und renommiertes Haus, das mit einer Gaststättenscheune und einem Bereich für gehobene Ansprüche ganz unterschiedlichen Wünschen entgegenkommt. Wenige Schritte weiter finden wir eine kleine Querstraße, in die wir nochmals links abbiegen und somit den Ort in Richtung See wieder verlassen. Auf den Weiden verzweigt sich der Weg, wir wandern nach rechts in Richtung Ufer weiter.

Vom See ist hier noch nichts zu sehen, dafür ist es jedoch ein schöner Wiesenweg, der an einem Golfplatz vorbei schließlich zu einem Waldrand führt. Dort befinden sich Wochenendgrundstücke, vor denen unser Weg zum Seeufer führt.

Ein zunächst recht urwüchsiger Wegabschnitt erwartet uns, doch bald eröffnen sich immer zahlreicher werdende Sichtstellen auf den See. Ein Kahnliegeplatz wird umrundet, und unterhalb einiger Grundstücke geht es direkt am Ufer weiter, bis wir schließlich an der Bundesstraße vom Ufer aus auf den Fußweg diesseits der Straße gelangen und nach links über Brücke und Damm zwischen den Seen zu der Bushaltestelle Seddin finden. Sie ist hinter der mit Verkehrsampeln geregelten Kreuzung auf unserer Straßenseite zu finden.

Ausflugstips

• Autofahrt nach Blankensee und Spaziergang kurz durch Ort und Park und zum Vogelbeobachtungsturm, anschließend Museumsbesuch und/oder Spaziergang durch die Auenlandschaft südlich zum Steg in den See, Einkehr rustikal am Museum oder mit gehobener Qualität und idyllischer Lage im Gasthaus neben der Johannischen Kirche.
• Eine besonders lohnenswerte Nordic-Walking-Runde oder Rundwanderung ergibt sich aus der Umrundung des Hohen Berges zwischen Blankensee und Stücken. Auf der Ostseite ergeben sich die Blicke über die Wiesen, auf denen fast immer Vögel beobachtet werden können, auf der Westseite führt ein mitunter etwas beschwerlicherer Weg entlang der Waldkante zum Fahrweg zurück und bietet malerische Blicke über Stücken und seine Umgebung. An dem Fahrweg gibt es einen kleinen Parkplatz, besser ist jedoch der Start in Stücken.
• Südlich des Blankensees gibt es eine Stelle mit der Bezeichnung ›Seeblick‹. Das ist ein Rastplatz mit Tisch und Bänken etwas abseits des holperigen Fahrweges über den Mühlenberg mit einer sehr schönen freien Aussicht von einer Höhe von etwa 50 Metern über den gesamten See und in die unendliche Weite der flachen Landschaft dahinter. Besser als die Anfahrt mit dem Pkw ist eine Fußwanderung dorthin von Stangenhagen aus oder eine selbstkonzipierte Wanderrunde über Schönhagen. Und dort gibt es südlich noch den Lankenberg, ein unheimlich wirkendes Gelände, das auf den kleinen eingezeichneten Wegen erreichbar ist.
• Wildenbruch mit seiner Umgebung und der Gaststätte ist bereits als Ausflugsziel weit bekannt.
• Eine mit dem Auto erreichbare Badestelle mit großem Parkplatz befindet sich am Ostufer des Großen Seddiner Sees am Ende der Straße über Seddin und Kähnsdorf. Sie ist wegen der guten Erreichbarkeit auch sehr stark frequentiert.

Heide und Havel

Tour 17: Von Seddin nach Potsdam

Gesamtlänge 25 km.
Teilstrecken Bushaltestelle Jägerhof Seddin–Bahnhof Ferch-Lienewitz: 8 km, Bahnhof Ferch-Lienewitz–Bushaltestelle Schloß Caputh: 6 km, Schloß Caputh–Bahnhof Pirschheide: 4,5 km oder 5,5 km.
Bahnhof Pirschheide–Brandenburger Tor: Unterschiedliche Möglichkeiten mit Straßenbahnhaltestellen unterwegs.
Varianten Das Kartenblatt auf Seite 28 zeigt zwei Möglichkeiten. Hierzu folgende Hinweise für Ihre Entscheidung:
Caputh–Bahnhof Pirschheide: Die östliche Route ist markiert und kürzer, führt ab Schloß Caputh zunächst an Einfamilienhäusern vorbei zum Einsteinhaus, dann überwiegend auf Waldwegen bis zum Bahndamm, dort sehr schön entlang des Ufers und bietet von der Fußgängerbrücke über die Havel hinweg in beiden Richtungen weite eindrucksvolle Blicke.
Die westliche längere Variante ist nicht markiert, zeigt einen Teil des alten Ortes Caputh, nutzt eine Uferpromenade entlang der Havel, bietet als besonderes Erlebnis die Fahrt mit einer Fähre über die Havel, umgeht zusätzlich den Petziensee und bietet mit dem Weg entlang des gegenüberliegenden Havelufers längere Wegstrecken entlang des Flußufers.
Hinsichtlich des letzten Wegstückes gibt es ebenfalls mehrere Möglichkeiten: Der markierte Weg führt zum Park von Sanssouci, denn dieser Park bildet das würdige Ende der gesamten Tour und zeigt – vom Eingang am Schloß Charlottenhof kommend – neben diesem Schloß und seinen Gärten noch einige weitere seiner berühmten Kleinode: das Chinesische Teehaus, die Römischen Bäder und die Friedenskirche.
Wenn Sie jedoch den kürzesten Weg zum Brandenburger Tor, dem Anfangs- und Endpunkt der gesamten Wanderroute wählen wollen, dann überbrücken Sie ein kurzes Straßenstück und kehren an das Havelufer zurück. Ein weiterer Parkweg, mit blauem Strich markiert, leitet Sie dann an dem Gebäude vorbei, das äußerlich einer Moschee nachempfunden ist, im Inneren jedoch das Pumpenhaus für die Fontänen des Parkes von Sanssouci beherbergt. An der folgenden Holzbrücke verlassen Sie die Havel, wenden sich der Hauptstraße zu, überqueren sie und sind nach wenigen Schritten am Brandenburger Tor. Weiter entlang des Havelufers würde Sie die blaue Strichmarkierung am ehemaligen Lustgarten des Stadtschlosses vorbei zum Hauptbahnhof Potsdam führen.

Verkehrsverbindungen Startpunkt Seddin, Bushaltestelle Jägerhof: Bus ab Hauptbahnhof Potsdam und ab Bahnhof Michendorf in Richtung Belzig stündlich (Bus-Infobüro am Busbahnhof neben Hauptbahnhof Potsdam und VBB, Tel. 030/25 41 41 41 und 18 05/82 26 62).
In Michendorf folgende Regionalbahnlinien:
Eberswalde–Bernau–Berlin-Innenstadt–Belzig–Dessau, Zugfolge stündlich.
Berlin-Schönefeld–Potsdam–Belzig, Zugfolge stündlich.
Ferch-Lienewitz: Waldbahnhof an der Regionalbahnlinie Potsdam–Schönefeld, Zugfolge stündlich.
Caputh: Busverbindung nach Potsdam in kurzen Abständen, Haltestellen an der Wanderstrecke. Bahnverbindung Bahnhof Caputh-Geltow Regionalbahn wie Ferch-Lienewitz.
Potsdam Hauptbahnhof: Zahlreiche Verbindungen mit Regionalbahnen, S-Bahn, Tram und Bussen innerhalb Potsdams, nach Berlin und diversen anderen Orten.
Potsdam Brandenburger Tor: Straßenbahnhaltestelle Luisenplatz, Straßenbahn zum Hauptbahnhof oder 20 Minuten Fußweg.
Wanderkarten Maßstab 1:50 000, im Kartenteil dieses Buches die Seiten 27–28.
Topografische Karte ›Potsdam und Umgebung‹, 1:50 000, Landesvermessungsamt Brandenburg.
›Potsdamer Havelseen, Werder und Umgebung‹, 1:35 000, Verlag Dr. Barthel.
Markierung Blauer Punkt.

Bahnhof Ferch-Lienewitz

Einkehr Seddin, Caputh und später am Templiner See, Potsdam ab Stadtgrenze.
Unterkunft Seddin, Caputh, Potsdam.
Besondere Sehenswürdigkeiten Gedenkstätte für die Kriegsopfer, die in einer Schlacht im April 1945 starben, Schloß Caputh, Havelfähre oder Einsteinhaus, Teilbereiche des Parks und Schloßbauten im Park von Sanssouci und andere historische Bauten in Potsdam.
Hinweise Die Strecke ist in den Waldgebieten und die Hauptroute bis nach Potsdam markiert.
Hinsichtlich der Besichtigungen des Einsteinhauses und des Schlosses in Caputh müssen die Öffnungszeiten vorab erfragt werden.

Die letzte Etappe des 66-Seen-Wanderwegs bildet eine Wanderstrecke, die aus zwei sehr unterschiedlichen, fast gegensätzlichen Teilen besteht: Am Beginn nutzen wir unbefestigte Waldwege – ideal auch für Nordic Walking –, später dann in Caputh und Potsdam Uferpromenaden, gepflegte Spazierwege und gepflasterte Fußwege. Anfangs umgibt uns die Waldeinsamkeit, später kommen wir durch zunehmend attraktive Ortsbereiche mit entsprechend stärkerer Nutzung durch Fußgänger aller Art. Am Anfang erleben wir die Ursprünglichkeit der Natur, am Ende deren gepflegte Gestaltung in Garten- und Parkanlagen. Es wird deutlich, daß sich mit dieser letzte Etappe der Gesamtrunde um Berlin das Land Brandenburg wiederum sehr abwechslungsreich darstellt und diese Tour sogar nochmals Neues zu bieten hat.

Der Weg führt uns durch Gebiete, die durch Heidekraut und Birken geprägt sind. Später erreichen wir das Havelufer und erleben ein typisches Stück dieses Flusses, der sich auch hier teilweise als Fluß zeigt, teilweise in seinen ausufernden Weiten, den bekannten Havelseen, als Fluß gar nicht erkennbar ist.

Idyllisch bleibt die Wanderung bis zum Ende, denn je mehr wir entlang der Havel dem Zentrum Potsdams und dem Ende zustreben, umso mehr präsentiert uns diese Stadt auch hier einige ihrer zahlreichen Sehenswürdigkeiten. Deshalb fällt hier die Empfehlung einer optimalen Strecke ab Caputh sehr schwer. Entscheidungshilfen geben die oben aufgeführten Varianten und Hinweise.

Streckenverlauf

Unsere Tour beginnt in Seddin an der Bushaltestelle Jägerhof. Dort können wir an der Ampel die Straße gefahrlos überqueren und auf dem Fußweg auf der östlichen Straßenseite in Richtung Michendorf/Potsdam ein kurzes Stück über den Damm zwischen dem großen und dem kleinen Seddiner See zum Uferweg zurückgehen, den wir am Ende der vorigen Tour verlassen haben. Das bedeutet, daß wir uns sogleich hinter der kleinen Brücke nach rechts zum Ufer hinabwenden und die Straße unterqueren. Auf diese Weise erreichen wir gefahrlos das rechte, nördliche Ufer des **Kleinen Seddiner Sees** und den Wanderweg, der am Ufer angelegt wurde.

Am Ende des Sees finden wir hinter einem überdachten Rastplatz an einer alten Eiche eine Weggabelung mit Wegweisern. Wir folgen ab hier den Markierungen, die uns zu dem versteckt und einsam im Wald liegenden **Teufelssee** führen. Der Weg beginnt an der Eiche auf dem linken Weg in den Wald hinein und nach 100 Metern nochmals nach links ab und parallel zu der durch die Bäume sichtbaren Wiesenfläche. An einer Gabelung geht es wiederum links entlang der Wiesenfläche, die hinter uns bleibt, wenn wir geradeaus auf dem Forstweg tiefer in den Wald hinein gehen.

An einer unübersehbaren Waldwegkreuzung halten wir uns entsprechend der Markierung nach links, bereits 200 Meter müssen wir scharf nach rechts abbiegen. Nun folgen wir etwa einen Kilometer geradeaus dem Forstweg, der schließlich an einer verwirrenden Wegverzweigung zu enden scheint. Der See liegt noch unsichtbar vor uns, deshalb gehen wir, etwas nach rechts versetzt, geradeaus weiter, so daß wir sogleich links an einem Wildgatterzaun entlang gehen und an das rechte Seeufer gelangen.

Dies ist eine etwas unübersichtliche Stelle. Am Ende des Wildgatterzaunes, am Anfang des Sees, zweigt nach rechts, leicht bergauf und weiter direkt neben dem Zaun verlaufend, ein Weg ab, der sogleich zu einer sehr breiten Schneise führt. Das ist die Fortsetzung unseres Weges, doch zunächst gehen wir noch 150 Meter am Ufer weiter.

Damit erreichen wir die schönste Stelle am Seeufer. Es ist eine breite sandige Badestelle mit offenem Blick auf den ganzen See. Teufelssee scheint als Name zu diesem idyllischen Gewässer nicht recht zu passen, eher wäre schon der Name ›Engelssee‹ angebracht. Von dieser Stelle aus müssen wir etwa 150 Meter zurückgehen und erreichen nun den Wildgatterzaun, von dem aus wir nach links auf dem Weg durch die breite Waldschneise unsere Wanderung fortsetzen. Mit dieser sandigen und von Birken gesäumten Schneise, mit jungen Bäumen am Weg bepflanzt, am Boden mit großen Heidekrautfeldern übersät, beginnt ein sehr schönes Stück märkischer Heide.

Mehr als einen Kilometer geht es nun immer geradeaus, bis uns ein gerade vor uns liegender Bahndamm, als kleine Anhöhe erkennbar, zu einer Richtungsänderung zwingt. Nach rechts, entweder den etwa 200 Meter vor dem Bahndamm schräg abzweigenden Forstweg oder den unmittelbar am Fuß des Bahndammes verlaufenden Fußweg nach rechts folgend, erreichen wir die Adlerbrücke – es handelt sich genaugenommen um zwei Brücken –, durch die hindurch wir die Bahntrasse unterqueren.

An der Gabelung hinter den Brükken wählen wir den rechten Weg, der uns in einen lichten Birkenwald führt, und folgen diesem asphaltierten Waldweg immer weiter, auch dem Bogen nach links, bis wir nach etwas mehr als einem Kilometer entweder gemäß Markierung rechts abbiegen oder, wenn wir die Gedenkstätte mit den zwei alten Soldatengräbern aufsuchen wollen, zunächst etwas weiter zu einer Bahnüberführung gelangen. Hinter der Bahnüberführung zweigt rechts ein Waldweg ab, auf dem wir etwa nach 800 Metern, immer in der Nähe der Bahn bleibend, zu einer Gedenkstätte gelangen. Sie ist den 80 000 Toten gewidmet, die hier in den letzten Tagen des Zweiten Weltkrieges starben. Im Wald können wir wenige Schritte vor Erreichen des Denkmals in der Nähe des Weges alte Soldatengräber entdecken.

Andenken an ein sinnloses Gemetzel und 80 000 Tote

Vorsicht beim Überqueren der Bahnstrecke auf dem Fußwegübergang, denn es gibt Zugverkehr hier. Über das einzelne Bahngleis hinweg geradeaus weiter erreichen wir nach etwa 300 Metern an einer Wegkreuzung mit der Wasserstelle die markierte Strecke wieder und folgen ihr nach links. Der beschriebene Umweg von etwa 600 Metern ist außerdem mit seinem von Heidekraut gesäumten Waldweg wesentlich reizvoller als die markierte Abkürzung.

Nordöstlich streben wir der Autobahn zu, unterqueren sie an der wenig frequentierten Ausfahrt ›Ferch‹ und erreichen an einem Forsthaus eine alte Kopfsteinpflasterstraße.

Hier kann es zwei verschiedene Möglichkeiten der Markierung geben: Die asphaltierte Straße führt geradeaus zum nahen Bahnhof Ferch-Lienewitz und kurz davor, also etwa 150 Meter hinter der Försterei, zweigt nach rechts schräg hinab in das urwaldähnlich wirkende Gebiet des versteckten **Karinchensees** ein markierter Waldwanderpfad ab.

Vermutlich schickt uns der blaue Punkt jedoch vor der Försterei entlang der alten und wenig genutzten Kopfsteinpflasterpiste weiter, neben der auf unbefestigten Randstreifen durchaus ebensogut gewandert werden kann. Von ihr aus können wir nach etwa 400 Metern links neben dem Weg den versteckt liegenden Karinchensee erahnen – ein kleiner See, unberührt und völlig verborgen in urwaldähnlichem Dickicht.

Bald danach leitet uns die Markierung nach links ab zum **Kleinen Lienewitzsee**. Dort finden wir am Ufer kleine verschwiegene Raststellen und kommen beim Umrunden dieses Kleinods auf dem Uferpfad an einer uralten unter Naturschutz stehenden Eiche vorbei. Diese Sehenswürdigkeit sollten wir uns nicht entgehen lassen. Übrigens finden wir am Großen Lienewitzsee nach etwas mehr als einem Kilometer eine große freie Uferstelle mit Bademöglichkeit und Weitblicken.

Zurückgekehrt zur Kopfsteinpflasterstaße, geht es neben einem Anwesen gemäß diverser Markierungen zum **Großen Lienewitzsee** und dort am Ufer entlang. Die schönsten Rastplätze mit Bademöglichkeit erreichen wir am nördlichen Ende des Gewässers, wo zudem vier uralte Eichen die Blicke auf sich ziehen. Vom See geht es, noch immer den diversen Markierungen und auch unserem blauen Punkt gemäß, durch den abwechslungsreichen Wald weiter. Auf der großen freien Uferfläche sind die Markierungen nicht sofort erkennbar, die korrekt markierte Abzweigung ist der von der großen Badestelle links an den Eichen etwa nordöstlich abzweigende breite Weg.

Das nächste Ziel ist der **Caputher See**. Dort angekommen, folgen wir dem Uferweg und jetzt auch hier der grünen Markierung. Sie leitet uns zu den Häusern am Ende des Sees und weiter geradeaus in die Seestraße, an deren Ende rechts die Kirche steht und geradeaus eine Bushaltestelle und ein Parkplatz sichtbar sind.

Caputh ist wegen seiner malerischen Lage am Wasser seit langem ein beliebter Wohn- und Ausflugsort. Bekannt seit dem 14. Jahrhundert, avancierte es um 1600 zum Standort eines kurfürstlichen Schlosses. Ein Neubau entstand 70 Jahre später; er ist nach zwischenzeitlicher Nutzung für eine Schule inzwischen restauriert und zur Besichtigung zu empfehlen.

Caputh profitierte von dem Boom in der Reichshauptstadt Berlin während der sogenannten Gründerzeit nach 1870. In dieser Zeit war es vor allem als ein Ort vieler kleiner Schiffsspediteure bekannt, die mit eigenem Lastkahn Transporte von und nach Berlin durchführten. Seit mehr als 70 Jahren ist Caputh inzwischen auch als Vorort von Potsdam mit gehobener Wohnqualität bekannt; einer seiner bekanntesten Bürger war zweifellos Albert Einstein, der bis zu seiner Emigration hier ein Sommerhaus besaß. Dieses Haus liegt direkt an der markierten Wanderroute.

Links neben der Bushaltestelle, etwas zurückgesetzt, ist der Eingang zu Schloßpark und Schloß Caputh zu finden. Nicht nur ein Besuch des Schlosses ist empfehlenswert, gerade auch der malerisch am Havelufer liegende Park bietet sich für eine Besichtigung an.

Ab hier bietet sich eine Alternative, eine unmarkierte und eine markierte Strecke führen beide zum Ziel unserer Etappe.

Unmarkierte Strecke

Vom Schloßpark Caputh geht es in Wassernähe westwärts entlang der Havel, zunächst an einer Schiffsanlegestelle vorbei und weiter bis zur Autofähre. Mit ihr überqueren wir das Caputher Gemünde, eine Engstelle der Havel, und wandern entlang der Geltower Chaussee zunächst über die Bahntrasse und weiter bis über den Wentorfgraben hinweg. Hinter diesem Gewässer zweigt rechts ein Wanderweg zum **Petzinsee** ab, der ein Stück Straße vermeidet. Schließlich ist doch die Straße Am Petzinsee zu nutzen, die immer in Ufernähe weiterführt und sich mit der Bezeichnung Am Gaisberg und An der Pirschheide direkt zur Havel und zum **Templiner See** fortsetzt. Dort achten wir auf eine Abzweigung, an der ein Fußweg am Ufer entlang von der Straße hinwegführt.

Somit gelangen wir an den Bahndamm, an dem von links der Weg über die Brücke des Templiner Sees hinabführt und an dessen Unterführung sich beide Varianten vereinen. Dahinter sind links der Bahnhof Pirschheide und die Straßenbahn zu finden und geradeaus die Fortsetzung der Wanderroute markiert.

Markierte Hauptroute

Ab Schloßpark Caputh in Richtung Ost wandern wir über die Lindenstraße, die parallel zum Havelufer verläuft. Wir folgen ihr, bis wir eine verwirrende Straßenverzweigung erreichen. Dort folgen wir einem Hinweisschild, das uns den Weg zu unserem nächsten Ziel weist, dem Einsteinhaus. Der nun auch rot markierte Weg geht halblinks an einer Telefonzelle vorbei in die Rosenstraße über und führt an deren Ende nach links zum Einsteinhaus. Das ist ein eher unscheinbares braunes Holzhaus, durch ein großes Schild im Garten gekennzeichnet. Nun folgen wir wieder der blauen Markierung.

Weiter geradeaus befinden wir uns sogleich im hohen Laubwald. Bald erblicken wir links unter uns eine Straße und kommen an einem merkwürdigen Mauerstück vorbei, das links unten im Wald steht. Es ist eine Quelle. Ein Sumpf und ein kleiner Quellsee zeugen davon. Unser Weg führt nun teils näher an der Straße, teils etwas davon entfernt immer oberhalb der Quelle weiter. Den **Templiner See**, der ab und zu durch die Bäume schimmert, erreichen wir schließlich, der blauen Markierung folgend, ganz automatisch am Forsthaus Templin, einer großen Gaststätte.

Der Waldweg endet plötzlich an einer sehr unübersichtlichen Straßenkurve, an der mit unerlaubt schnell fahrenden Fahrzeugen zu rechnen ist. Daher sollte man nicht die Fahrbahn betreten, sondern sich zu der nach rechts gelegenen Bushaltestelle an der Gaststätte orientieren, an der eine sichere Straßenüberquerung möglich ist.

Wir haben den Templiner See erreicht und finden gegenüber der Bushaltestelle einen Fußweg, der zu weiteren Gaststätten am Wasser führt. Eine schöne Rast- und Badestelle am See finden wir aber auch etwa 200 Meter weiter, wenn wir der Fortsetzung unseres Weges folgen und den Umweg vermeiden. Dazu ist nur auf dem Weg links neben der Straße in Richtung Norden gemäß unserer blauen Wegmarkierung weiterzugehen. Nach weiteren 400 Metern gelangen wir an eine Brücke, vor der wir links abbiegen und auf dem Uferweg am Fuß des Bahndammes den Templiner See fast ganz überqueren. Am Ende des Weges steigen wir an der rechten Seite des Bahndammes einige Treppen empor und erreichen einen für Fußgänger und Radfahrer freigegebenen Übergang über die Brücke.

Von dort hat man einen herrlichen Ausblick über den See, der zweifellos zu den Höhepunkten der Wanderung zählt. Hinter der Brücke gehen wir einige Schritte landeinwärts links neben dem Bahndamm weiter. Dort befindet sich eine Unterführung, durch die wir nach rechts unter dem Bahndamm hindurch zu einer kleinen Straße kommen. Der Bahnhof Potsdam-Pirschheide und eine Straßenbahnendhaltestelle sind nach links zu finden, vor uns eine besonders empfehlenswerte Ufergaststätte, auch eine Vereinsgaststätte von bekannten Olympia-Goldmedaillengewinnerinnen, die hier in dem Olympiatrainingslager des Rudersportes trainieren.

Potsdam ist zwar erreicht, doch folgen wir weiter der blauen Markierung am Ufer entlang. Die Uferpromenade geleitet uns am Ufer des Templiner Sees und am Ufer der Havel sehr beschaulich und ruhig bis in das Stadtzentrum. Landeinwärts sehen wir unterwegs moderne Bauten und gepflegte Anlagen eines Kongreßzentrums, Sportschulen und deren Trainingsanlagen. Schließlich erreichen wir an der Kastanienallee den Yachthafen Potsdam.

Hier besteht auch die Möglichkeit, gemäß blauer Strichmarkierung zunächst etwa 500 Meter der Zeppelinstraße zu folgen und nach Überquerung des aus dem Park von Sanssouci abfließenden Baches nach rechts erneut an das Ufer der Havel zurückzukehren. Dort finden sich weitere Parkwege entlang des Ufers, nochmals kurz unterbrochen zur Unterquerung einer Bahnstrecke. Entlang der dahinter befindlichen Neustädter Havelbucht passieren wir am Ufer das als Moschee gestaltete Pumpwerk für Sanssouci, bleiben danach noch etwa 300 Meter auf dem Uferweg und biegen dann über die Breite Straße hinweg in die Schopenhauerstraße in Richtung Luisenplatz ab, auf dem sich das Brandenburger Tor, unser Endziel präsentiert. Diverse Lokale laden zum Ausklang ein, die Straßenbahn bringt uns in fünf Minuten zum Hauptbahnhof Potsdam. Unabhängig davon würde uns die blaue Strichmarkierung den weiteren Fußweg in Ufernähe bis zur Langen Brücke über die Havel und damit direkt zum Hauptbahnhof Potsdam zeigen.

Die Terrasse der Römischen Bäder im Park Sanssouci

Wenn wir diesen Weg nicht gehen, sondern von der Kastanienallee zum Eingang des Parkes von Sanssouci am Schloß Charlottenhof gelangen wollen, überqueren wir an einer ampelgeregelten Kreuzung die Zeppelinstraße, bleiben weiter in der Kastanienallee, die von schönen und renovierten alten Häusern gesäumt wird und erreichen nach Unterquerung der Bahnstrecke den dahinter links neben der Gaststätte erkennbaren Eingang zum Park Sanssouci.

Wir spazieren nun zum Abschluß unserer Wanderung durch den südlichen Teil des Parks. Zuerst gehen wir geradeaus zum Schloß Charlottenhof, von dort halten wir uns rechts Richtung eines Wassers. Uns in Ufernähe links haltend, finden wir zu den Römischen Bädern und daran vorbei zur Meierei. Von dort geht es nach rechts über einen Bach und sofort nach links durch den Torbogen und wiederum über den Bach auf einen großen Parkweg. Nun halten wir uns nach rechts, entweder genau geradeaus, also in Richtung Westen, oder ein wenig parkeinwärts am prächtigen Teehaus vorbei und dann vielleicht auf der Mittelpromenade weiter.

In jedem Fall kommen wir rechts an der Friedenskirche vorbei. Sie ist bereits von außen italienisch anmutend. Im Inneren überrascht sie den Besucher vor allem mit einem byzantinischen Goldmosaik aus dem 13. Jahrhundert, das die Apsis schmückt. Unmittelbar vor dem Altar, unter den Marmorplatten, sind Friedrich Wilhelm IV., der Auftraggeber der Kirche, und seine Frau Elisabeth Luise beigesetzt.

Südlich davon gelangen wir zu dem Parkeingang ›Am grünen Gitter‹, durch den wir auf der Straße Allee nach Sanssouci unser Etappen- und Endziel und den Startpunkt der 66-Seen-Wanderung erreichen, das Brandenburger Tor.

Ausflugstips

• Vom Bahnhof Ferch-Lienewitz ergibt sich bis zum Bahnhof Caputh-Geltow eine sehr lohnenswerte und interessante, etwa 8 Kilometer lange Wanderung mit Wald und Wasser, Schloß und Havelufer sowie Möglichkeiten zur Einkehr unterwegs, wobei am Startpunkt Bahnhof Ferch-Lienewitz Parkmöglichkeiten für den Pkw vorhanden sind und stündlich ein Zug die zwei Stationen von Caputh nach Ferch zurückfährt.
• Caputh: Als Ausflugsziel ist der Ort weithin bekannt. Wenig bekannt ist, daß der Caputher See weitgehend entlang des Seeufers zu Fuß umrundet werden kann. In Verbindung mit Schloß und Havelufer ergibt das einen lohnenden Tagesausflug. Zum Beispiel gibt es ab Potsdam-Lange Brücke Ausflugsschiffe nach Caputh und von dort eine häufige Busverbindung nach Potsdam zurück. Am Hauptbahnhof Potsdam/Nordseite sind große Parkplätze, die Anlegestelle der Schiffe ist nicht weit, und der Bus bringt Sie dorthin zurück.
• Diverse weitere Möglichkeiten ergeben sich aus dem Rundkurs um den Templiner See und über die Brücke darüber hinweg mit der beeindruckenden Aussicht.
Einen sehr großen kostenlosen Autoparkplatz gibt es am Bahnhof Potsdam Pirschheide und dort am Ufer als Abschluß ein empfehlenswertes Restaurant.
• Nur zu Fuß erreichbare Badestellen gibt es am Teufelssee und am großen Lienewitzsee, eine mit dem Pkw erreichbare Badestelle und Restaurant in der Nähe am Templiner See/Ostseite auf der kleinen Halbinsel südlich der Bahnstrecke.
• Potsdam bietet sich ohnehin immer wieder neu als Stadt, als Parklandschaft, als Kultur- und Historienziel, als Ausflugsziel für Schiffsfahrten und für Spaziergänge an.

Adressen

Die Aufteilung der Gesamtroute in Etappen orientiert sich an den vorhandenen Verbindungen mit öffentlichen Verkehrsmitteln und hat Vorschlagscharakter. Eine andere und je nach persönlichen Bedürfnissen wesentlich vielfältigere Einteilung in Teilstrecken ist vor allem dann möglich, wenn man von den Übernachtungsmöglichkeiten, die an der Strecke liegen, Gebrauch macht.
Neben den Übernachtungsmöglichkeiten in unmittelbarer Nähe der Wanderstrecke eröffnen sich weitere Möglichkeiten der Übernachtung in Verbindung mit kurzer Bus- oder Bahnfahrt. So gibt es etwa in Melchow Privatquartiere, bei denen die vorherige Anmeldung ratsam ist, mit kurzer Bahnfahrt ist aber auch Eberswalde oder Bernau erreichbar, und stündlich fährt ein Zug.
Ebenso sind von Halbe aus Bestensee und König Wusterhausen, ebenfalls über eine stündliche Zugverbindung, erreichbar. In diesen Fällen ist vorherige telefonische Avisierung ratsam. In beiden genannten Beispielfällen ergeben sich aber durch andere Etappenteilungen weitere Übernachtungsmöglichkeiten in Hotels:
Birkenwerder (km 72) – Ützdorf (km 100) – Trampe (km 126,5) – Forsthaus Leuenberg (km 145). Köthen (km 293) – Teupitz (km 319) – Alexanderdorf.
In dieser Region bietet sich auch eine Teilung Wendisch Rietz – Neuendorf am See – Märkisch Buchholz – Zesch am See – Alexanderdorf an.
Von manchen Bahnhöfen ist mit kurzer Bahnfahrt auch Berlin erreichbar (Berliner Touristinformation, Tel. 030/25 00 25 oder 030/53 01 05 93).
Besonders günstig ist beispielsweise das in der Nähe des Ostbahnhofs gelegene Juncker's Hotel, Grünberger Str. 21, 10243 Berlin, Tel. 030/29 33 55-0.
Unter den nachfolgend genannten Adressen können Sie sich individuelle Touren für Teilstrecken zusammenstellen lassen oder hinsichtlich eigener Planungen die aktuellen Übernachtungsmöglichkeiten abfragen. Weiterhin ist die Herstellung eines Infoblattes mit Etappenteilungen mit jeweils aktuellen Übernachtungsvarianten vorgesehen, zu erhalten ebenfalls über die nachfolgend genannten Informationsstellen.
Wanderungen mit Gepäcktransfer sind in Planung.

Wander- und Tourismusinformationen

Überregionale Informationen für die Gesamtroute

• TMB Tourismus-Marketing Brandenburg GmbH, Am Neuen Markt 1, 14467 Potsdam, Tel. 03 31/200 47 47, Fax 03 31/2 98 73 28, www.reiseland-brandenburg.de. Buchungskatalog Land Brandenburg, Gastgeberverzeichnis Land Brandenburg, Informations- und Buchungsservice, vor allem für Unterkünfte. Vermittlung von Pauschalangeboten mehrtägiger Touren unterschiedlicher Anbieter.

• Tourismusverband Land Brandenburg e.V., Tel. 03 31/2 75 28 22, Fax 03 31/2 75 28 10.

• Brandenburgisches Wanderzentrum ›Theodor Fontane‹ e. V., Clara-Zetkin-Straße 34, 14974 Ludwigsfelde, Tel. und Fax 033 78/80 09 66, e-mail: bwz-wandern@web.de. Hilfe hinsichtlich der Zusammenstellung eigener individueller Wanderreisen, Beratung bei der Suche nach Unterkünften, Erfahrungen, Empfehlungen, Hinweise, Aktuelles, Wanderpässe, Nachträge, Urkunden, Abzeichen.

Allgemeine Informationen

• Im Internet gibt es unter unter www.reiseland-brandenburg.de/pages/reisethemen_sport_wandern Informationen zur 66-Seen-Wanderung. Dort sind auch die Termine für geführte Wanderungen aufgeführt. In der deutschlandweiten Internetplattform www.wanderbares-deutschland.de sind ebenfalls Informationen abrufbar.

• Der Förderverein ›66-Seen-Wanderweg e. V.‹ bemüht sich um die kontinuierliche Weiterentwicklung des 66-Seen-Wanderweges, Beseitigung von Defiziten und Qualitätssicherung. Aktuelle Änderungen oder Verbesserungen hinsichtlich Routenführung usw. sind dort abrufbar.
Die Geschäftsstelle ist in der Touristinformation des Dahme-Seen-Gebietes untergebracht: Am Bahnhof, 15711 Königs Wusterhausen, Tel. 033 75/25 20 14.

Verkehrsinformationen

• Verkehrsverbund Berlin-Brandenburg GmbH (VBB), Info-Telefon 018 05/82 26 62, 030/25 41 41 41.

• BVG Callcenter, Tel. 030/1 94 49, rund um die Uhr.

• Deutsche Bahn AG, Automatische Ansagen über 030/29 71 29 71, persönliche Auskünfte bundesweit über 018 05/99 66 33.

• RegioPunkt, Servicebüro für Bahn und Tourismus im Bahnhof Berlin-Friedrichstraße, Tel. 030/20 45 11 16 und 24 72 96 29, Fax 030/24 72 94 06.

• DB Regio Berlin-Brandenburg im Hauptbahnhof Potsdam, Tel. 018 03/19 41 95.

• Verkehrsbetrieb Potsdam, Info-Tel. 03 31/237 52 75.

Regionale Touristinformationen

• Potsdam-Information, Touristenzentrum am Alten Markt, Friedrich-Ebert-Straße 5, 14467 Potsdam, Tel. 03 31/275 58-0, -55, Fax 275 58 29; www.potsdam.de, information@potsdam.de. Prospekte, Informationen, Zimmervermittlung, Stadtrundfahrten, Rundgänge, Souvenirs.

• Fremdenverkehrsverband Potsdam-Havelland, August-Bier-Straße 9, 14482 Potsdam, Tel. 03 31/7 47 57 76, Fax 747 57 77. Informationsmaterial, Prospekte, Auskünfte, Beratung.

• Tourismusverband Havelland e. V., Märkischer Platz 3, 14712 Rathenow, Tel. 033 85/5 19 00, Fax 51 90 10, info@havelland-tourismus.de, www.havelland-tourismus.de. Prospekte, Informationen, Zimmervermittlung, Touristinformation.

• Für Wustermark auch Stadtinformation Nauen, Tel. 033 21/40 82 32.

• Touristinformation Oranienburg und Umland, Bernauer Straße 52, 16515 Oranienburg, Tel. 033 01/70 48 33, info@tourismus-or.de.

• Tourismusverein Naturpark Barnim e.V., Prenzlauer Chaussee 157, 16348 Wandlitz, Tel. 03 33 97/66 31, Fax 6 61 68. Prospekte, Informationen, Zimmervermittlung.

• Tourismusverband Märkisch-Oderland, Postfach 28, 15301 Seelow, Tel. 033 46/15 07 01, tmol@reisen-maerkisch-oderland.de.

• Touristinformation Strausberg, August-Bebel-Straße 1, 15344 Strausberg, Tel. 033 41/31 10 66, Fax 31 46 35, Strausberg@ewetel.net.

• Tourismusverein Erkner e.V., Friedrich-, Ecke Beuststraße, 15537 Erkner, Tel. 03 36 27/4 03 18.

• Fremdenverkehrs- und Tourismusverein Fürstenwalde e.V., Mühlenstraße 26, 15517 Fürstenwalde, Tel. 033 61/76 06 00. Ortsbereich Fürstenwalde, Prospekte, Informationen, Zimmervermittlung.

• Touristinformation Burg Storkow, Schloßstraße 6, 15859 Storkow, Tel. 03 36 78/7 37 77, Fax 77 32 29, tourismus@storkow.de. Storkow und Umgebung, Prospekte, Informationen, Zimmervermittlung.

• Tourismusverein Scharmützelsee e.V., Kleine Promenade 1, 15864 Wendisch Rietz, Tel. 03 36 79/648 40, Fax 64 84 30. Ortsbereiche Petersdorf, Bad Saarow, Wendisch Rietz, Prospekte, Informationen, Zimmervermittlung.

• Tourismusverband Unterspreewald, Dorfstr. 26, 15910 Schlepzig, Tel. 03 54 72/6 40 25.
Lindenstraße 1, 03226 Raddusch, Tel. 03 54 33/7 22 99.

• Tourismusmarketing Lübben, Ernst-von-Houwald-Damm 15, 15907 Lübben, Tel. 035 46/30 90, Fax 25 43.

• Tourist-Information, Am Bahnhof, 15711 Königs Wusterhausen, Tel. 033 75/2 52 00, Fax 25 20 11, info@dahme-seen.de. Prospekte, Informationen, Zimmervermittlung;

zuständig für die Gesamtregion von Zesch am See bis Seddin.

• Tourismusverband Fläming e. V., Küstergasse 4, 14547 Beelitz, Tel. 03 32 04/62 87 62, Fax 62 87 61, info@reiseregion-flaeming.de. Prospekte, Informationen, Zimmervermittlung.

Weitere Einrichtungen

• Landurlaub in Brandenburg, Pro agro, Tel. 03 32 00/8 92 32, landurlaub-brandenburg@online.de, www.landurlaub-brandenburg.de. Schwerpunkt Landurlaub und Natur erleben, Gastgeberverzeichnis und Aktionen: Kutschfahrten, Einkaufen, Erlebniswelt Bauernhof, Fischerei.

• Dachverband der Regionalparks, c/o complan GmbH, Voltaireweg 4, 14469 Potsdam, Tel 03 31/20 15 10, Info@regionalpark.de, www.regionalpark.de.

• Naturparkverwaltung und Förderverein Naturpark Barnim, Kirchstr. 11, 16348 Wandlitz, Tel. 03 33 97/6 97 10.

• Naturparkverwaltung Dahme-Heideseen, Dorfstr. 8, 15752 Prieros, Tel. 03 37 68/96 90.

• Naturparkverwaltung Nuthe-Nieplitz, Zauchwitzer Straße 51, 14547 Stücken, Tel. 03 32 04/3 59 01.

• Weiße Flotte Potsdam, Kundenservice, Lange Brücke, Potsdam, Tel. 03 31/2 75 92 -10/20, Fax 29 10 90. Passagierschiffahrt.

• Stiftung Preußische Schlösser und Gärten Berlin Brandenburg, Postfach 60 14 62, 14414 Potsdam, Tel. 03 31/9 69 42 02, Fax 969 41 07.

• Reederei Kutzker, Waldpromenade 10, 15537 Grünheide, Tel. 033 62/62 51. Passagierschifffahrt ab Woltersdorf und Löcknitzidyll.

An der Gaststätte ›Uferparadies‹ in Neuendorf

Übernachtungsmöglichkeiten

Tour 1

• Hotel Restaurant ›Froschkasten‹, Kiezstraße 3–4, 14467 Potsdam, Tel. 03 31/29 13 15, Fax 29 13 15.

• Pension ›Auf dem Kiewitt‹, Auf dem Kiewitt 8, 14471 Potsdam, Tel./Fax 03 31/90 36 78.

• Hotel und Pension ›Roggenbuck‹, Eschenweg 19, 14476 Marquardt, Tel. 03 32 08/67 10, Fax 671 67. Nähe Bahnhof Marquardt.

Tour 2

• Pension ›Hansen‹, Berliner Straße 9, 14641 Wustermark-Dyrotz, Tel. 03 32 34/6 04 25.

• Pension ›Schwebel‹, Gasse 2, 16641 Wustermark, Tel. 03 32 34/8 92 32.

• Hotel ›Wustermark‹, Berliner Str. 2, 14641 Wustermark, Tel. 03 32 34/85 10.

• Pension ›Letz‹, Fichtestraße 46, 14656 Brieselang, Tel./Fax 03 32 32/ 4 13 42. Direkt am Wanderweg.

• Hotel/Restaurant ›Zum ersten Siedler‹, Karl-Marx-Straße 68, 14656 Brieselang, Tel. 03 32 32/3 61 53.

• Herberge ›Zum Brieselang‹, Am Wald 24, 14656 Brieselang, Tel. 03 32 32/394 08.

• Weitere Privatanbieter sind über die Touristeninformation zu erfragen.

Tour 3

• Hotel ›Mercure‹, Fontanestraße 110, 16761 Hennigsdorf, Tel. 033 02/87 50.

Das Restaurant Liebesquelle in Woltersdorf

• Privatzimmer über die Touristinformation Hennigsdorf, Rathausplatz 1, Tel. 033 02/87 73 20.

Tour 4

• Hotel ›Andersen‹, 16547 Birkenwerder, Clara Zetkin-Straße 11, Tel. 033 03/2 94 60, birkenwerder@andersen.de. Am Wanderweg gelegen; weitere Übernachtungsmöglichkeiten im Ort.
• Landhotel ›Classic‹, Hauptstraße 66, 16515 Wensickendorf, Tel. 03 30 53/6 80, Fax 6 82 01. Direkt am Wanderweg.

Tour 5

• Hotel ›Seeterrassen‹, Thälmannstraße 93, 16348 Wandlitz, Tel. 03 33 97/76 90, Fax 769 99. Übernachtung am Wanderweg.
• Hotel ›Jägerheim‹, Wandlitzer Straße 12, 16359 Lanke-Ützdorf, Tel. 03 33 97/75 30, Fax 2 21 69. Direkt am Wanderweg.
• H. Hennig, Schönholzer Straße 4, 16230 Melchow, Tel. 033 37/33 00.
• Springborn, Schönholzer Straße 5a, 16230 Melchow, Tel. 033 37/4 05 56.
• U. Richter, Am Ring, 16230 Melchow, Tel. 033 37/21 39.

Tour 6

• Landhotel Trampe, 16230 Trampe, Tel./Fax 03 34 51/5 60, 1,4 Kilometer abseits des Wanderwegs gelegen. Abholung vom Wanderweg.
• H. u. W. Lampert, Berliner Straße 17, 16259 Leuenberg, Tel. 03 34 51/62 48.
›Beringhof‹, R. Bering, Berliner Straße 23, 16259 Leuenberg, Tel. 03 34 51/61 85, Fax 648 15. Direkt am Wanderweg.
• Hotel und Gasthof ›Forsthaus Leuenberg‹, 16259 Höhenland, OT Leuenberg, Tel 03 34 51/6 40 06, FortshausLeuenb@aol.com. Abseits gelegen. Abholung.

Tour 7

• Stümpfle ›Haus am Mittelsee‹, Schmiedeweg 2, 16259 Tiefensee, Tel. 03 33 98/7 66 45. Am Wanderweg gelegen.
• ›Alte Spitzmühle‹, H. Borchert, Spitzmühlener Straße 2–3, 15345 Buchholz, Tel./Fax 0 33 41/2 22 63. Am Wanderweg gelegen.
• ›Neue Spitzmühle‹, Spitzmühlenweg 2, 15344 Strausberg, Tel. 033 41/3 31 90, Fax 33 19 58. Am Wanderweg gelegen.
• Mehrere Übernachtungsmöglichkeiten in Strausberg.

Tour 8

• Hotel ›Haus am Flakensee‹, Strandpromenade 2, 15569 Woltersdorf, Tel. 033 62/2 42 36, Fax 2 42 37. Am Wanderweg.
• Weitere Hotels und Pensionen in Woltersdorf.

Tour 9

Mehrere Hotels und Pensionen in Fürstenwalde; kurze Bahnfahrt ab Hangelsberg.

Tour 10

• Pension ›Haus Friederike, Seestraße 26, 15518 Petersdorf, Tel. 03 36 31/42 49.

• Gasthaus und Pension ›Beyer‹, Seestraße 1b, 15518 Petersdorf, Tel. 03 36 31/42 24. Direkt am Wanderweg.

• Mehrere Hotels und Pensionen in Bad Saarow unmittelbar am Wanderweg, Anfrage bei der Touristinformation ratsam.

Tour 11

• Pension und Gasthaus mit Pension in Storkow Nähe Wanderweg, Anfrage bei der Touristinformation ratsam.

• Gaststätte und Pension ›Alter Weinberg‹, Reichenwalder Straße 64, 15859 Storkow, Tel. 03 36 78/ 4 49 03, Fax 4 49 04. Direkt am Wanderweg.

• Hotels und Pensionen in Wendisch Rietz unmittelbar am Wanderweg, Anfrage bei der Touristinformation ratsam.

In der Fußgängerzone in Fürstenwalde

Tour 12

• Gasthaus und Pension ›Uferparadies‹, Dorfstraße, 15910 Neuendorf am See, Tel. und Fax 03 54 73/6 34. Direkt am Wanderweg.

• ›Haus am Erlensteg‹, Neu-Lübbenau (200 m vom Wanderweg), Tel. 03 54 73/4 91.

• Gaststätte und Pension ›Spreeblick‹, Hauptstr. 19, 15910 Unterspreewald/Leibbsch; Tel. 03 54 73/8 16 00. Direkt an Wanderweg und Spreeufer.

• Privatquartiere, unter anderem ›Spreewaldhaus‹ in Leibsch, Fam. Kaiser, Am Wehr 6, Tel. 035 47/ 37 65.

Tour 13

• Kühns Gasthof ›Zum Köthener See‹, Dorfstraße 17, 15748 Märkisch Buchholz/OT Köthen, Tel. 03 37 65/8 05 20, Fax 8 06 20. Direkt an Wanderweg, Seeufer und Badestelle.

• Restaurant ›Bärengewölbe‹ und Pension ›Schafspelz‹, Dorfstraße 16, 15748 Märkisch Buchholz/OT Köthen, Tel. 03 37 65/8 03 96. Direkt an Wanderweg, Seeufer und Badestelle. Abholung von unterwegs.
• In Köthen auch Privatquartier bei Ehepaar Lange, Tel. 03 37 65/ 8 06 56. Direkt am Wanderweg.
• ›Garni-Landhotel‹, Am Wiesenweg, 15748 Märkisch Buchholz, Tel. 03 37 65/8 49 06, Fax 8 49 08.
• Halbe: Privatquartier evtl. über Gasthof Alter Krug, Tel. 03 37 65/ 8 05 28. Oder Bahnfahrt nach Bestensee oder Königs Wusterhausen.

Tour 14

• ›Schloßhotel‹, Kirchstraße 6, 15755 Teupitz, Tel 03 37 66/6 00, Fax 604 55. An Seeufer und Wanderweg.
• Hotel ›Schenk von Landsberg‹, Lindenstraße 5, 15755 Teupitz, Tel. 03 37 66/67 00.
• Gaststätte und Gästehaus ›Vogelsang‹, Dorfplatz 10, 15838 Wünsdorf OT Zesch, Tel. 03 37 04/6 65 63.
• In Wünsdorf keine Möglichkeit, aber kurze Bahnfahrt mit halbstündiger Zugfolge nach Zossen, dort in Bahnhofsnähe: Hotel ›Berlin‹, Bahnhofstraße 28, 15806 Zossen, Tel. 033 77/32 50, Fax 32 51 00, zentrale@hotel-berlin-zossen.de.

Tour 15

• Hotel ›Märkischer Landmann‹, Neuendorfer Str. 3, 15838 Sperenberg, Tel. 03 37 03/91 70.
• ›Kummersdorfer Krug‹, Parkstraße 5, 15838 Amt Mellensee, Kummersdorf/Alexanderdorf, Tel 03 37 03/72 52. Unmittelbar am Weg gelegen.
• ›Akzent-Parkhotel‹, Parkstraße 5, 14959 Trebbin, Tel. 03 37 31/7 10, Fax 711 11. Direkt am Wanderweg in Bahnhofsnähe.

Tour 16

• Gästehaus ›Waldfrieden‹ der Johannischen Kirche, Waldfrieden 52, 14959 Blankensee, Tel. 03 37 31/1 55 00.
• Familie Braußе, Dorfstraße 2, 14959 Blankensee, Tel./ Fax 0 337 31/8 00 26.
• Gasthof und Pension ›Jägerhof‹, Leipziger Straße 2 14554 Seddin, Tel. 03 32 05/6 26 23.
• Alternativ gibt es das Hotel ›Drei Linden‹ in der Nähe, Tel. 03 32 05/ 6 25 20, und es ist in wenigen Busminuten ein Hotel in Michendorf erreichbar.

Tour 17

Familie Schmidt, Waldstr. 2, 14584 Caputh, Tel. 03 32 09/7 07 57. Für eine Übernachtung in Caputh: Anfrage bei der Touristinformation Potsdam oder Bus- oder Bahnfahrt nach Potsdam.

Sehenswürdigkeiten abseits der Wanderroute

• Windmühle von Sanssouci, Tel. 03 31/9 69 42 84, geöffnet täglich von 10 bis 18 Uhr. Historische Mühle.
• Haus des Waldes, 15741 Gräbendorf, Tel. 03 37 63/6 44 44, Fax 6 44 43. Vom Amt für Forstwirtschaft eingerichtete Zentralstelle für die Bevölkerung zur Information über den Wald im weitesten Sinn. Div. Veranstaltungen, Infomaterial.
• Naturschutzstation Berlin-Malchow, Dorfstraße 35, 13051 Berlin, Tel. 030/92 79 98 30, Fax 92 79 98 31. Aquarium mit 22 Fischarten der Seen Brandenburgs, Storchennest mit Fernsehkamera.
• Fischerei Köllnitz, urkundlich seit 1209, Groß-Schauen am Schauener See, Hauptstraße 19, 15859 Groß-Schauen, Tel. 03 36 78/69 60, Fax 6 96 32. Nahe Storkow, Wendisch Rietz, Touren 9 und 10 (aber nicht zu Fuß von dort erreichbar), Erlebniswelt auf dem Fischerhof: Fischerei, Fischzucht, Fischereimuseum; Hotel, Restaurant, Bootsverleih, besondere Wanderungen.
• Agrarmuseum Wandlitz, Breitscheidstr. 22, 16348 Wandlitz, Tel. 03 33 97/2 15 58, geöffnet ganzjährig Di–Fr 9–16.30 Uhr, April bis Oktober zusätzlich Sa und So 10–17 Uhr. 2 km abseits vom Wanderweg, Tour 4.
• Wünsdorf Tourismus GmbH, Gutenbergstraße 1, 15838 Wünsdorf, Tel. 03 37 02/96 00, Fax 960 20. Führungen durch Bunkeranlagen und Ausstellung ›Russischer Soldatenalltag‹ in Wünsdorf.

Der öffentliche Nahverkehr

Die gesamte Route liegt im Bereich des Verkehrsverbundes Berlin-Brandenburg (VBB). Fahrzeiten und Routen der Verkehrsmittel zu den genannten Etappenzielen sind im ›Fahrplanbuch Berlin und Potsdam‹ des VBB enthalten. Die Ausnahme Leuenberg ist bei Tour 5 genau beschrieben.
Zwar ist der öffentliche Nahverkehr in dem Gebiet der Wanderung gut ausgebaut, die Tarifstruktur ist aber zunächst unübersichtlich. Der gesamte Tarifbereich ist in einzelne Tarifgebiete aufgeteilt, die als A, B, C-Teilbereiche und als ›Waben‹ bezeichnet werden. Es ist ratsam, sich über die jeweiligen Preise der Einzelfahrkarten, Tageskarten und Gruppenfahrkarten für die jeweiligen Bereiche zu informieren, da es zahlreiche Ermäßigungen gibt

und auch verschiedenenorts sogenannte Kurzstreckentarife angeboten werden.
Der Teilbereich A bezeichnet die Innenstadt Berlin bzw. die Innenstadt Potsdam; B und C sind die jeweiligen sich überschneidenden Außen- und Randgebiete, wobei die Stadt Potsdam im C-Teilbereich von Berlin liegt. Außerhalb der Teilbereiche A und B ist das Gebiet in die genannten Waben aufgeteilt.
Im Teilbereich C kommen demnach sowohl die Tarife der Waben als auch die Kombinationen mit den Stadtgebieten zur Anwendung.
Die entsprechenden Fahrkarten gelten für alle Verkehrsmittel des öffentlichen Nahverkehres mit beliebigem Umsteigen. Das sind die Abteile der 2. Klasse in den Regionalbahnen der Deutschen Bahn AG, die S-Bahn, die U-Bahn, Straßenbahnen und Busse im gesamten Tarifbereich, wobei zu beachten ist, daß die Fahrkarte alle Bereiche abdecken muß, die durchfahren werden.
Das ist kompliziert, daher einige Hinweise. Bei den Fahrten aus dem Stadtgebiet Berlins heraus: Hierbei liegt entweder die gesamte Strecke oder aber der größte Streckenanteil innerhalb des Tarifgebietes ABC, somit wird ein Fahrausweis ABC oder BC benötigt. Ist die Rückfahrt für den gleichen Tag eingeplant, ist die Fahrt mit Tageskarte die einfachste Möglichkeit.
Für weitere Fahrten sind Fahrkarten auf dem üblichen Weg vorab zu erwerben. Weitere Informationen: Service des VBB, Tel. 030/25 41 41 41 oder 018 05/82 26 62.

Moderner Regionalexpress

Die Regionalparks um Berlin

›Natur entdecken‹, ›Vielfalt erleben‹, ›Frieden mit der Natur‹, ›Seen: glasklar und natürlich‹, damit werben Brandenburg und die acht Regionalparks, die wie ein fester Ring die Hauptstadt umklammern. Für die Großstadtbewohner sind die Regionalparks mit ihrer Vielfalt an reizvollen Landschaften Ausgleich und Entspannung zugleich. Die Regionalparks bilden einen ökologischen und ökonomischen Lebensraum. Sie sind, im Unterschied zu den etwa naturschutzrechtlich festgelegten Großschutzgebieten, keine administrativen Planungsinstrumente.

Hinter der Regionalparkidee steht die Zielvorstellung, daß die Landschaft der Stadtperipherie und des nahen Umlandes nicht als bloße Baulandreserven angesehen, sondern gezielt erhalten und aufgewertet wird. Durch die Einrichtung für die Naherholung, touristische Angebote und Kulturlandschaftspflege im Rahmen der Landnutzung können zusätzliche Erwerbsquellen für die örtliche Bevölkerung erschlossen werden und neue Arbeitsplätze entstehen.

Da die Regionalparks an den Großraum Berlin über ein weitreichendes S-Bahn-Netz und ein gut funktionierendes Verkehrsverbundsystem angeschlossen sind, das auch die stadtnahen Landschaften über zahlreiche ›Grüne Ausstiege‹ erschließt, können sie umweltgerecht erschlossen werden.

Acht eigenständige Regionalparks umschließen den Großraum Berlin:

Im Norden befindet sich der Regionalpark Barnimer Feldmark, der sich unmittelbar hinter der massiven Stadtkante der Wohnsiedlungen in Marzahn und Hohenschönhausen erstreckt. Ein ländlicher Raum mit weiten Feldern und einzelnen Dörfern sowie den charakteristischen Strukturelementen dieser Landschaft mit seinen Alleen, Hecken, Pfuhlen, Rinnen und Gräben gliedern die Feldmark. Seen und Sölle sowie ganze Landstriche wurden durch die Eiszeit geprägt. Das markanteste Beispiel ist der Gamengrund, eine märkische Eiszeitrinne.

Südöstlich schließt sich der Müggel-Spree-Park an. Dieses wald- und wassergeprägte Spreetal zwischen Köpenick und Fürstenwalde gehört zu den traditionellen Berliner Erholungs- und Ausflugsgebieten. Dominante Landschaftselemente sind neben der in Ost-West-Richtung verlaufenden Spree die Seenrinnen, die sich als Relikte der nacheiszeitlichen Schmelzwasserzuflüsse in Nord-Süd-Richtung erstrecken.

Südlich des Großraums Berlin ist der Regionalpark Flutgrabenaue gelegen. Die Feldflur um Großziethen ragt weit in das Stadtgebiet hinein und ist ein wichtiger klimatischer Ausgleichsraum für den dicht besiedelten Berliner Süden geworden. Diese stadtnahe Agrarlandschaft geht südlich von Großziethen in eine abwechslungsreiche Kulturlandschaft mit Wiesenniederungen über.

Ebenfalls südlich von Berlin schließt sich der Regionalpark Teltower Park an. Seine weiten Flächen erstrecken sich in einem breiten Bogen von Ruhlsdorf über

Großbeeren, Sputendorf, Schenkenhorst bis nach Güterfelde und teilen sich in hunderte kleiner Tafeln auf.

Südwestlich befindet sich der Regionalpark Potsdamer Havelseen. Der landschaftliche Reiz der Potsdamer Havelseen und der sie umgebenden Wälder veranlaßten schon die Preußischen Herrscher, vom Grossen Kurfürsten bis zum letzten Deutschen Kaiser, hier Residenzen, Jagd- und Lustschlösser zu errichten. Die seenartigen Erweiterungen der Havel wie beispielsweise der Schwielowsee sind beliebte Segelreviere.

Im Westen Berlins schließt sich der Regionalpark Döberitzer Heide-Gatow an. Die Unterhavel mir dem Großen Wannsee und dem angrenzenden Grunewald waren bis 1990 das meist frequentierte Naherholungsgebiet Westberlins, beliebte Ausflugsziele waren auch die am westlichen Ufer des Wannsees gelegenen Orte Gatow und Kladow. Heute werden diese Landschaftsräume noch durch eine touristische Kostbarkeit ergänzt: Die Döberitzer Heide mit ihrer einzigartigen Flora.

Nordwestlich von Berlin befindet sich der Regionalpark Krämer Forst, in dem sich das Erscheinungsbild des Spandauer Forstes mit dem satten Grün der grundwasserbeeinflußten Eichen-Hainbuchenwälder ausprägt.

Daran grenzt die von Kanälen und Gräben durchzogene Wiesenlandschaft des Havelländischen Luchs. Im Norden des Großraumes Berlin schließt sich der Naturpark Barnim an. Saftige mit Büschen durchsetzte Wiesen, naturnahe Bäche, spiegelnde Seen und seine Kiefern- und Buchenwälder erstrecken sich bis zum Horizont. Der gemeinsame Berlin-Brandenburger Naturpark erstreckt sich im Norden über das Wandlitzer Wald- und Seengebiet bis nach Liebenwalde und Eberswalde. Dieser Naturpark nimmt ökologisch gesehen eine besonders wichtige Funktion in der Kette der Regionalparks ein.

Die Regionalparks werden vor allem von Tagesgästen besucht. Eine wichtige Voraussetzung für ihre touristische Erschließung ist ein mit einem Leitsystem ausgestattetes Wegenetz.

Mit der ›66-Seen-Wanderung‹, die als offizieller Rundwanderweg in allen Regionalparks mittlerweile ausgeschildert ist, sind erstmals alle acht Regionalparks zusammenhängend für Touristen erschlossen.

Bernd Thiele
Projektleiter für das touristische Wegeleitsystem und Gebietswegewart im Regionalpark Barnimer Feldmark

Wisente in Brandenburg

Das Wisent, das mit dem amerikanischen Bison verwandte Wildrind, war in früheren Zeiten im eurasischen Festland, also auch hierzulande, ein weit verbreiteter Waldbewohner. Zu Beginn des 20. Jahrhunderts fast ausgerottet, nehmen die Bestände in den Schutzgebieten Osteuropas mittlerweile wieder zu.
Nun werden Wisente in den brandenburgischen Naturschutzgebieten Döberitzer Heide und Ferbitzer Bruch, die miteinander verbunden sind, wieder angesiedelt. Diese Gebiete wurden ab dem 18. Jahrhundert und bis 1991 als militärisches Übungsgelände genutzt. Dadurch sind sie so munitionsverseucht, daß eine Nutzung durch den Menschen nicht mehr möglich ist. Anderseits finden seltene Tiere und Pflanzen einen Lebensraum und breiten sich aus.
In den inzwischen sicheren Teilen der Naturschutzgebiete wurden gut 50 000 Kilo Munition gefunden und entsorgt. Der weitaus größere Teil bleibt jedoch auf Dauer Wildnis.
Nun hat die Heinz Sielmann-Stiftung das gesamte Gelände erworben und plant, am Rand der unzugänglichen Kernbereiche weitere Wanderwege und einen Naturerlebnispark anzulegen. Bereits Anfang 2006 werden in einem Freigehege Wisente zu sehen sein. Anschließend soll das Wildgebiet mit Elektrozäunen gesichert werden, so daß man Wisente und Wildpferde auswildern kann.
Auf lange Sicht sind 16 Aussichtsplattformen geplant, von denen man in die Wildnis hineinschauen kann.
So wird man neben den bis zu 1000 Kilo schweren Wildrindern auch die Fülle brandenburgischer Fauna sehen können. Ein Naturschutzzentrum mit Informationsangeboten, Gastronomie und weiteren Einrichtungen wie auch ein Saurierpark sind in Planung.

Neubürger in der Döberitzer Heide

Die Naturparks in Brandenburg

Die schönsten und wertvollsten Landschaften Brandenburgs sind heute in einem bundesweit einzigartigen Großschutzgebietssystem zusammengefasst. Die elf Naturparks, drei Biosphärenreservate und der Nationalpark Unteres Odertal nehmen ein Drittel der Fläche Brandenburgs ein und sind zum Markenzeichen des Landes geworden.

Der Naturparkansatz geht noch über den der Regionalparks hinaus. Den Grundgedanken einer nachhaltigen Regionalentwicklung und einer landschafts- und naturverträglichen Erholungsnutzung teilen beide Parktypen. Doch während der Regionalpark aus einem offenen Zusammenschluß von Kommunen besteht, ist der Naturpark eine im Brandenburger Naturschutzgesetz verankerte Kategorie, deren Flächen mindestens zur Hälfte als Natur- oder Landschaftsschutzgebiete ausgewiesen sein müssen.

Die Naturparks zeichnen sich durch den Schutz der Landschaft, durch umweltschonende Landnutzungsformen und naturverträglichen Tourismus aus und unterliegen dem Anspruch, Modellregionen für ein beispielhaftes Verhältnis von Mensch und Natur zu sein, für das Haushalten mit der Natur, für einen Naturschutz durch dauerhaft verträgliche Nutzung.

Die Großschutzgebiete sind in Brandenburg von der Elbe bis zur Niederlausitz und vom Fläming bis zur Uckermark zu finden. Die 66-Seen-Wanderung führt durch die drei Naturparks, die sich unmittelbar vor den Toren der Hauptstadt eröffnen: durch den Naturpark Barnim, den Naturpark Dahme-Heideseen und den Naturpark Nuthe-Nieplitz.

Der Naturpark Barnim ist das erste und bisher einzige länderübergreifende Großschutzgebiet von Brandenburg und Berlin. Er liegt etwa im Städtedreieck Bernau, Eberswalde und Oranienburg und umfaßt Teile der Berliner Bezirke Pankow und Reinickendorf. Die Eiszeiten hinterließen im Naturparkgebiet viele verschiedene Landschaftsformen. Den Norden bestimmen bewaldete Terrassen und feuchte Niederungslandschaften. Die landwirtschaftliche Nutzung, Alleen und Seen prägen die zentrale Barnimplatte mit ihren fruchtbaren Böden und die weiten Grünlandflächen der Havelniederung den Nordwesten des Naturparks.

Er ist reich an Seen und Kleingewässern, die von alten Buchenwäldern, mitunter auch Erlenbrüchen gesäumt sind. Das ist der Lebensraum einiger seltener Tierarten wie etwa Fischotter, Biber und Eisvogel.

Weiter finden sich seltene Dünenlandschaften, etwa in der Schönower Heide, einem ehemaligen Truppenübungsplatz. Im Nutzungswandel begriffen sind auch die ehemaligen Rieselfelder um Blankenfelde und Hobrechtsfelde. Dort entsteht heute durch Aufforsten oder Freihalten von Flächen eine abwechslungsreiche Landschaft, die sich hervorragend zum Wandern eignet. Berlin schließlich bringt in den Naturpark landschaftliche Kleinode wie das Kalktuffgelände am Tegeler Fließ, den Bucher Forst und die Karower Teiche ein.

Unmittelbar hinter dem Berliner Autobahnring begint der Naturpark Dahme-Heideseen. Wasser und Wald prägen das Gebiet, es gehört sicher zu den schönsten Wassersport- und Baderevieren in der Nähe Berlins. Namensgebend für die Region ist die Dahme, die von Südwesten her als kleines Fließ in den Naturpark eintritt, sich stellenweise noch naturbelassen durch sumpfige Erlenwälder schlängelt und ab Märkisch Buchholz zum schiffbaren Gewässer wird. Ab Prieros flußabwärts reihen sich an ihr entlang mehrere Seen wie Perlen an den schmalen Flußabschnitten. Diese Kette reicht bis in den Berliner Stadtbezirk Köpenick, wo die Dahme in die Spree mündet. Im Kontrast zum Wasserreichtum der Region stehen die kargen sandigen Böden und Dünen des Gebietes, daher bedecken Kiefernwälder mehr als die Hälfte seiner Fläche.

Eines der jüngsten Brandenburgischen Großschutzgebiete ist der Naturpark Nuthe-Nieplitz in unmittelbarer Nähe der Landeshauptstadt Potsdam. Die Ruhe und ländliche Gelassenheit dieses dünn besiedelten, weitgehend unzerschnittenen Niederungsgebietes weiß auch die Tierwelt zu schätzen. Hier rasten im Frühjahr und Herbst Tausende von nordischen Wildgänsen und Hunderte von Kranichen. See- und Fischadler, Fischotter und Rotbauchunke sind hier zu Hause. Stellenweise erinnern naturnahe Bruchwälder und überflutete Wiesen an ursprüngliche Wildnis: ein Dorado für Wasser- und Watvögel.

Die Seen, die sich im Nordteil des Naturparks malerisch aneinander reihen, sind mit ihren breiten Schilfgürteln weitgehend unberührt. Nuthe und Nieplitz wurden immer wieder ausgebaut und begradigt. Zwischen ihrer Quelle bei Frohnsdorf und Treuenbrietzen hat die Nieplitz jedoch noch den ursprünglichen Charakter eines Mittelgebirgsbaches, der sich am Nordrand des Flämings malerisch durch den Wald schlängelt.

Alle Naturparks eignen sich hervorragend für unterschiedlichste Freizeitaktivitäten und bieten sich gerade auch an, durchwandert zu werden. Mit der 66-Seen-Wanderung wird ein Gutteil ihrer Reize erlebbar.

Astrid Schütte, Naturpark Nutze-Nieplitz

Entstehung und Gegenwart des 66-Seen-Wanderwegs

»Wohin können wir am Wochenende fahren?« Diese Frage, die sich viele Menschen spätestens Freitag abend stellen, führte beim Autor dieses Buches im Mai 1977 zu einer Erlebnisreise auf Raten, zu einer Wanderung und einem Tagebuch ›Auf Schusters Rappen rund um Berlin‹ – und wurde schließlich zu einem Projekt, das heute von einem Förderverein und seinen vielen Beteiligten getragen wird.

Von Westberlin aus war eine Wanderung rund um ganz Berlin zu dieser Zeit nicht einfach. Grenzformalitäten, unbekannte Verkehrsverbindungen, fehlende Wanderkarten, nur Tagespassierscheine für Westberliner, die Übernachtungen unterwegs nicht möglich machten – all dies machte das Vorhaben zu einem Abenteuer. Es ergaben sich dennoch derart beeindruckende Erlebnisse, daß mit Öffnung der Grenzen der Plan entstand, diese Wanderung zu wiederholen, dabei wesentlich zu verfeinern und als repräsentative Runde für das ganze Land Brandenburg auszubauen. So entstand nach vielen Wanderungen in Form von Verbindungen vorhandener Wanderwege und zusätzlich erforderlicher Verbindungsstrecken eine Route rund um Berlin, die auch als Buchmanuskript ausgearbeitet wurde.

Im Sommer 2000 erschien das Buch, gleichzeitig wurde eine von einer Berliner Tageszeitung begleitete Wanderung auf der Gesamtstrecke durchgeführt. Das geschah in Form der hier beschriebenen 17 Etappen unter Leitung des Autors und Helfern; steigende Teilnehmerzahlen zeigten das Interesse an einer solchen Wanderung.

Unabhängig davon hatten die Leitung der Regionalparks und der Landestourismusverband Brandenburg die Chance für den Wandertourismus erkannt, unterstützen seitdem das Projekt und planten von Anfang an die Wanderung zu einem Wanderweg weiterzuentwickeln. Martin Hesselbach vom Regionalpark Krämer Forst, der die Seen gezählt hatte, hatte die Idee zu dem Titel ›66-Seen-Wanderweg‹, und unter diesem Namen wurde im Juni 2000 die Route von der Bundestagsabgeordneten Dipl.-Ing. Petra Bierwirth und dem Vorstand der Regionalparks als Wanderweg offiziell eingeweiht.

Da es noch diverser Abstimmungen und Genehmigungen mit den Landkreisen, Kommunen, Tourismusverbänden, Naturschutzverbänden, Forstbehörden und Grundstückseigentümern in Verbindung mit den Wünschen der Wandervereine hinsichtlich einer für Wanderer attraktiven Wanderstrecke bedurfte, konnte das Buch, das Sie in Händen halten, nur ›Wanderung‹ im Titel führen mit der Abbildung des ersten Wanderwegschildes, das übrigens nach wenigen Wochen gestohlen wurde. Es hatte noch keinen blauen Punkt, der erschien hineinkopiert mit der 2. Auflage.

Die in Brandenburg geltende Richtlinie zur Markierung von Wanderwegen läßt das Blumenlogo oder ein anderes Zeichen bisher als Wanderwegmarkierung nicht zu, deshalb ist gemäß dieser Richtlinie ein blauer Punkt als Wegmarkierung korrekt, kommt aus dem gleichen Grund aber zum Beispiel bei dem Ruppiner-Land-Rundwanderweg ebenfalls vor.

Ab 2002 standen Routenverlauf und Markierung fest, die Markierungsarbeiten und Veröffentlichungen in Wanderkarten folgten im Zusammenhang mit der ersten geführten Wanderserie.

Naturkunst am Wegesrand

Es gab von Anfang an durchweg positive, teilweise geradezu begeisterte Reaktionen hinsichtlich der Landschaftserlebnisse und ebenso Anregungen zur Verbesserung der Orientierungsmöglichkeiten und Hinweise zur Landschaftspflege. Um diese Vorschläge besser an die offiziellen Stellen herantragen zu können, hat sich 2003 der ›Förderverein 66-Seen-Wanderweg‹ gegründet. Er ist als eingetragener Verein inzwischen als gemeinnützig anerkannt, bündelt die Interessen der Wanderer, Touristiker, Naturschützer, Eigentümer und Kommunen und konnte bereits einige Erfolge zu Verbesserung der Situation verzeichnen. Mitglieder und Spenden sind jederzeit willkommen (Adresse im Anhang).

Die Wanderroute wird stetig verbessert. Einzelne Wegeabschnitte entstehen in Landschaften, die nach ihrer Rekultivierung deutlich an Attraktivität gewonnen haben, verwilderte Uferwege werden neu hergerichtet, bisher noch munitionsgefährdete Gebiete werden geprüft, geräumt und gesichert. Aus all dem können sich Änderungen im Wegverlauf ergeben. Ziel ist es, den 66-Seen-Wanderweg zu einem Wanderweg mit einem Qualitätszertifikat zu vervollkommnen. Das ist mit erheblichem Finanzaufwand verbunden und daher nicht in Gänze kurzfristig realisierbar.

Aus der Idee eines begeisterten Wanderers ist zunächst ein Buch entstanden und daraus der offizielle Wanderweg. Beides wird weiterhin Zukunft gepflegt und immer wieder verbessert werden. An der Weiterentwicklung des Projektes, der Durchführung von Wanderungen, der Öffentlichkeitsarbeit waren und sind sehr viele Personen als Einzelpersonen im Rahmen ihrer ehrenamtlichen, manche auch im Rahmen ihrer beruflichen Funktionen beteiligt.

Petra Bierwirth gebührt als Initiatorin und für ihr stetes Engagement besonderer Dank, ebenso dem Landestourismusverband Brandenburgs, den Vertretern anderer Tourismusverbände und der acht betreffenden Landkreise, der Schirmherrschaft des früheren Agrar- und Umweltministers des Landes Brandenburg Wolfgang Birthler, dem Verband der Regionalparks, den Naturparks der Region, dem Deutschen Wanderverband in Kassel, Wandervereinen, FUSS e. V., Landschaftspflegeverbänden, dem Brandenburgischen Wanderzentrum Theodor Fontane e. V. und zahlreichen Einzelpersonen. Besonderer Dank auch dem Engagement von Dr. habil. Frank Riesbeck, der als Vorsitzender des ›Fördervereins 66-Seen-Wanderweg e. V.‹ die Qualitätsverbesserung der Wanderroute entscheidend voranbringen konnte. Der Förderverein füllt die Lücke aus, die hinsichtlich des Engagements für Landschaftspflege im Land Brandenburg erkennbar ist, treibt mit diversen Aktivitäten die Qualitätsverbesserung dieses Wanderweges und anderer Wanderwege in Brandenburg voran.

Abschließend sei vermerkt, daß die Idee, Berlin außerhalb der Stadt zu Fuß oder per Fahrrad zu umrunden, nicht neu ist: Der Gedanke liegt nahe, und die Möglichkeiten sind optimal und wesentlich kürzer als hier beschrieben realisierbar. Der 66-Seen-Wanderweg wurde aber bewußt konzipiert, um eine attraktive Wanderroute zusammenzustellen, die möglichst alle Facetten Brandenburgs beinhaltet, ein Höchstmaß an Erlebnisqualität bietet und wesentlich mehr als nur eine Runde um Berlin darstellt.

Der Autor

Manfred Reschke wurde 1939 in Berlin geboren, wo er bis heute lebt. Der ehemalige Buchdruckermeister arbeitete zuletzt in leitender Funktion in der Bundesdruckerei in Berlin.

Ende der siebziger Jahre entdeckte er die Liebe zum Wandern und die Reize der brandenburgischen Landschaft. Seitdem hat er auf Fernwanderungen in zwölf europäischen Ländern mehr als 6000 Kilometer zurückgelegt, dabei unter anderem zweimal die Alpen überquert und den spanischen Teil des Jacobswegs komplett zu Fuß durchwandert. Vor allem aber hat er immer wieder Wanderungen durch die Mark Brandenburg unternommen, deren Vielfalt und Schönheit es ihm besonders angetan haben.

Nach seinem Ausscheiden aus dem aktiven Berufsleben entwickelte er die ›66-Seen-Wanderung‹, widmete sich auf vielfache Weise aktiv dem Wandern in Brandenburg und ist auch im kirchlichen Bereich ehrenamtlich tätig.

Im Januar 2003 wurde ihm anläßlich des ›Tages des Ehrenamtes‹ das Verdienstkreuz am Band des Verdienstordens der Bundesrepublik Deutschland verliehen.

Manfred Reschke

Im Annatal

Vertraut den neuen Wegen

1
Vertraut den neuen Wegen
im Brandenburger Land,
denn viele Hände pflegen
und halten es instand.
Wer aufbricht um zu schauen
die Flüsse, Bäche, Seen,
die Felder Wälder Auen,
wird sehn, das Land ist schön.

2
Vertraut den neuen Wegen
die euch das Leben weist,
weil Leben heißt, sich regen,
weil Leben wandern heißt.
Aus Arbeit, Streß und Plagen
zu Ruhe, Freude, Glück
zu finden, heißt zu wagen
auch mutigen neuen Schritt.

3
Vertraut den neuen Wegen
ins Land, das Gott erdacht,
daß euch mit seinem Segen
im Herzen Sonne lacht.
Wer fröhlich bleibt, kann hoffen
auf neue gute Zeit.
Die Zukunft stehet offen
und sie ist hell und weit.

Melodie : Volksweise aus dem 16. Jahrhundert
Text : Manfred Reschke 1999 , nach : Klaus -Peter Hertzsch, Evangelisches Gesangbuch Nr. 395

Geographisches Register

Fotonachweis

Alle Fotos: Manfred Reschke, außer: Roland Lehmann (S. 214), Michael Wicke (S. 38, 49).
Titelbild: An der Südspitze des Gamensees (Wolfgang Korall)

Wanderkarten

Die 66-Seen-Wanderung
Zu den Naturschönheiten rund um Berlin

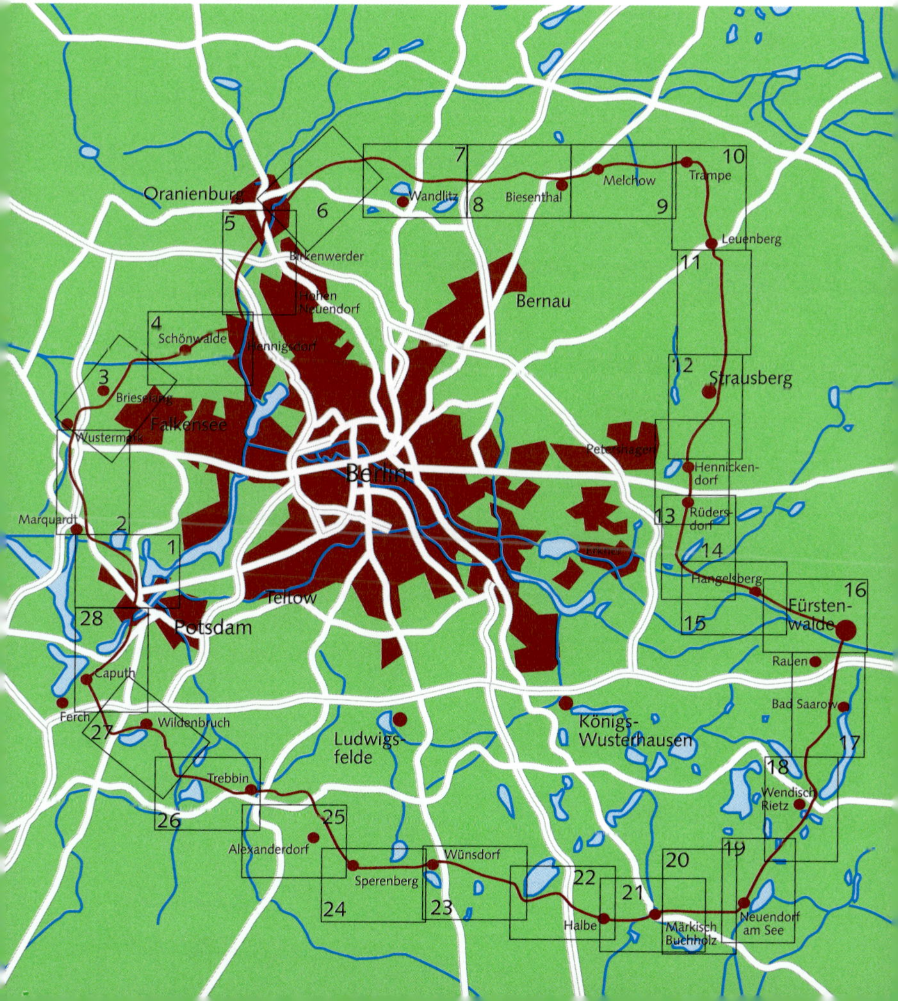

Zeichenerklärung 1 : 50 000 (Auszug)

Wanderroute

Einkehrmöglichkeit

Grenzen

54

Staatsgrenze
mit Grenzmarke und Nummer

Landesgrenze

Regierungsbezirksgrenze

Kreisgrenze
Grenze einer kreisfreien Stadt

Gemeindegrenze

Truppenübungsplatzgrenze,
Standortübungsplatzgrenze

Naturschutzgebietsgrenze

Siedlungen

NAUEN — Name einer Stadt

Golm — Name einer Gemeinde

PLAUE — Name eines Stadtteils

Leest — Name eines Gemeindeteils

Ausbau — Name eines Wohnplatzes

Die Schriftgrößen richten sich nach den Einwohnerzahlen.

Geschlossene Bebauung in
Ortschaften ab 50 000 Einwohner

Ortschaft unter 50 000 Einwohner

Hervorragende Gebäude

Kirchen mit Turm

Kapelle

Türme: massiver Bau, leichter Bau

Schornstein

Historische Mauer

Schlösser, Burgen

R — Schlossruinen, Burgruinen

Gewächshaus

Friedhof

SpPl — Sportplatz

Schießstand

Verkehr

Bahnen

Mehrgleisige Eisenbahn

Eingleisige Eisenbahn, elektrifiziert

Anschlussgleis

Schmalspurige Eisenbahn

Straßenbahn

Seilbahn, Schwebebahn, Sessellift

Straßen und Wege

Ausbauzustand

45

Schnellverkehrsstraße (mind. vier Fahrstreifen) mit Kilometerangabe } teilweise in Bau

Hauptstraße (Breite mind. 6 m)

Hauptstraße (Breite unter 6 m)

Nebenstraße (Breite mind. 4 m)

Hauptweg (befestigt)

Nebenweg (befestigt oder unbefestigt)

Fußweg, Radfahrweg

Gesetzliche Klassifizierung

A 2	Bundesautobahn
B 96	Bundesstraße
L 47	Landesstraße
K 6903	Kreisstraße
E 60	Europastraße

Sonstige Verkehrsbauwerke

Hochstraße

Brücken

Tunnel

Eisenbahnfähre; Autofähre

PF — Personenfähre; Anlegestelle

Vegetation

Laubwald

Schneise

Nadelwald

14 — Forstabteilungsnummer

Mischwald

Regelmäßige Baumanpflanzung,
Baumschule

Garten

Weinanbau

Sonstige technische Kultur

Wiese, Weide;
nasse Stellen

	Park
	Hecke, Wallhecke (Knick)
	Kleines Waldstück
	Hervorragende Bäume
	Moor, Bruch, Sumpf; Torfstich
	Schilf, Rohr
	Sand, Kies, Geröll

Gewässer

	Strom, Fluss mit Fließrichtungspfeil Ankerplatz und Buhnen
	Mole; Beginn der Schifffahrt
	Fluss mit Wehr
	Kanal mit Schiffsschleuse
	Graben mit Siel oder Stauschleuse
	Bach
	Zeitweise wasserführender Bach
	Unterirdischer Wasserlauf
	Trockener Graben
Ft	Furt
27,1	Binnensee mit Wasserspiegelhöhe
	Weiher, Teich
	Veränderliche Gewässerfläche
	Talsperre
WFall	Wasserfälle
	Quelle
Br	Brunnen
WBh	Wasserbehälter: offen, bedeckt
PW	Pumpwerk
KlärAnl	Kläranlage

Relief

50	m - Höhenlinie
10	m - Höhenlinie
5	m - Höhenlinie
• 148,8	Höhenpunkt mit Höhenangabe
	Felsen
5, 3	Böschungen mit relativer Höhenangabe
	Dämme, Deiche
Stein	Steinbrüche, Gruben

Sonstige topographische Objekte

	Denkmal, Denkstein, Meilenstein
	Sendeturm; Sendemast
	Funkstelle, Umsetzer
	Windmühle
	Windrad
	Höhle
	Findling
	Ringwall, Grenzwall, Schanze
	Flughafen
	Kleine Fabriken
	Bergwerke: in Betrieb, außer Betrieb
	Bruchfeld
	Gradierwerk
	Steinriegel
	Mauer, Stützmauer
	Hochspannungsleitungen: auf Holz- oder Stahlbetonmasten auf Stahlmasten
△ 307,4	Trigonometrischer Bodenpunkt mit Höhenangabe
TP	Trigonometrische Hochpunkte: Kirche; Turm; Gebäude

Abkürzungen

AD	Autobahndreieck
AK	Autobahnkreuz
AS	Autobahnanschlussstelle
...b, B	Bach
...bf, Bf	Bahnhof
...bg, Bg	Berg
BT	Beobachtungs-, Aussichtsturm
ElW	Elektrizitätswerk
F	Försterei, Forsthaus
FlHfn	Flughafen
GBf	Güterbahnhof
...grb, Grb	Graben
HBf	Hauptbahnhof
...hfn, Hfn	Hafen
HP	Haltepunkt, Haltestelle
HubPl	Hubschrauberlandeplatz
JgHb	Jugendherberge
...kan, Kan	Kanal
KrHs	Krankenhaus
KSR	Kopf-Seiten-Rampe
NSG	Naturschutzgebiet
Schn	Stromschnelle
SFlPl	Segelflugplatz
SprSchz	Sprungschanze
StOÜbPl	Standortübungsplatz
...t, T	Teich
TrÜbPl	Truppenübungsplatz
UW	Umspannwerk
WT	Wasserturm
WW	Wasserwerk

Maßstab 1 : 50 000

1 cm der Karte entspricht 500 m der Natur

Meter 1000 500 0 1 2 3 Kilometer

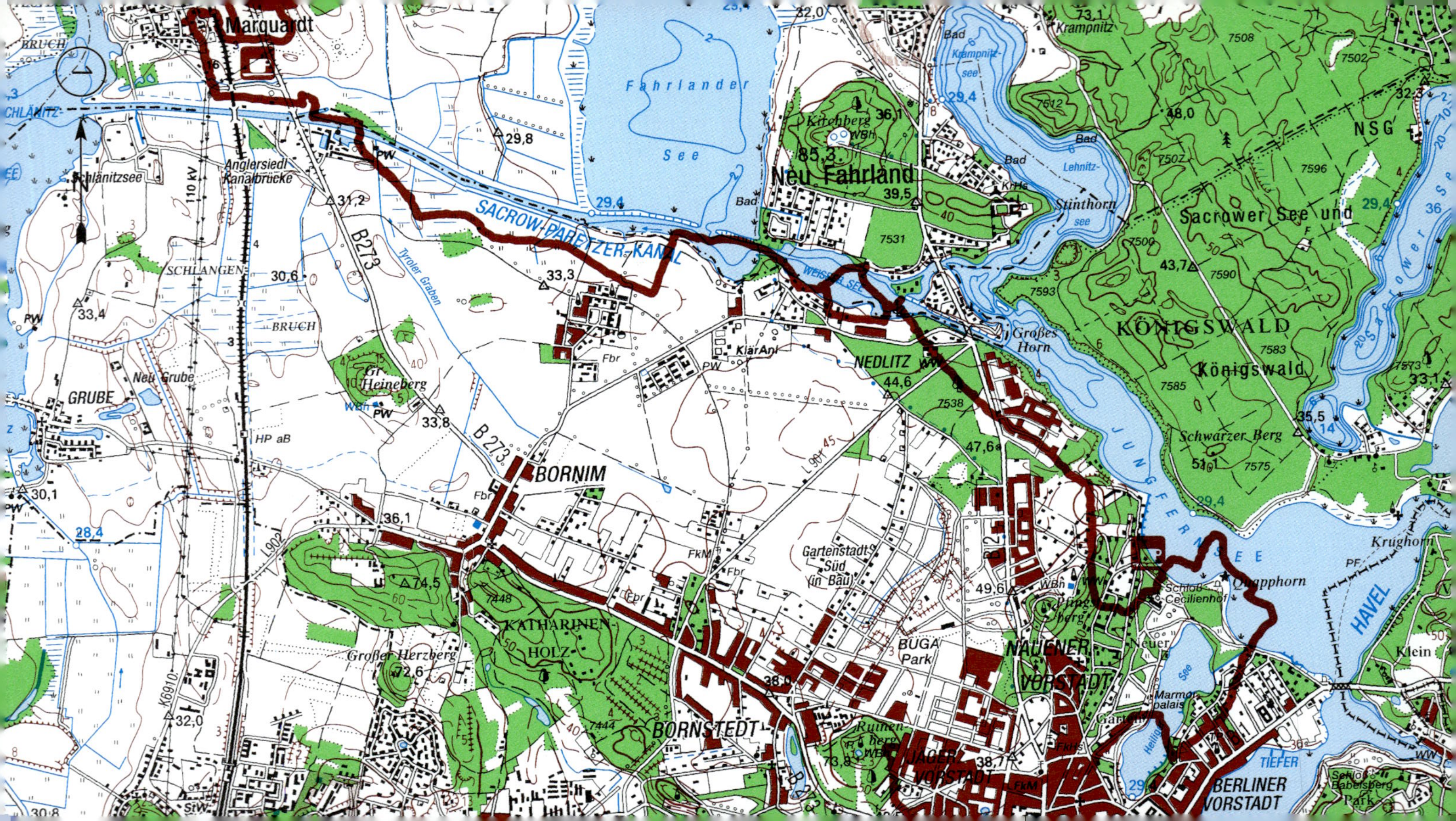
Marquardt
Fahrlander See
Neu Fahrland
Krampnitz
Sacrower See und
NSG
KÖNIGSWALD
Königswald
Schwarzer Berg
Großes Horn
Stinthorn
SACROW-PARETZER-KANAL
NEDLITZ
BORNIM
B 273
Tyroler Graben
SCHLANGEN
BRUCH
GRUBE
Neu Grube
Anglersiedl. Kanalbrücke
Schlänitzsee
Gr. Heineberg
KATHARINEN-HOLZ
Großer Herzberg
BORNSTEDT
Gartenstadt Süd (in Bau)
BUGA Park
NAUENER VORSTADT
JÄGER-VORSTADT
BERLINER VORSTADT
Schloß Cecilienhof
Quapphorn
Krughorn
HAVEL
JUNGFERNSEE
Marmorpalais
TIEFER
Schloß Babelsberg Park

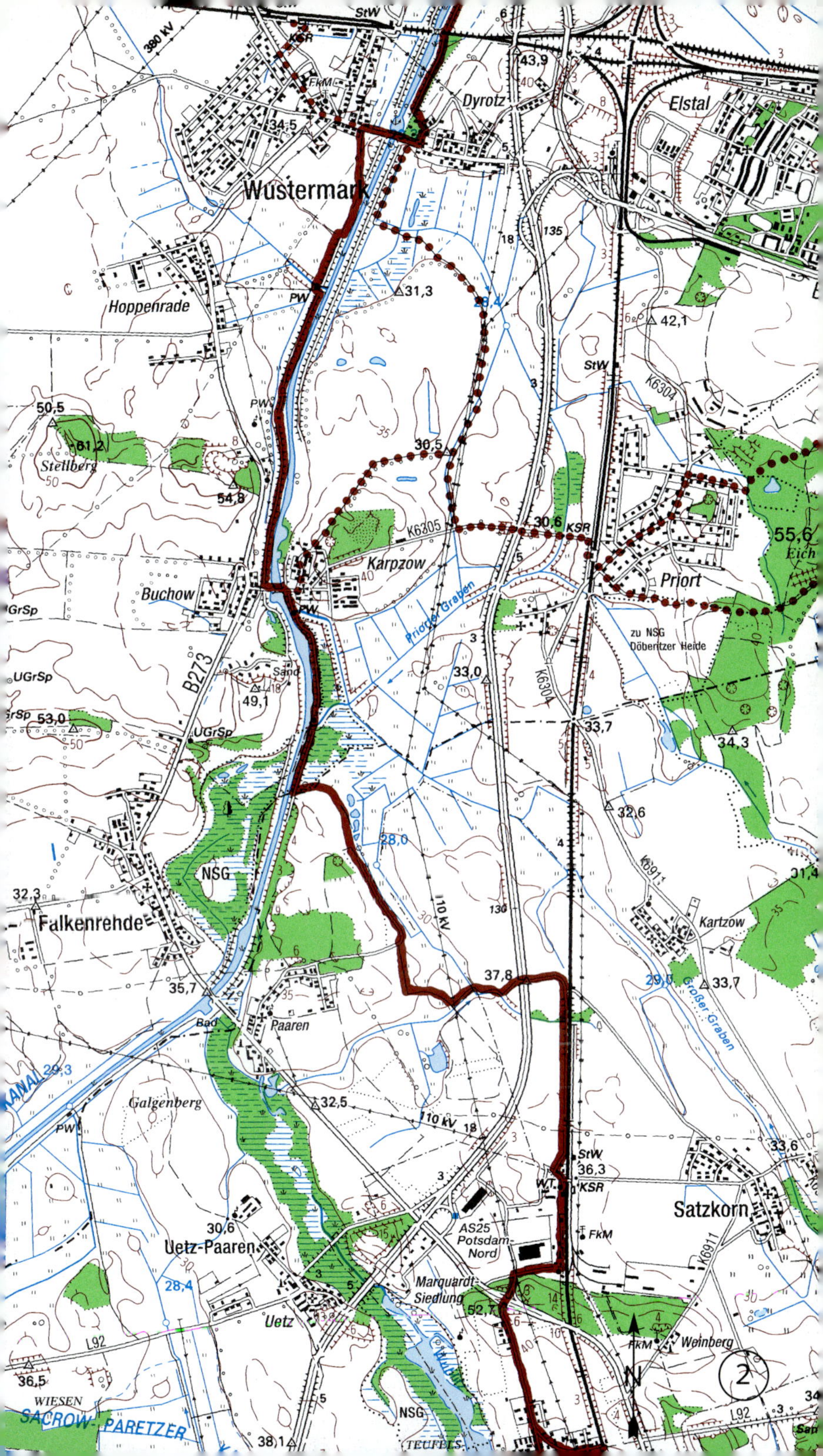

Wustermark
Dyrotz
Elstal
Hoppenrade
Stellberg
Karpzow
Priort
Buchow
Falkenrehde
Paaren
Kartzow
Galgenberg
Uetz-Paaren
Uetz
Satzkorn
Marquardt-Siedlung
Weinberg
AS25 Potsdam-Nord
zu NSG Döberitzer Heide
Prioriter Graben
Großer Graben
NSG
B273
K6305
K6304
K6911
L92
110 kV
380 kV
WIESEN
SACROW-PARETZER
KANAL
2

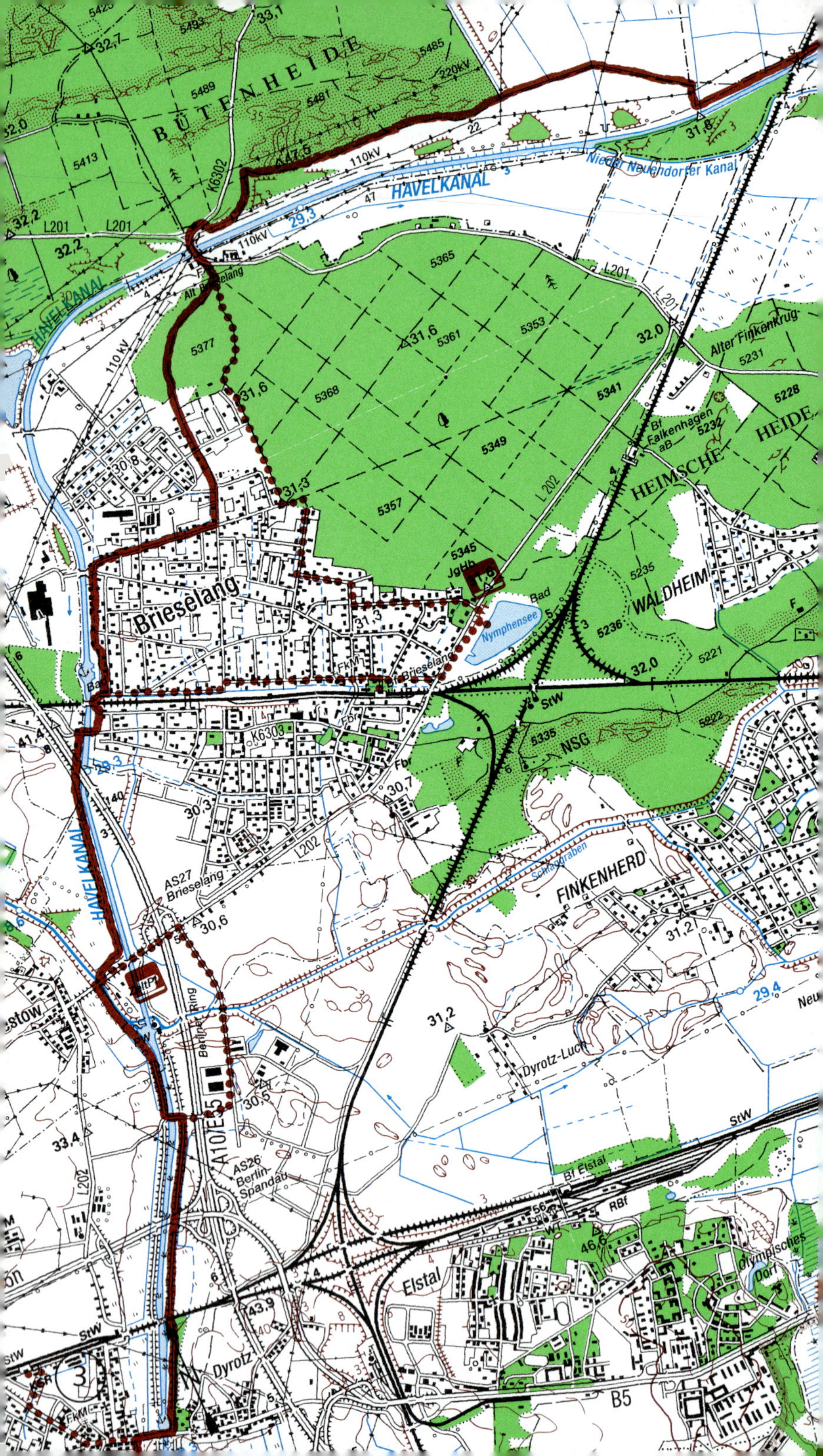

BÜTENHEIDE
HAVELKANAL
Nieder Neuendorfer Kanal
Alt Brieselang
Brieselang
Nymphensee
Bad
JgHb
Bf Falkenhagen aB
Alter Finkenkrug
HEIMSCHE HEIDE
WALDHEIM
NSG
Schlaggraben
FINKENHERD
Dyrotz-Luch
AS27 Brieselang
Berliner Ring
A10/E55
AS26 Berlin-Spandau
Bf Elstal
RBf
Elstal
Olympisches Dorf
Dyrotz
B5
L201
L202
K6302
K6303
110kV
220kV
StW

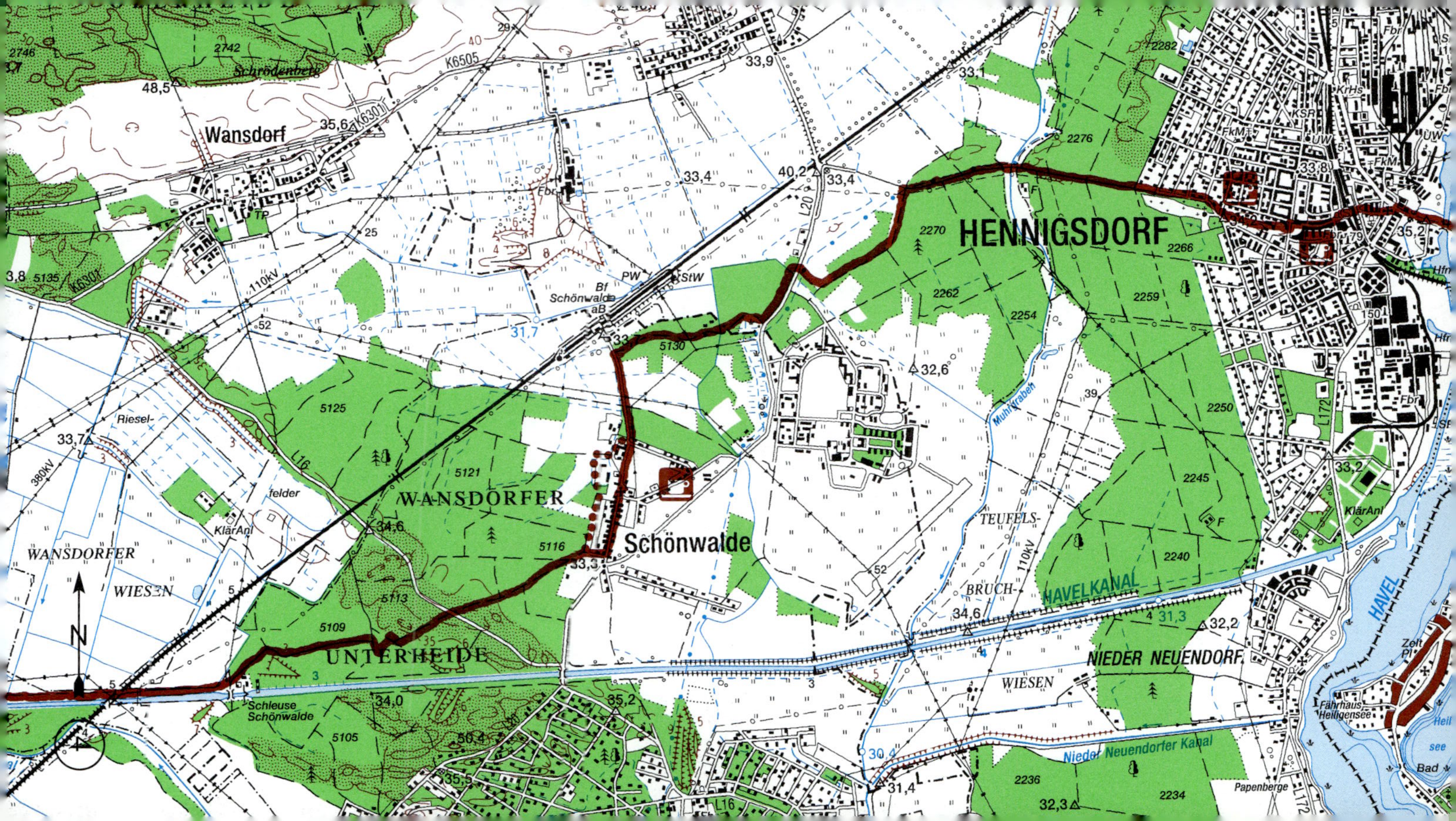
HENNIGSDORF
Schönwalde
WANSDORFER
UNTERHEIDE
Wansdorf
NIEDER NEUENDORF
HAVELKANAL
HAVEL
TEUFELS-
BRUCH-
WIESEN
WANSDORFER
WIESEN
Riesel-
felder
Schleuse
Schönwalde
Nieder Neuendorfer Kanal
Mühlgraben
Fährhaus
Heiligensee
Papenberge
N
4

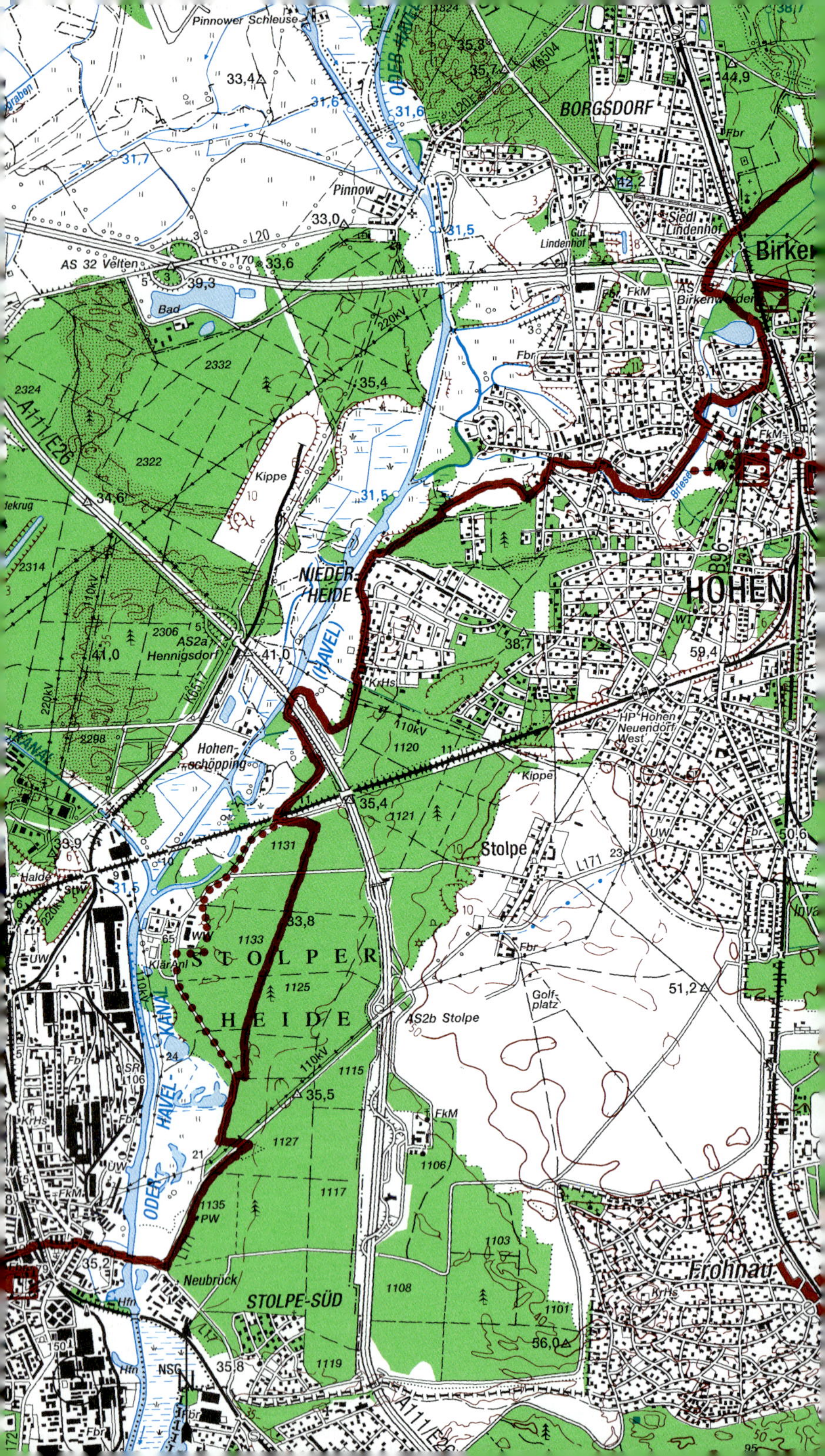
Pinnower Schleuse
ODER-HAVEL
BORGSDORF
Pinnow
Lindenhof
Siedl. Lindenhof
Birken
AS 32 Velten
Bad
AS Birkenwerder
Kippe
NIEDER-HEIDE
HAVEL
Briese
HOHEN N
AS2a Hennigsdorf
Hohen-schöpping
HP Hohen Neuendorf West
Kippe
Stolpe
Halde
STOLPER
HEIDE
AS2b Stolpe
Golf-platz
KläranI
HAVEL-KANAL
ODER
Neubrück
STOLPE-SÜD
Frohnau
NSG
A111/E26

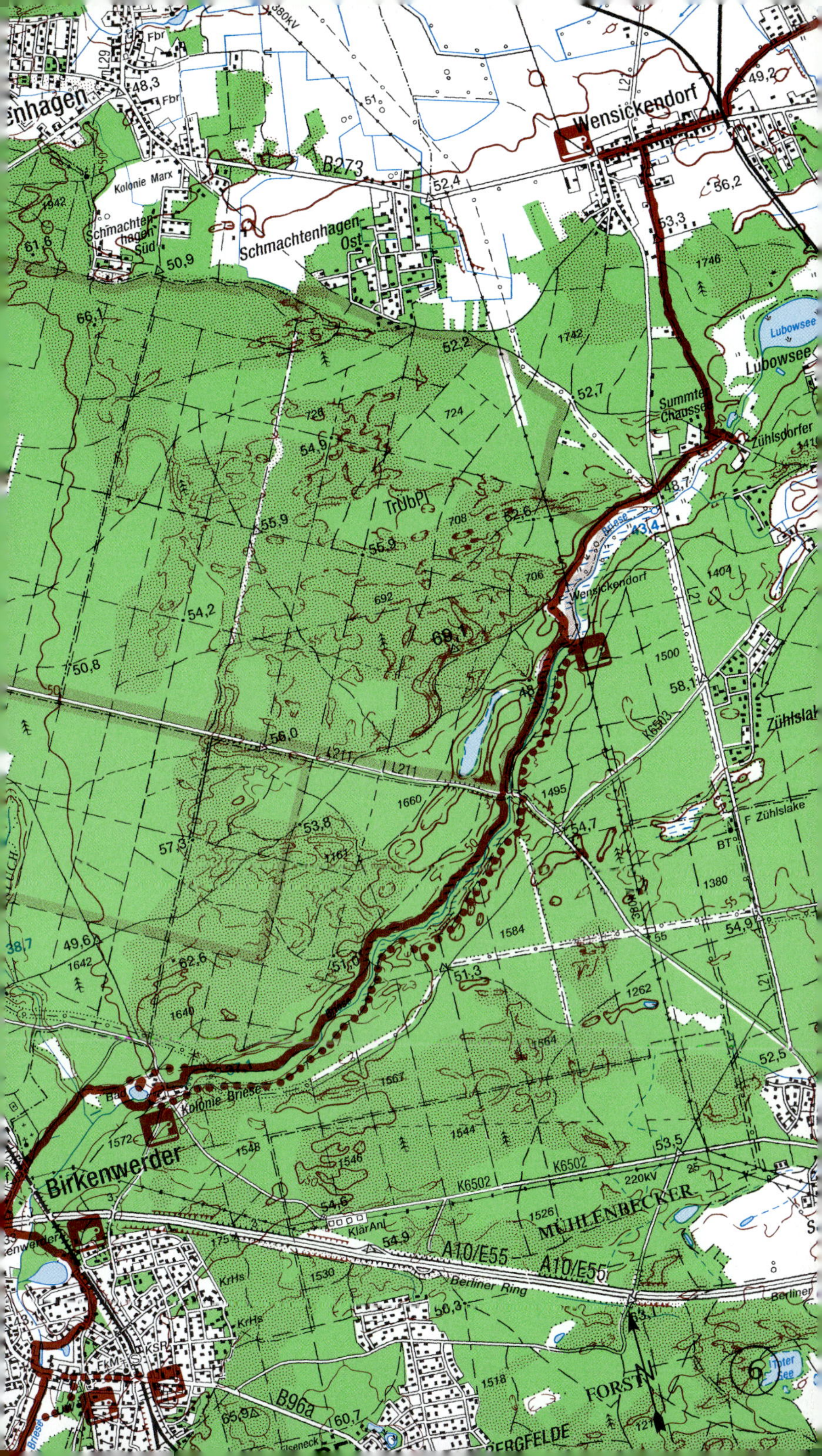

Wensickendorf
Schmachtenhagen-Ost
Schmachtenhagen-Süd
Kolonie Marx
B273
Lubowsee
Summter Chaussee
Zühlsdorfer
Briese
Zühlslake
F Zühlslake
L211
K6503
K6502
Kolonie Briese
Birkenwerder
MÜHLENBECKER
A10/E55
Berliner Ring
KlärAnl
B96a
FORST
TrÜbPl

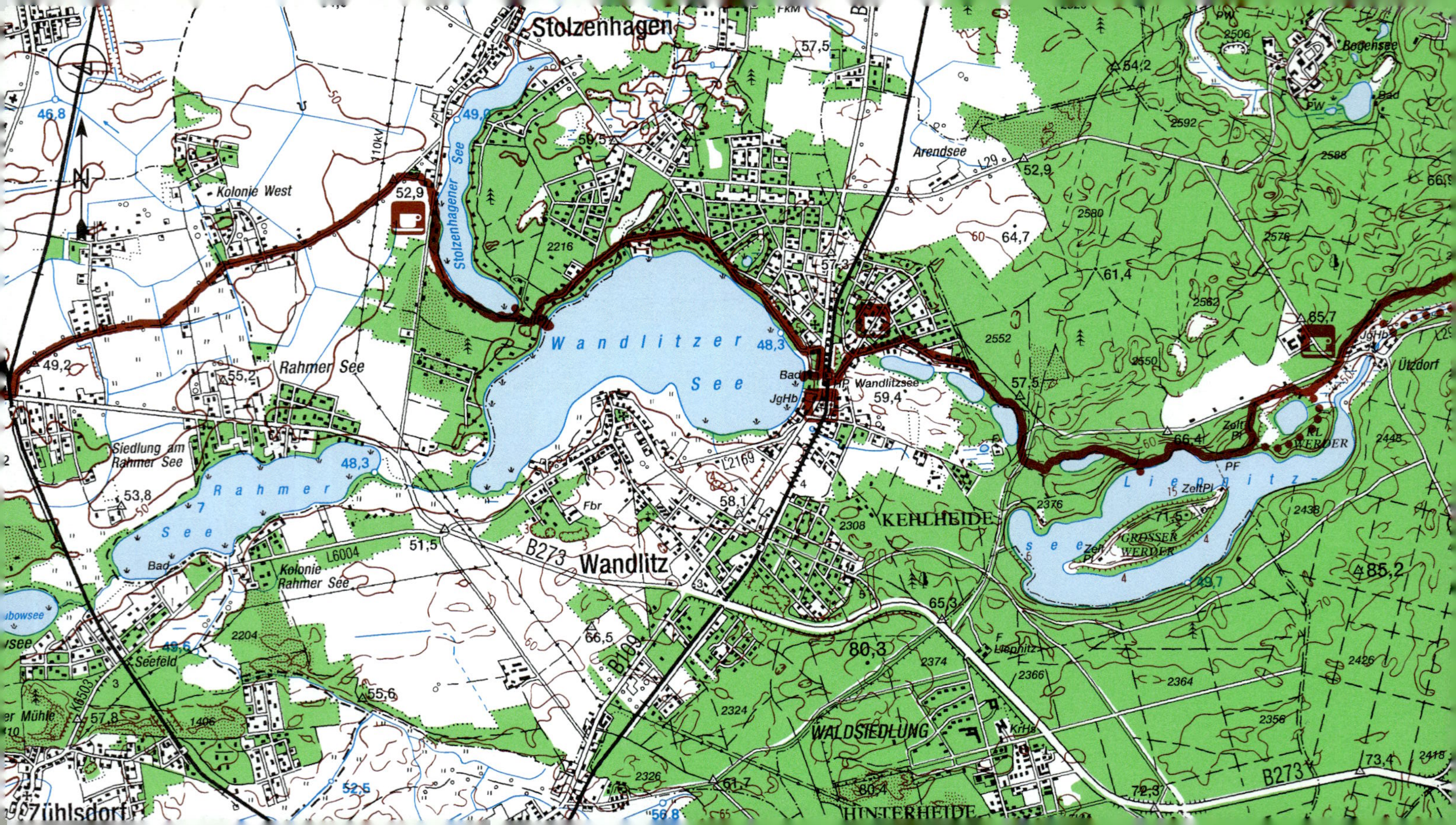
Stolzenhagen
Stolzenhagener See
Wandlitzer See
Wandlitz
Rahmer See
Kolonie West
Siedlung am Rahmer See
Kolonie Rahmer See
Seefeld
Arendsee
Bogensee
Liepnitzsee
GROSSER WERDER
KL. WERDER
Ützdorf
KEHLHEIDE
WALDSIEDLUNG
HINTERHEIDE
Wandlitzsee
B273
B109
L29
L2169
L6004

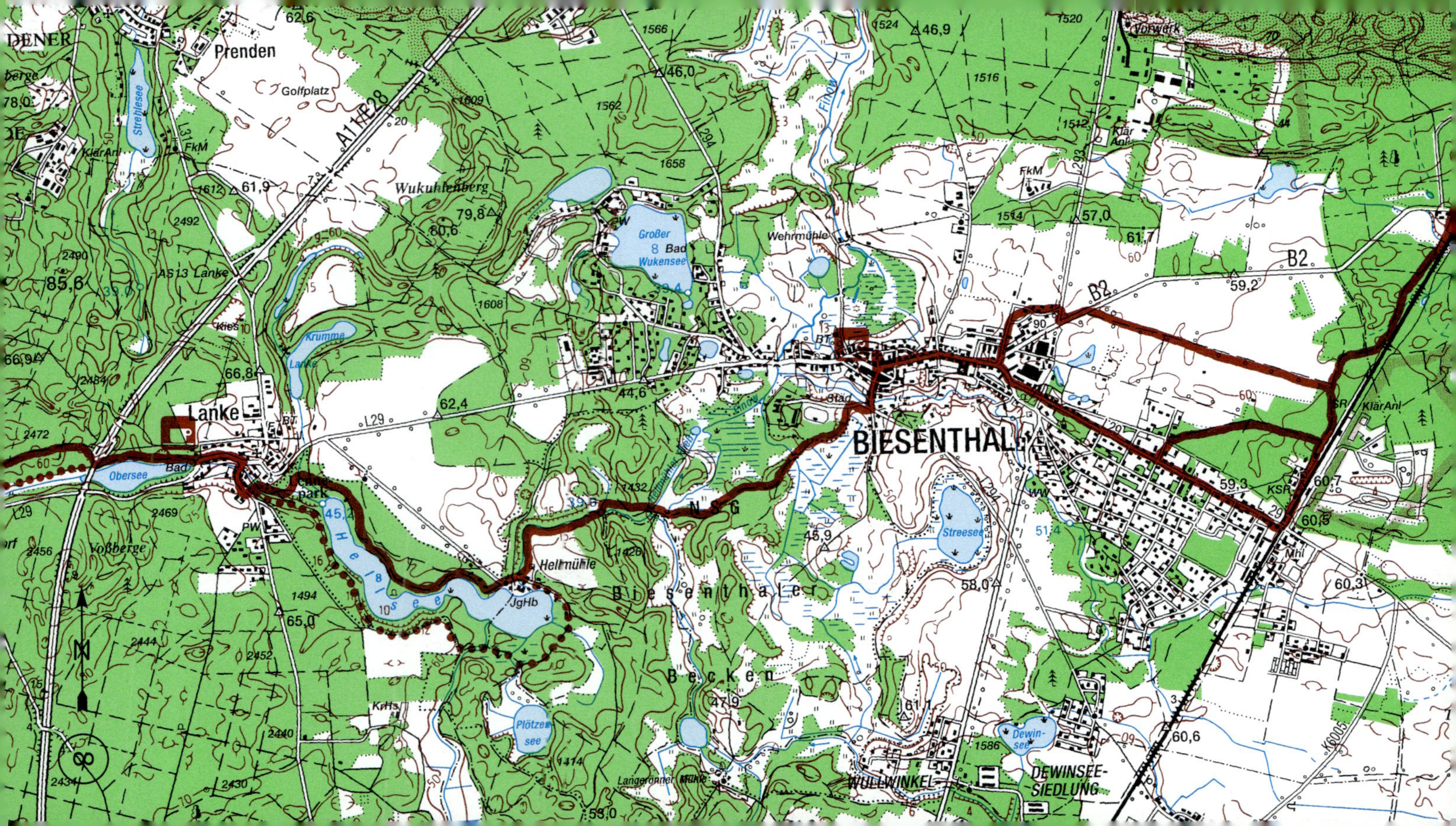
Prenden
Golfplatz
Strehlesee
A11/E28
Wukuhlenberg
Großer Wukensee
Bad
Krumme Lanke
Lanke
Obersee
Hellsee
Hellmühle
JgHb
Plötzensee
Wehrmühle
Finow
BIESENTHAL
Streesee
NSG
Biesenthaler Becken
Langerönner Mühle
WULLWINKEL
Dewinsee
DEWINSEE-SIEDLUNG
Vorwerk
B2
L29
L294
K6005

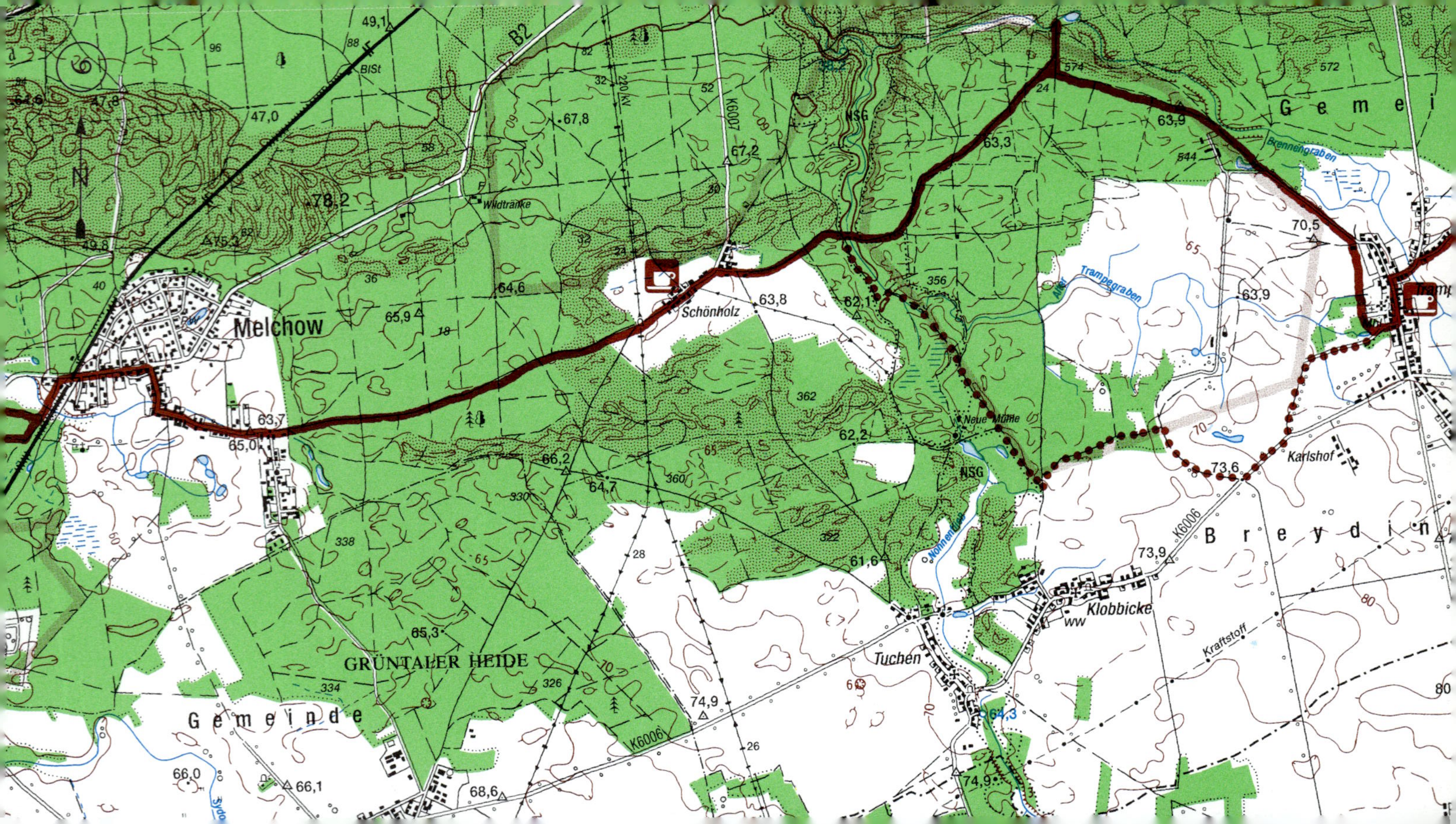

Melchow
Schönholz
Klobbicke
Tuchen
Karlshof
GRÜNTALER HEIDE
Gemeinde
Breydin
Trampegraben
Brennengraben
Neue Mühle
Wildtränke
Kraftstoff
K6006
K6007
B2
220 kV
NSG

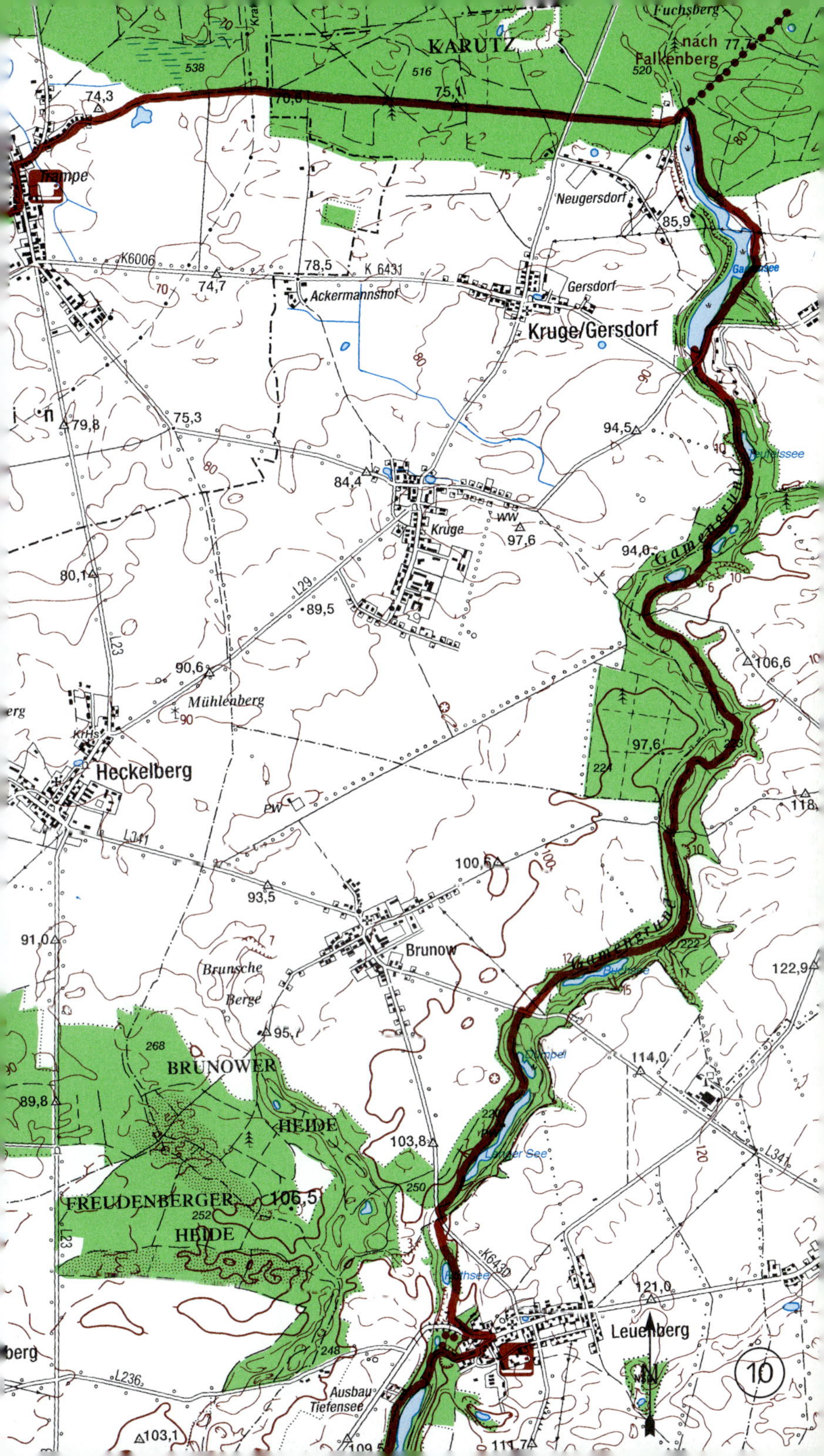

Fuchsberg
KARUTZ
nach Falkenberg
Trampe
Neugersdorf
Gersdorf
Kruge/Gersdorf
Ackermannshof
K6006
K 6431
Kruge
Gamensee
Teufelssee
Gamengrund
Mühlenberg
Heckelberg
L29
L23
L341
Brunow
Brunsche Berge
BRUNOWER HEIDE
FREUDENBERGER HEIDE
Langer See
Leuenberg
K6430
L236
Ausbau Tiefensee
10

Freudenberg
97,6
L236
103,1
Ausbau Tiefensee
B158
109,5
Leuenberg
111,7
Bahnhof
KSR
HP Leuenberg aB
Kies
236
Tiefensee
102,6
Gamengrund
Mittelsee
234
232
PW
ZeltPl
94,0
KSR
SR
Bf Tiefensee
5522
5508
Gamensee
140,8
Kuhberg
5554
122,4
5404
137,7
Dachsberg
138,1
5510
5504
5512
5532
5548
131,0
Lange Berg
143,5
102,7
L337
101,7
131,9
5540
Eiserberge
131,8
5536
1138
1130
4250
148,2
NSG
4246
126,9
BLUMENT
F Leuenberg
L337
135,3
4262
L23
4242
Heidekrug
140,3
4258
101,7
Eichberg
4210
130,7
Grenzgrund
4218
Lange Kehle
1107
4214
95,8
Dachsberge
132,0
106,5
115,8
4222
116,8
5202
4230
4226
4206
111,6
Eichenbrandt
4234
92,6
98,7
77,0
Fuchsberg
120,8
L230
11
1164
63,3
85,7
106,6

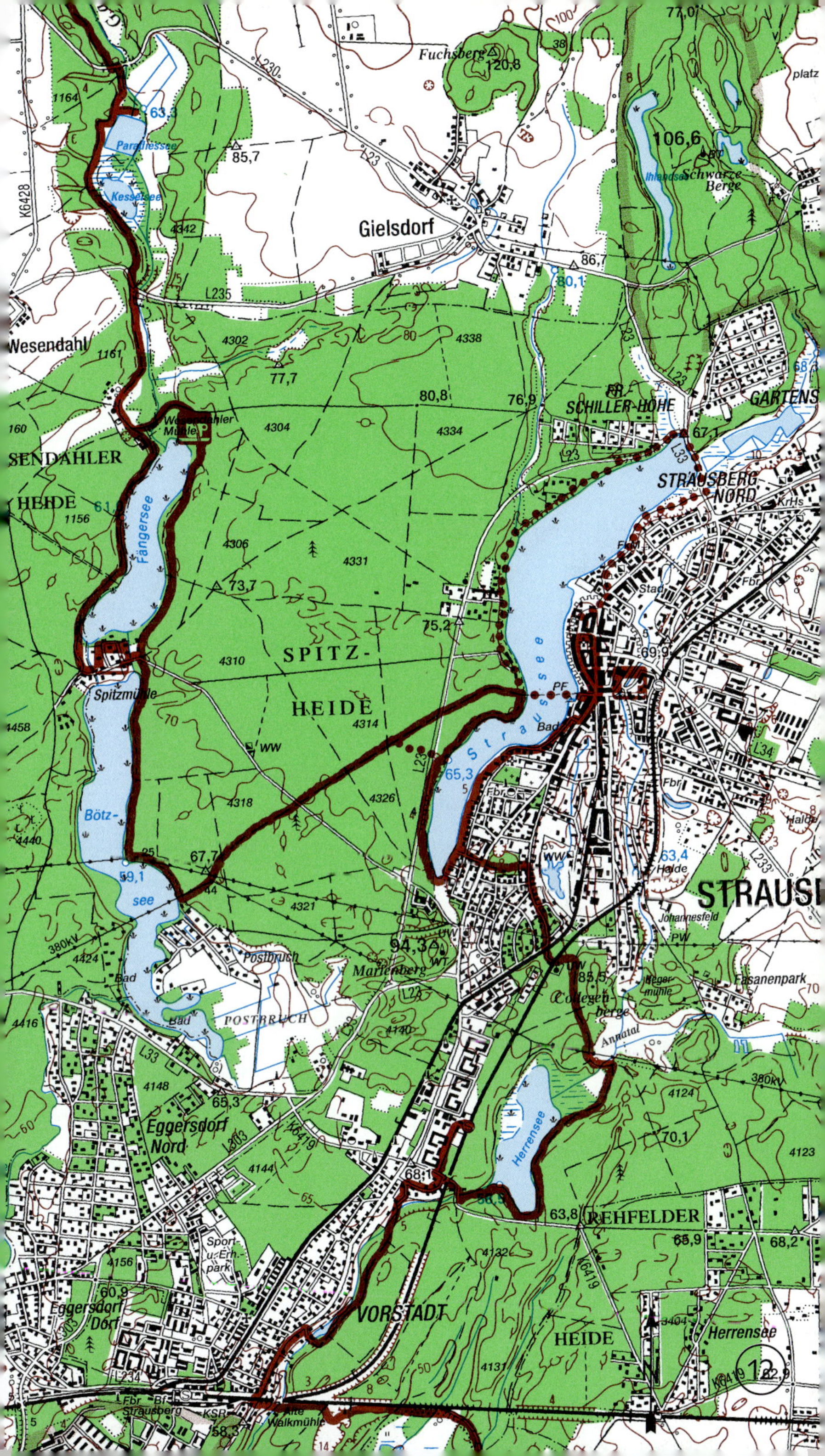

Fuchsberg
Gielsdorf
Wesendahl
SENDAHLER HEIDE
Fängersee
Paradiessee
Kesselsee
Ihlandsee
Schwarze Berge
SCHILLER-HÖHE
STRAUSBERG-NORD
SPITZ-HEIDE
Spitzmühle
Straussee
Bötz-see
Postbruch
POSTBRUCH
Marienberg
Eggersdorf Nord
Eggersdorf Dorf
Herrensee
REHFELDER HEIDE
VORSTADT
HEIDE
Herrensee
Annatal
Johannesfeld
Fasanenpark
Alte Walkmühle
Strausberg
STRAUS

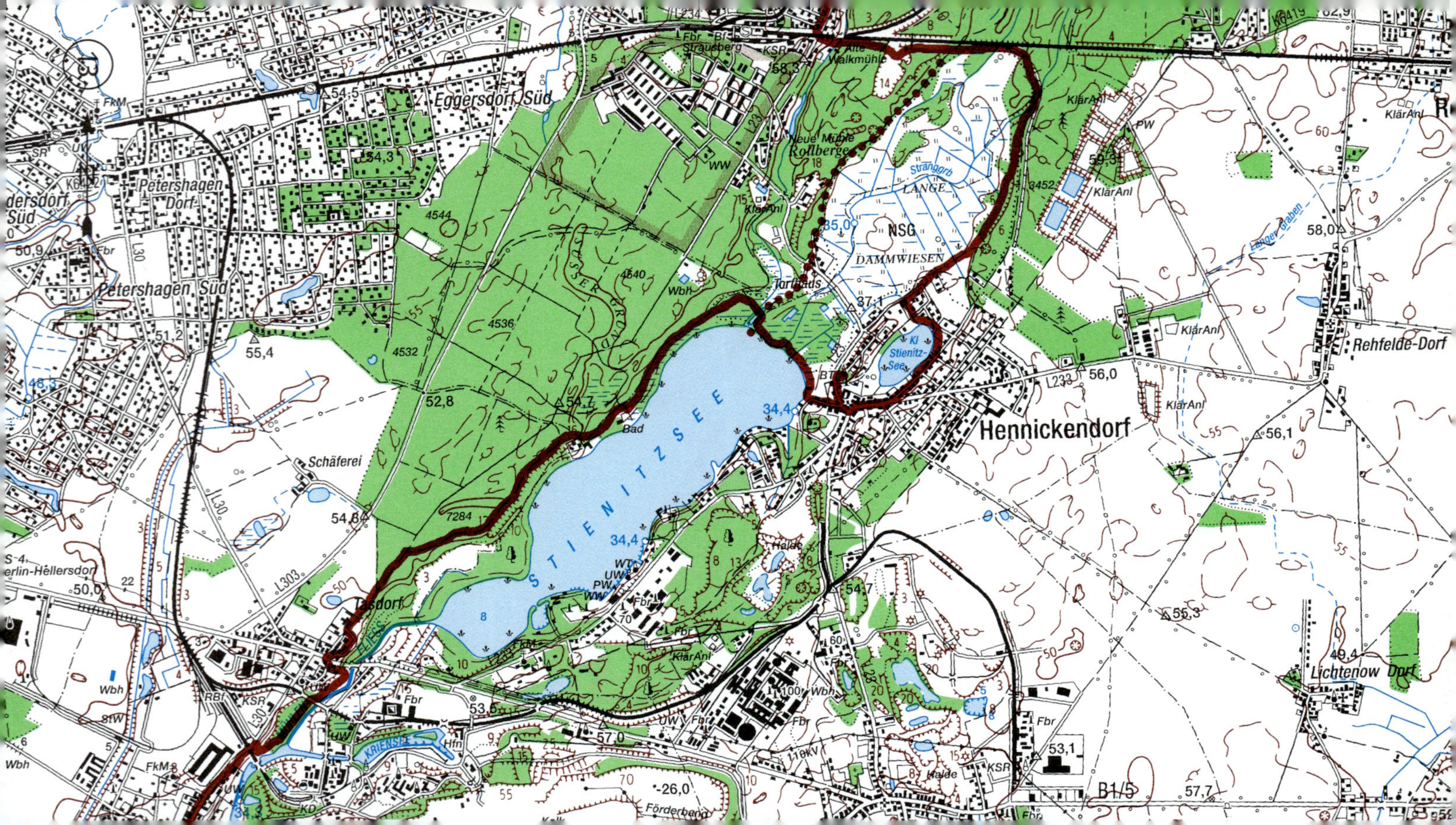
13
Eggersdorf Süd
Petershagen Dorf
Petershagen Süd
Strausberg
Alte Walkmühle
Neue Mühle
Rollberge
NSG
LANGE
DAMMWIESEN
Torfhaus
Kl. Stienitz-See
STIENITZSEE
Hennickendorf
Rehfelde-Dorf
Lichtenow Dorf
Tasdorf
Schäferei
Bad
Kriensee
Halde
Berlin-Hellersdorf

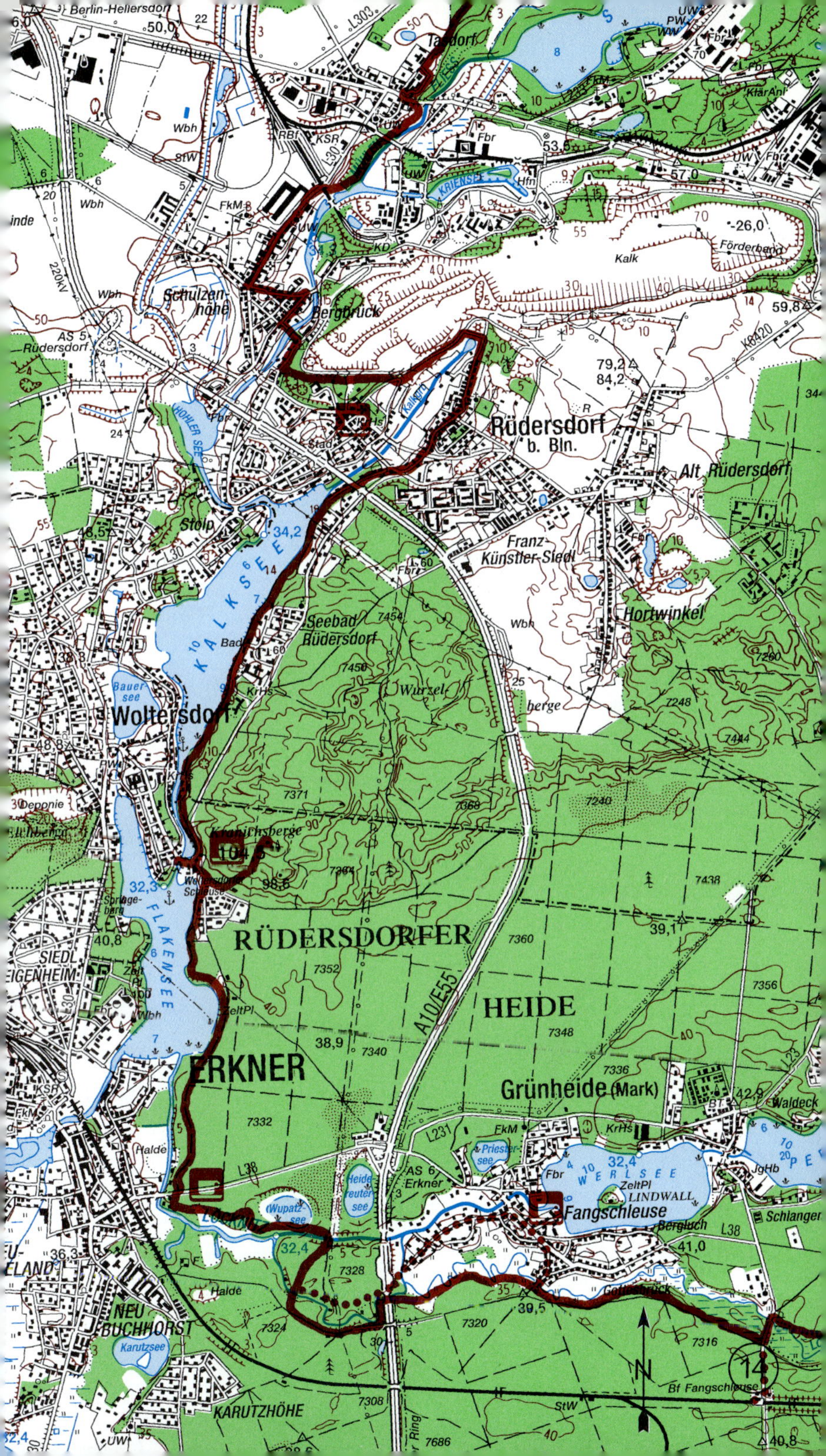

Berlin-Hellersdorf
Tasdorf
Schulzenhöhe
Bergbrück
Kalk
Förderband
Rüdersdorf
Rüdersdorf b. Bln.
Alt Rüdersdorf
Franz-Künstler-Sied
Hortwinkel
Kriensee
Höhler See
Kalksee
Stolp
Seebad Rüdersdorf
Bauersee
Woltersdorf
Wurzelberge
Kranichsberge
Woltersdorfer Schleuse
Flakensee
Deponie
SIEDL. EIGENHEIM
RÜDERSDORFER HEIDE
A10/E55
ERKNER
Grünheide (Mark)
Werlsee
Peetzsee
Lindwall
Fangschleuse
Bergluch
Priestersee
Heidereutersee
Wupatzsee
Halde
NEU BUCHHORST
Karutzsee
KARUTZHÖHE
Bf Fangschleuse
Waldeck
Schlanger
Kalkgr
Gottesbrück
14
N

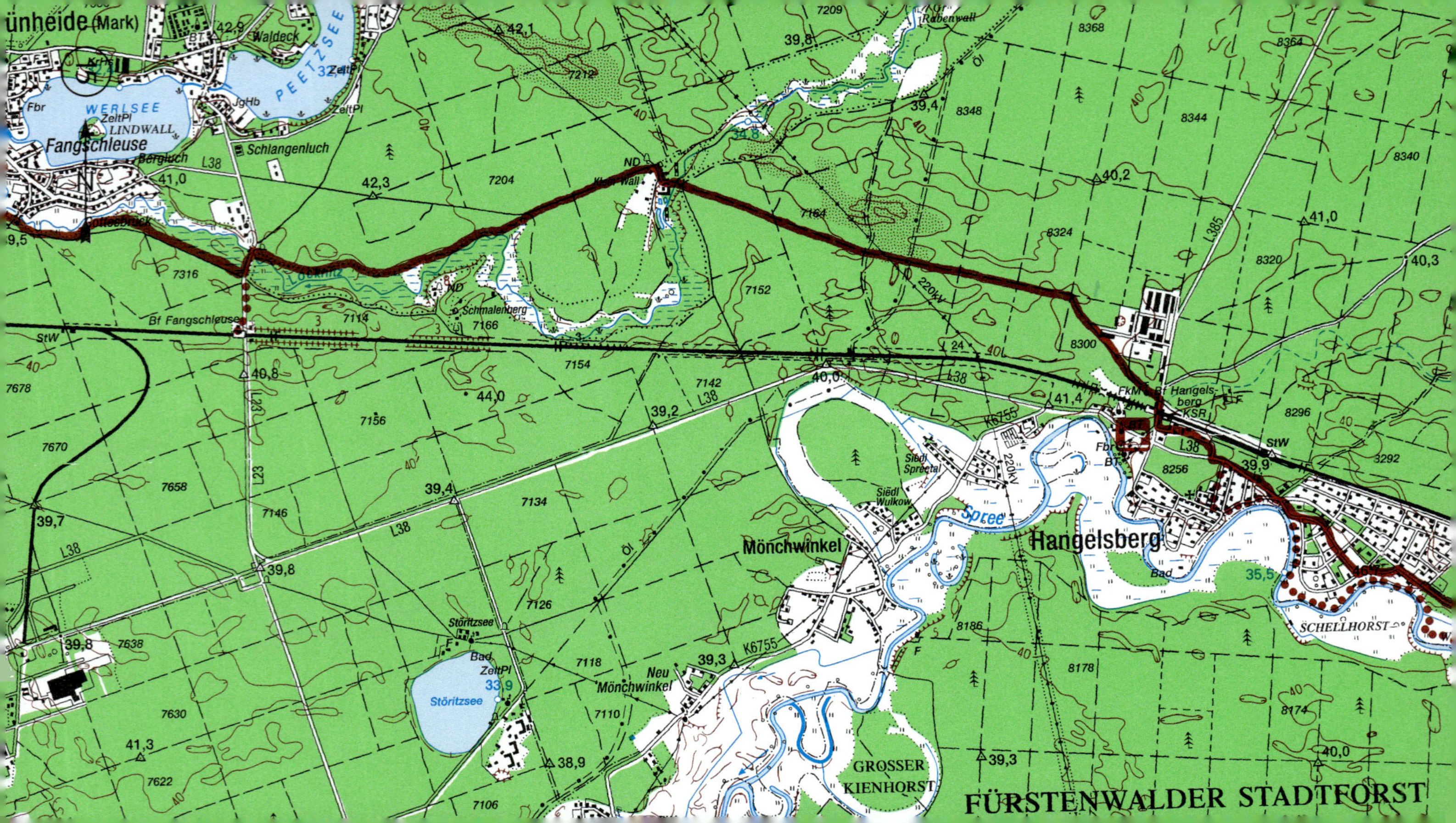

ünheide (Mark)
Waldeck
PEETZSEE
WERLSEE
LINDWALL
Fangschleuse
Schlangenluch
Bergluch
Bf Fangschleuse
Schmalenberg
Rabenwall
Bf Hangelsberg
Hangelsberg
Spree
Siedl. Spreetal
Siedl. Wulkow
Mönchwinkel
Neu Mönchwinkel
Störitzsee
SCHELLHORST
GROSSER KIENHORST
FÜRSTENWALDER STADTFORST

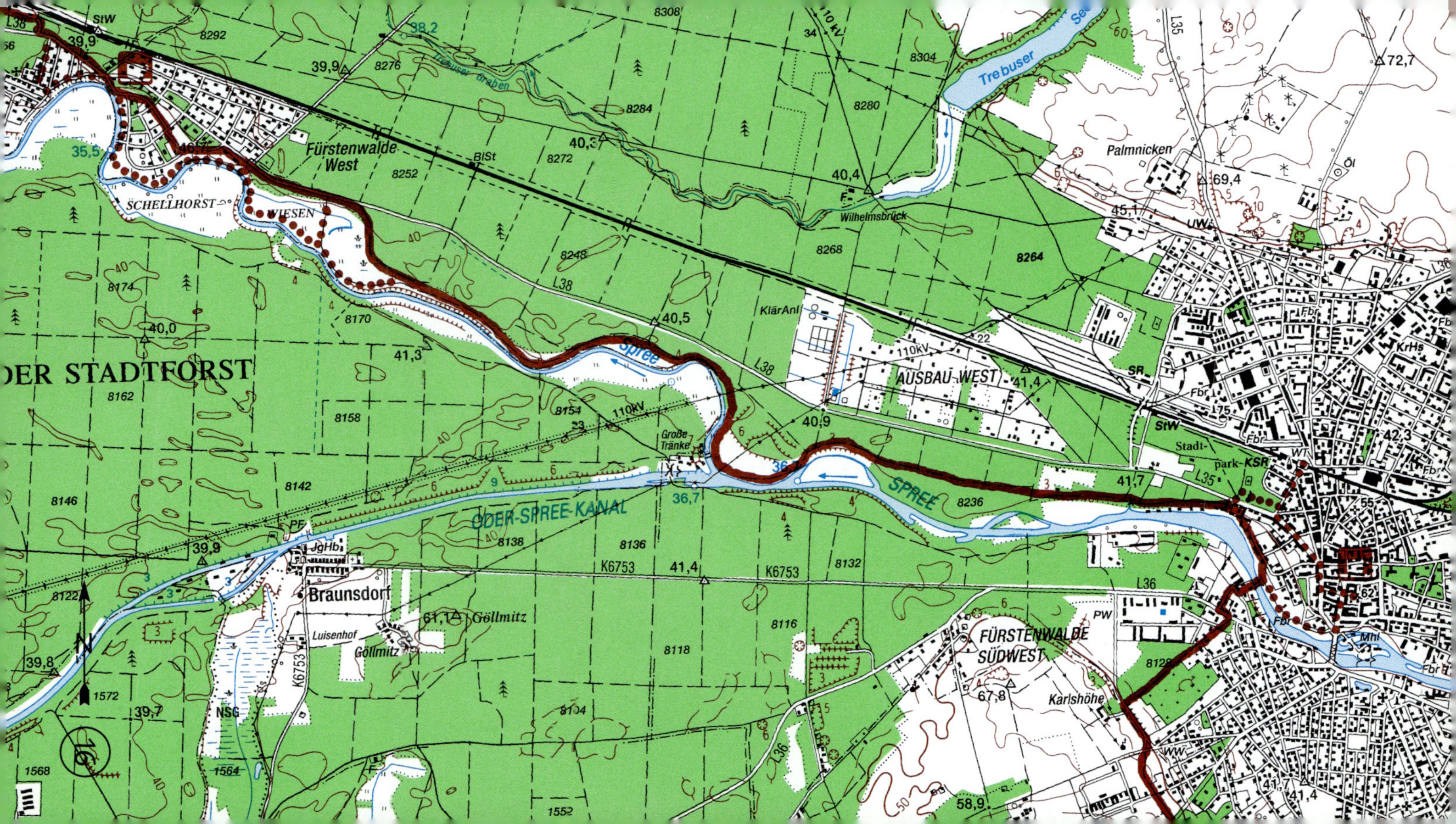
Trebuser See
Palmnicken
Wilhelmsbrück
Fürstenwalde West
SCHELLHORST
WIESEN
Spree
SPREE
AUSBAU-WEST
Große Tränke
ODER-SPREE-KANAL
DER STADTFORST
Braunsdorf
Göllmitz
Luisenhof
FÜRSTENWALDE SÜDWEST
Karlshöhe
16

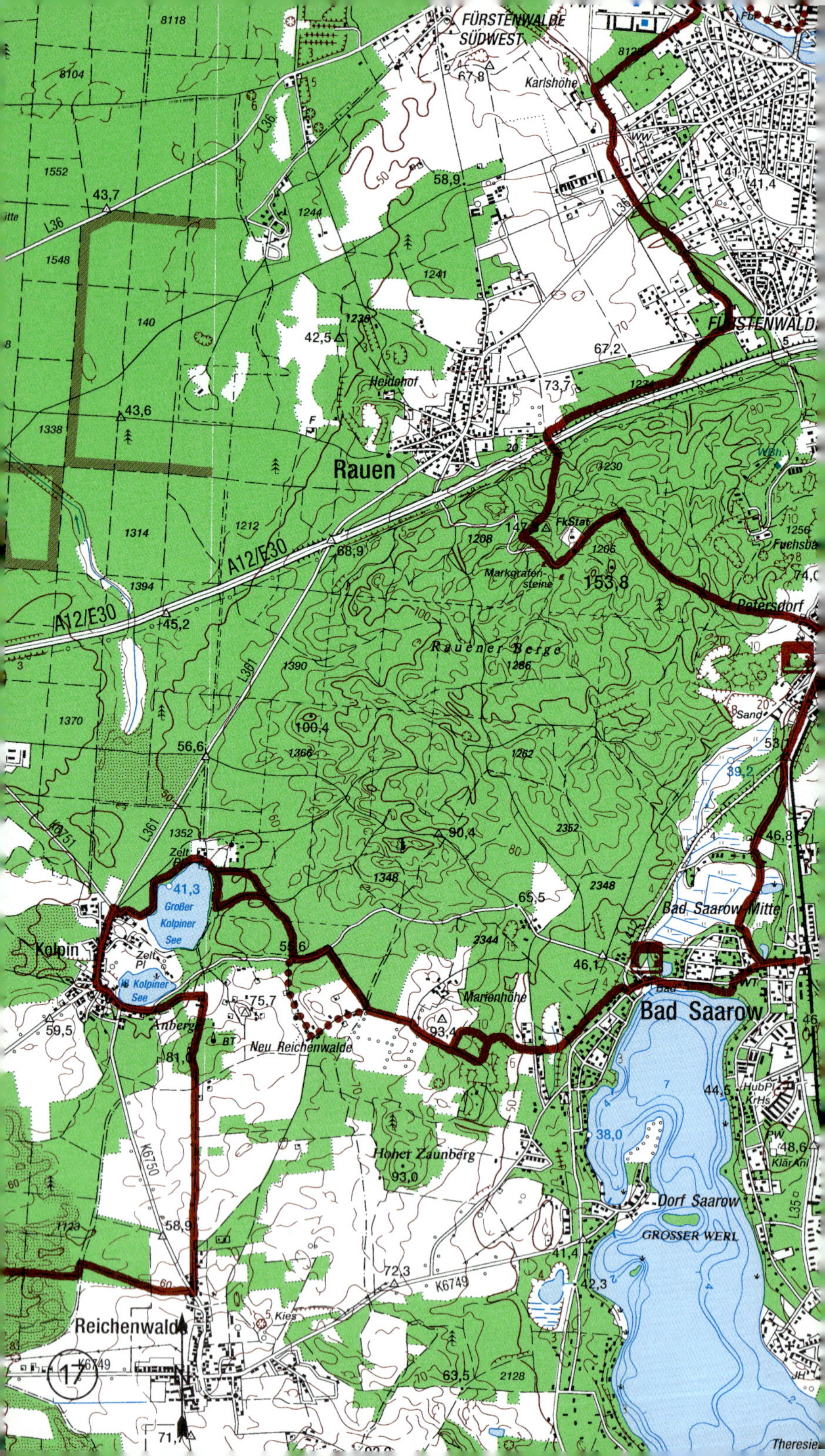

Fürstenwalde Südwest
Karlshöhe
Fürstenwalde
Heidehof
Rauen
A12/E30
L36
L361
Markgrafensteine
FkStat
Petersdorf
Rauener Berge
Sand
Bad Saarow-Mitte
Bad Saarow
Großer Kolpiner See
Kolpin
Kolpiner See
Anberg
Neu Reichenwalde
Marienhöhe
Hoher Zaunberg
Dorf Saarow
GROSSER WERL
K6750
K6749
K6751
Reichenwalde
Kies
Theresie
17

STORKOWER
FORST
Reichenwalde
K6749
GROSSER
STORKOWER
WOLFSWINKEL
Golfplatz
Silberberg
DOLGEN-
SEE
Dahmsdorf
K6744
HUBERTUSHÖHE
GROSSER
STORKOWER
STADTFORST
StOUbPl
B246
KANAL
Wendisch
Rietz
Bf Scharmützelsee
Neue Mühle
Brandberge
Kl. Griesensee
Gr Griesensee
Wendisch Rietz Siedlung
Großer
Glubigsee
Kl. Glubigsee
BEHRENSDORFER HEIDE
18

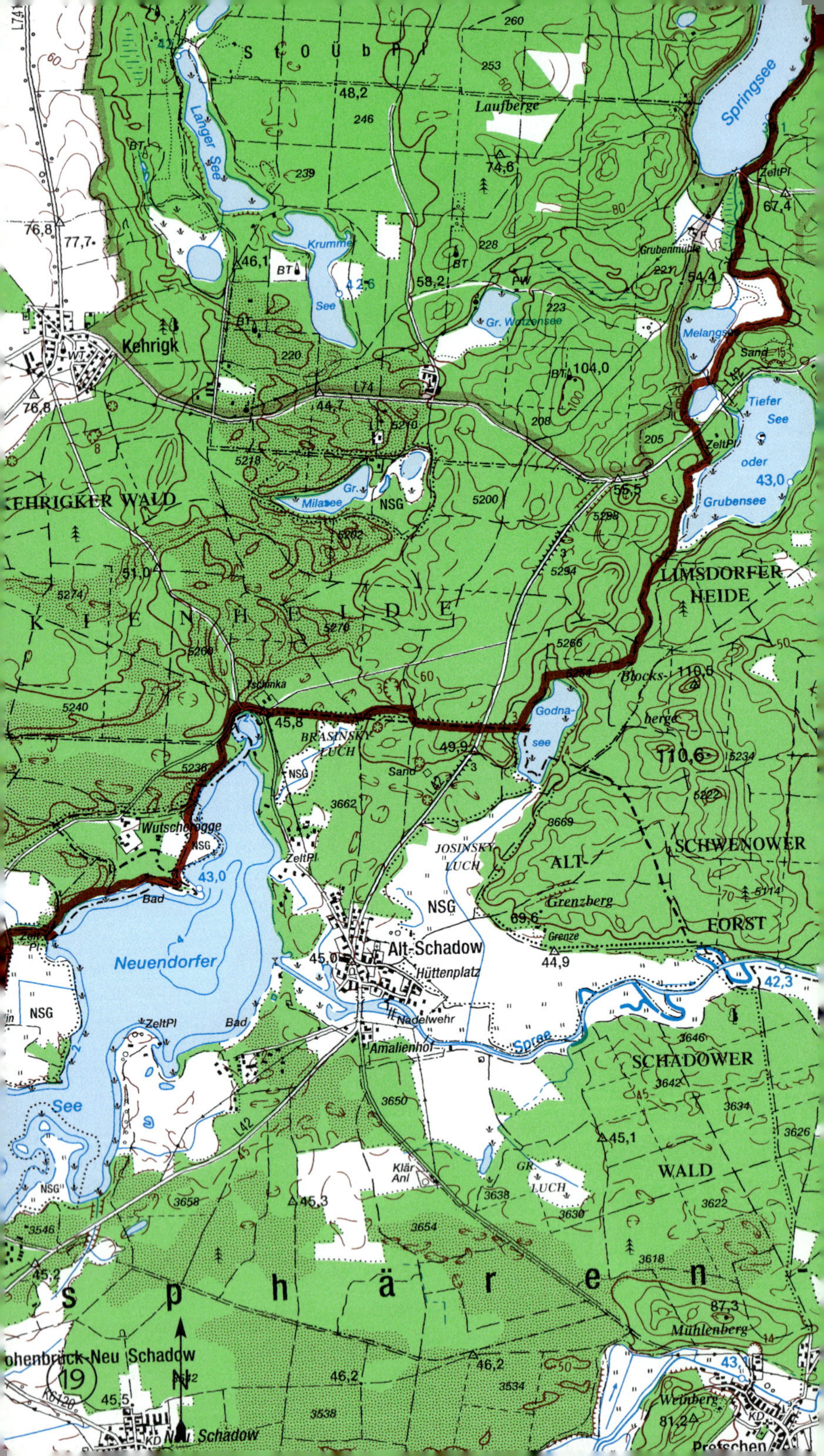

Springsee
Laufberge
Langer See
Krumme See
Kehrigk
Gr. Wotzensee
Grubenmühle
Melangsee
Tiefer See oder Grubensee
Milasee
KEHRIGKER WALD
K I E N H E I D E
LIMSDORFER HEIDE
Blocksberge
Godnasee
BRASINSKY LUCH
Wutschergogge
Neuendorfer See
JOSINSKY LUCH
ALT SCHWENOWER FORST
Grenzberg
Alt-Schadow
Hüttenplatz
Nadelwehr
Amalienhof
Spree
SCHADOWER WALD
GR. LUCH
Mühlenberg
Weinberg
Neu Schadow
Hohenbrück-Neu Schadow
s p h ä r e n

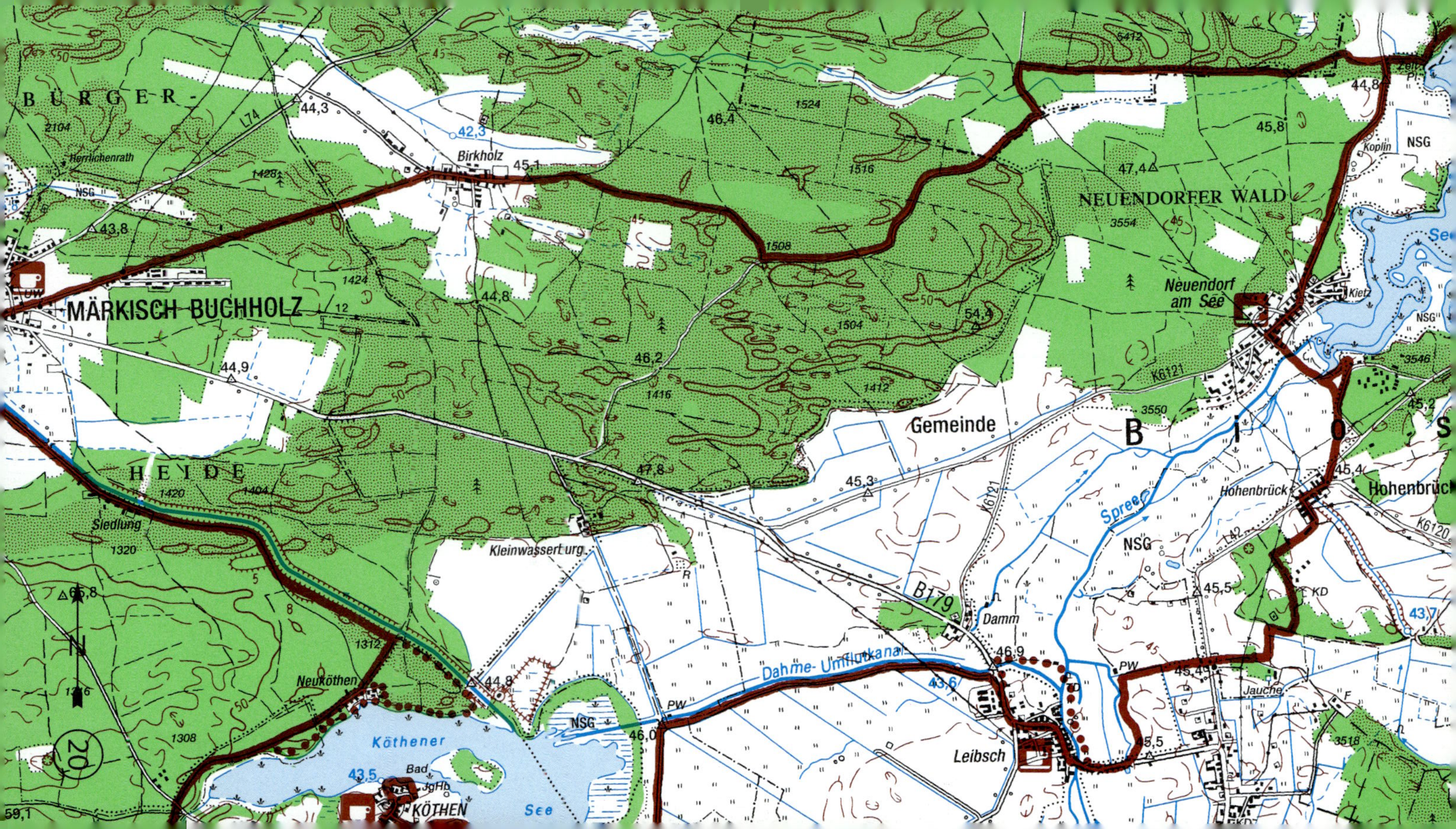

MÄRKISCH BUCHHOLZ
BURGER-
HEIDE
NEUENDORFER WALD
Neuendorf am See
Birkholz
Gemeinde
B i o s
Hohenbrück
Spree
Dahme-Umflutkanal
Damm
Leibsch
Kleinwasserburg
Neuköthen
Siedlung
Köthener See
KÖTHEN
Koplin
Kietz
Jauche
NSG
B179
K6121
K6120
L74
L42
20

Halbe
MÄRKISCH BUCHHOLZ
HEIDE
Siedlung
Kleinwasserburg
Teurow
BÄCKERSLUCH
Oderiner See
Neuköthen
Köthener See
KÖTHEN
Oderin
Freidorf
Weinberg
Krausnicker
Groß Wasserburg
Dahme
NSG

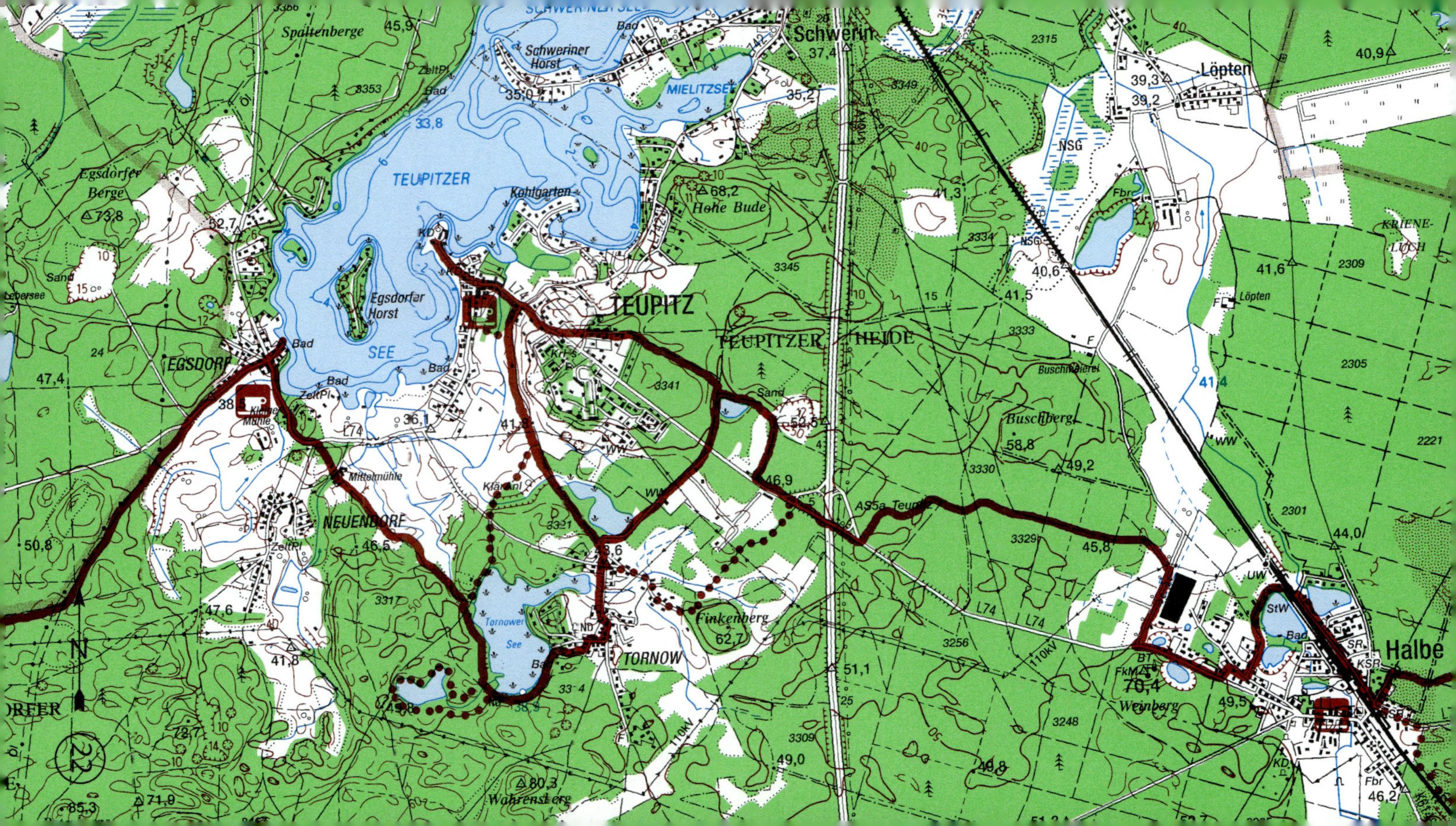

Spaltenberge
Schweriner Horst
Schwerin
MIELITZSEE
Löpten
NSG
TEUPITZER
SEE
Kohlgarten
Hohe Bude
Egsdorfer Horst
Egsdorfer Berge
TEUPITZ
TEUPITZER HEIDE
EGSDORF
Buschberg
Buschmühle
Mittelmühle
NEUENDORF
Tornower See
TORNOW
Finkenberg
Wahrensberg
Weinberg
Halbe
22

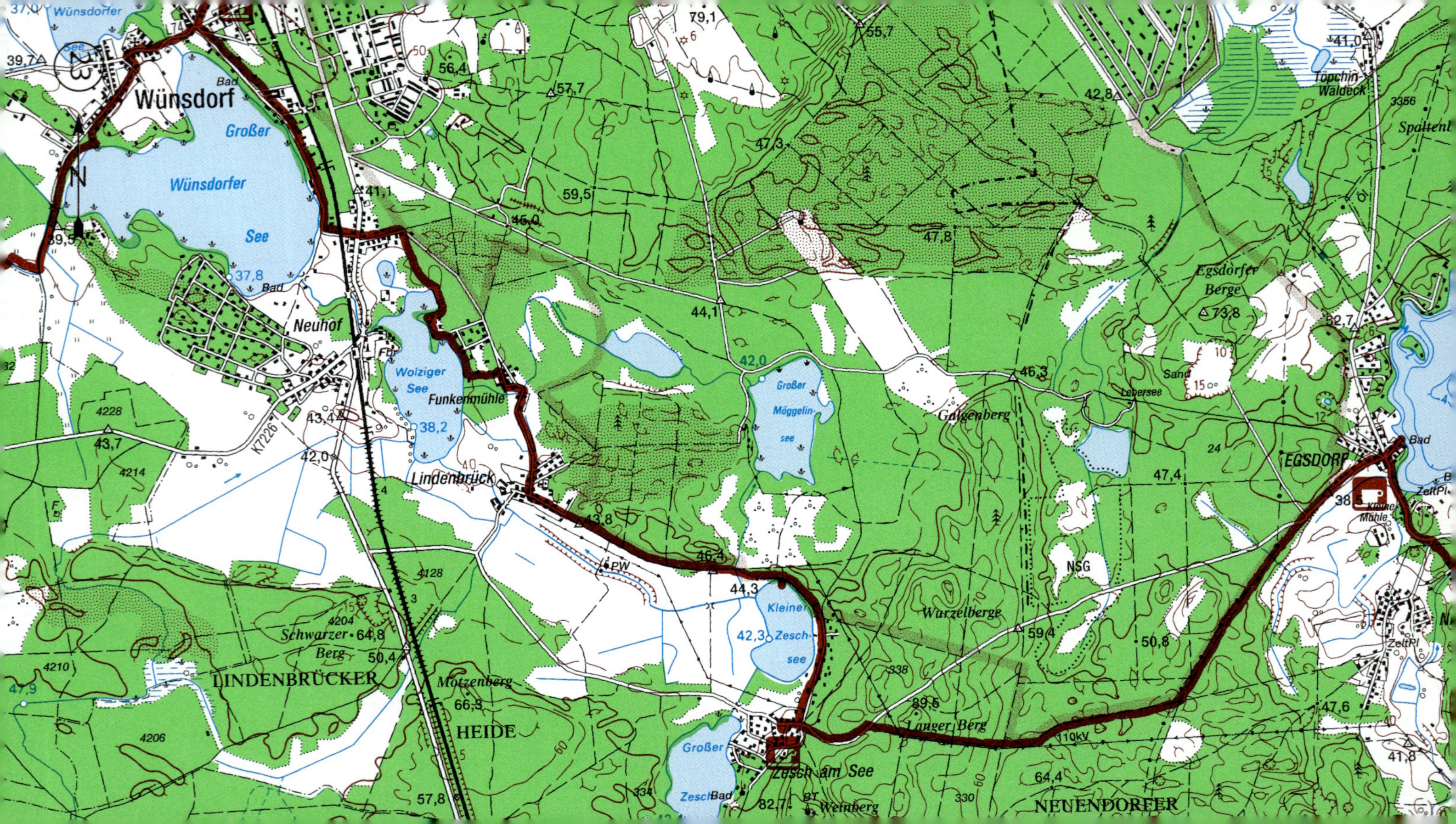

Wünsdorf
Großer Wünsdorfer See
Neuhof
Wolziger See
Funkenmühle
Lindenbrück
Großer Möggelinsee
Galgenberg
Egsdorfer Berge
Egsdorf
Töpchin-Waldeck
Spaltenl
Lebersee
Sand
Kleine Mühle
NSG
Wurzelberge
Langer Berg
Kleiner Zeschsee
Großer Zeschsee
Zesch am See
Weinberg
Schwarzer Berg
Motzenberg
LINDENBRÜCKER
HEIDE
NEUENDORFER
K7226

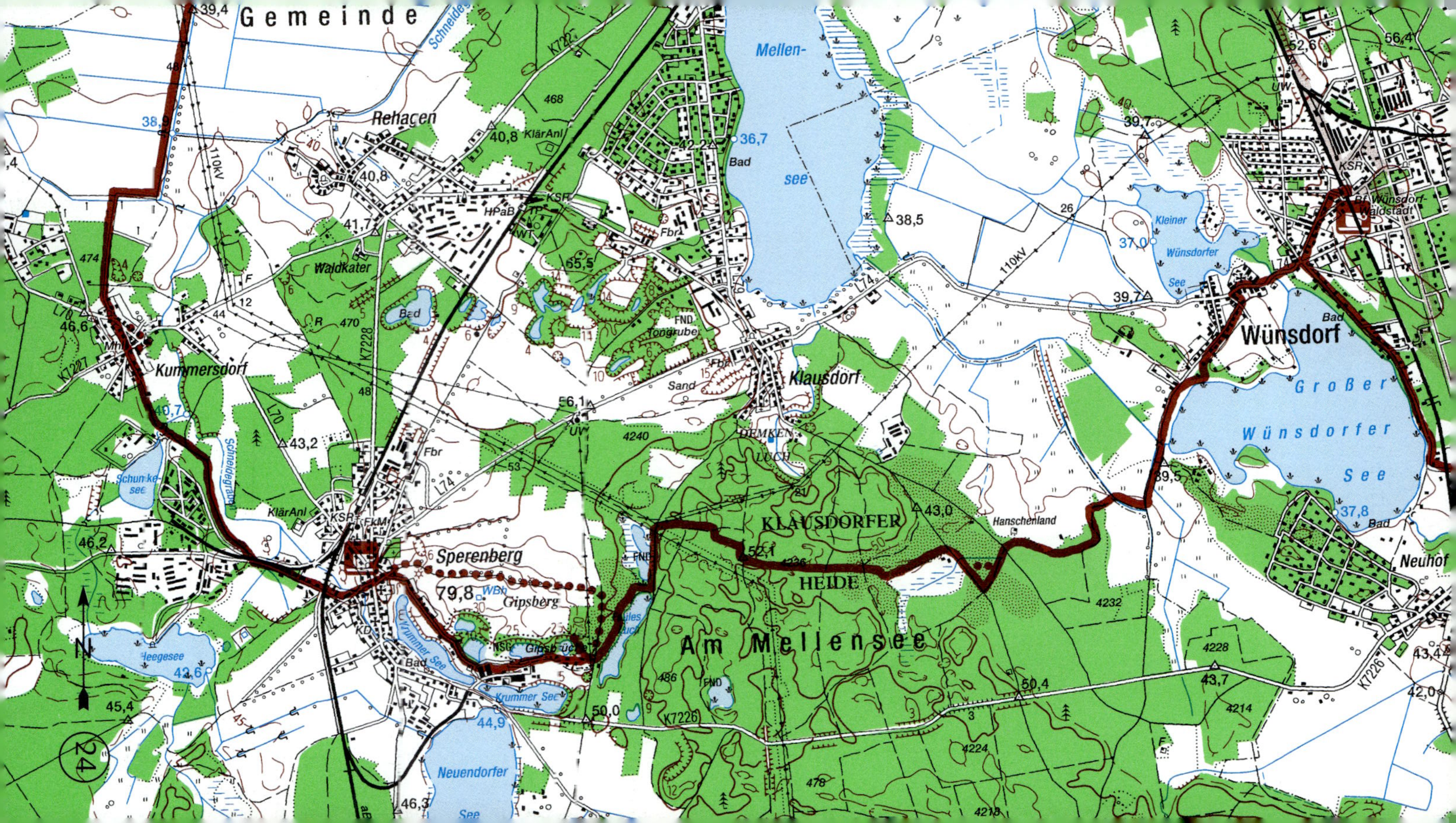

Gemeinde
Rehagen
Kummersdorf
Waldkater
Schünkesee
Heegesee
Sperenberg
Gipsberg
Krummer See
Neuendorfer See
Mellensee
Klausdorf
KLAUSDORFER HEIDE
Am Mellensee
Hanschenland
Kleiner Wünsdorfer See
Wünsdorf
Großer Wünsdorfer See
Neuhof
24

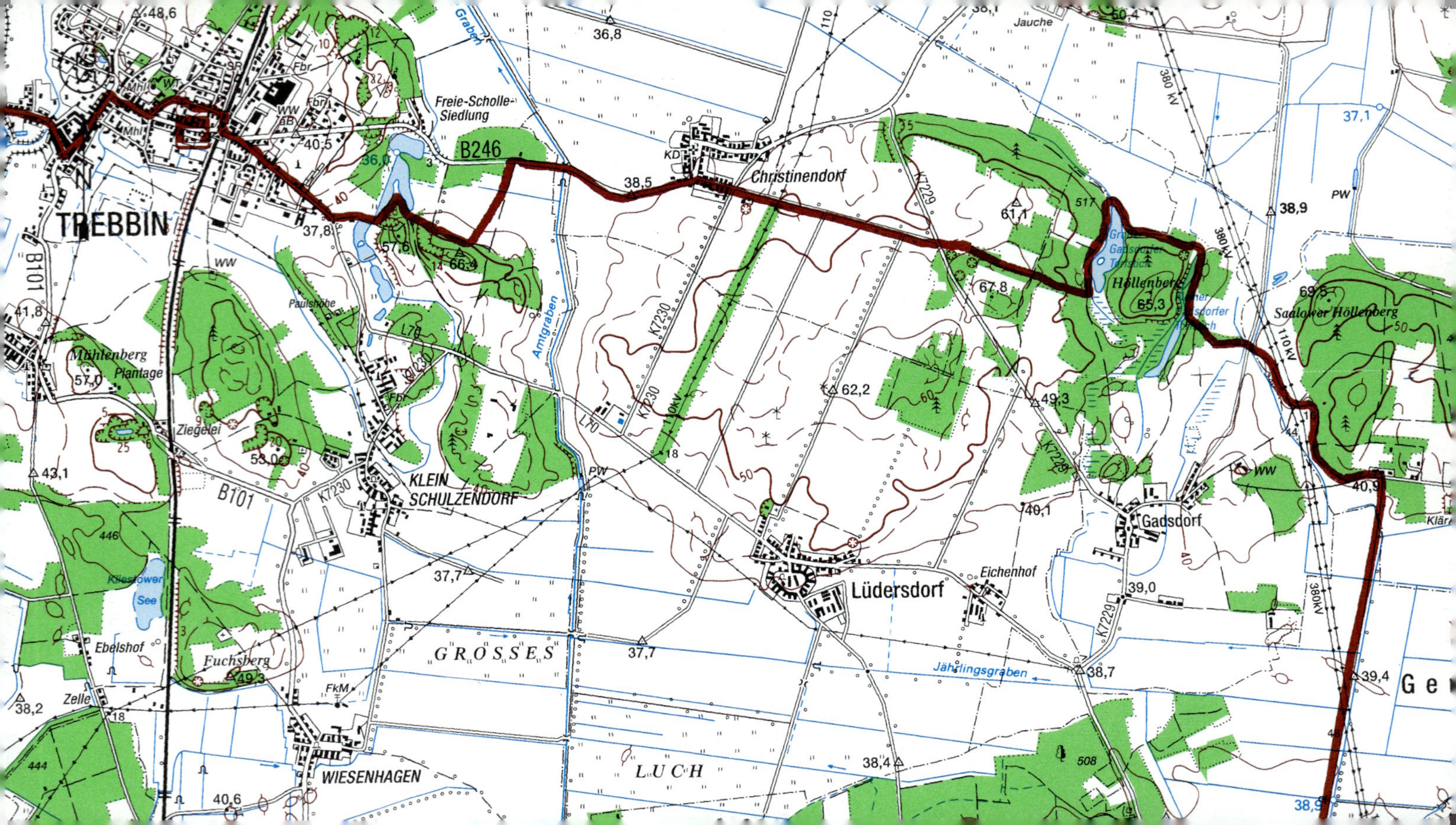
TREBBIN
Freie-Scholle-Siedlung
B246
Christinendorf
KLEIN SCHULZENDORF
Lüdersdorf
Gadsdorf
Eichenhof
WIESENHAGEN
GROSSES
LUCH
Höllenberg
Saalower Höllenberg
Mühlenberg
Plantage
Ziegelei
Paulshöhe
Amtgraben
Graben
Jährlingsgraben
Kliestower See
Ebelshof
Fuchsberg
Zelle
Jauche
B101
K7230
K7229
L70
380 kV
110 kV

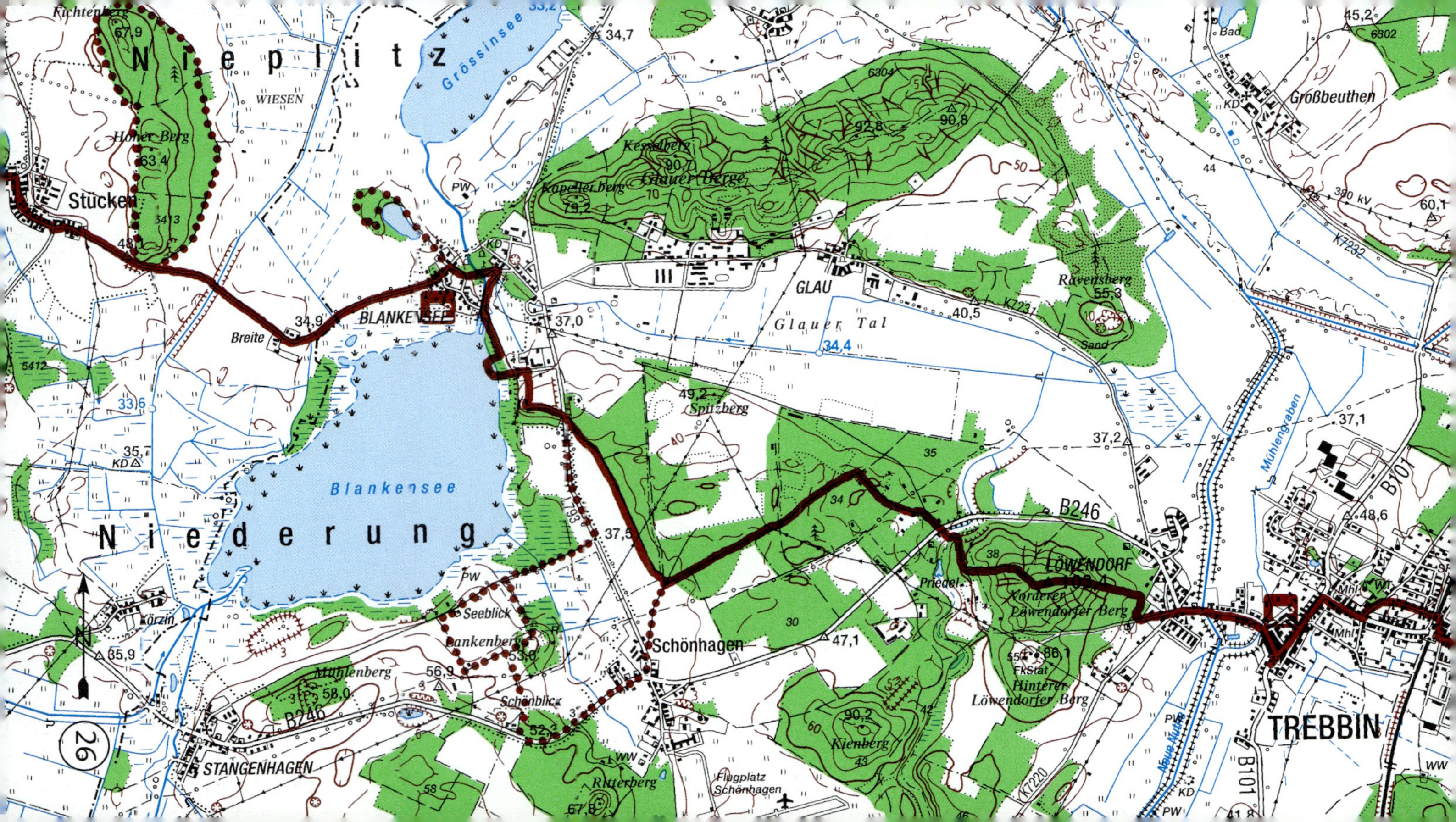

Nieplitz Niederung
Stücken
Hoher Berg
Fichtenberg
WIESEN
Grössinsee
BLANKENSEE
Blankensee
Breite
Glauer Berge
Kesselberg
Kapellenberg
GLAU
Glauer Tal
Ravensberg
Großbeuthen
Spitzberg
Schönhagen
Seeblick
Schönblick
Mühlenberg
STANGENHAGEN
Ritterberg
Flugplatz Schönhagen
Kienberg
LÖWENDORF
Vorderer Löwendorfer Berg
Hinterer Löwendorfer Berg
Priedel
TREBBIN
Mühlengraben
Neue Nuthe
B246
B101
K7220
K7232
380 kV
26

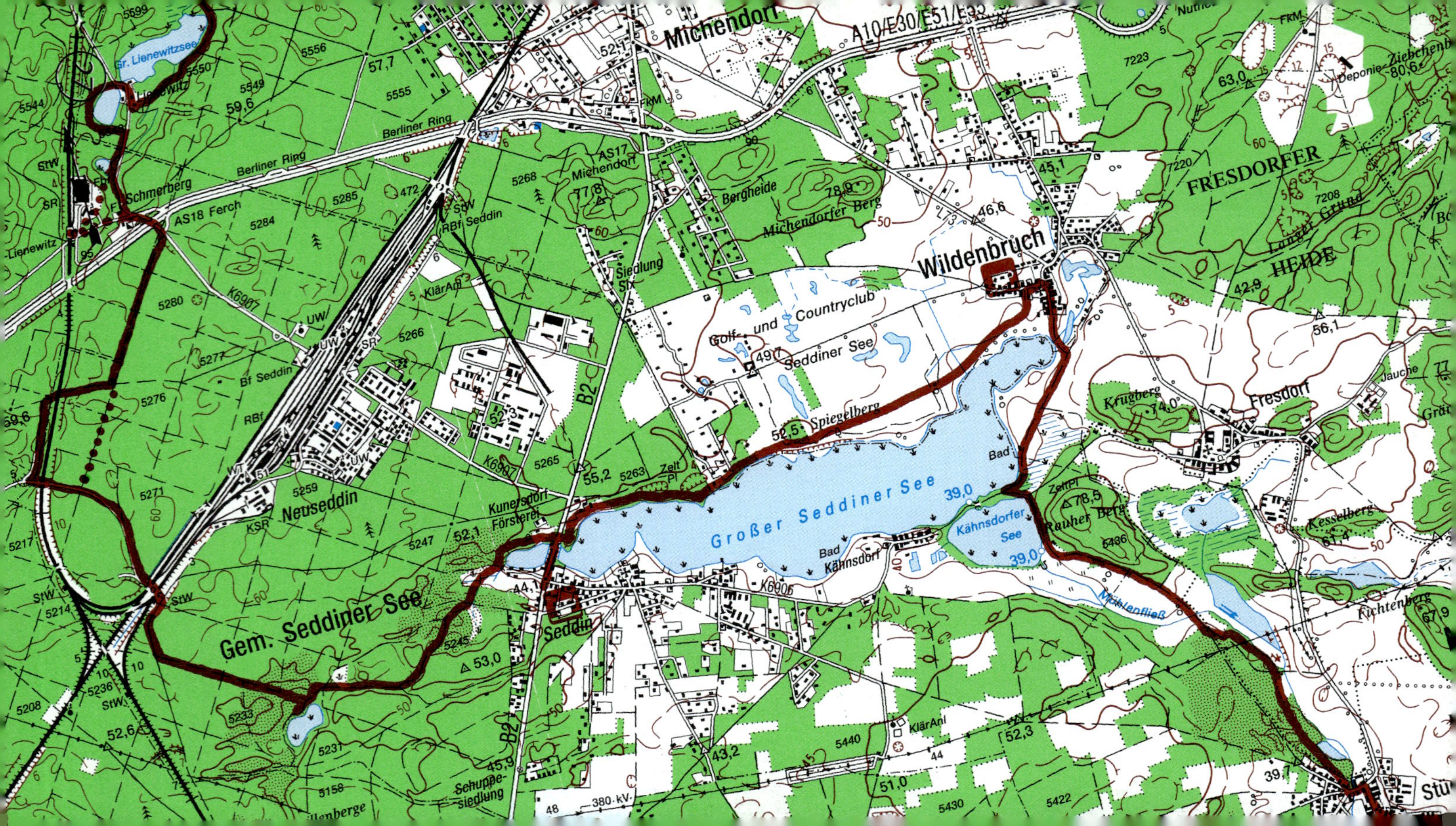

Michendorf
A10/E30/E51/E55
Gr. Lienewitzsee
Lienewitz
Berliner Ring
AS17 Michendorf
AS18 Ferch
Schmerberg
Bergheide
Michendorfer Berg
FRESDORFER HEIDE
Deponie
Wildenbruch
Golf- und Countryclub Seddiner See
Spiegelberg
Siedlung
RBf Seddin
Bf Seddin
KlärAnl
Neuseddin
Kunersdorf Försterei
B2
Krugberg
Fresdorf
Großer Seddiner See
39,0
Kähnsdorfer See
Kähnsdorf
Bad
Rauher Berg
Kesselberg
Mühlenfließ
Fichtenberg
Seddin
Gem. Seddiner See
Schuppe-siedlung
380-kV

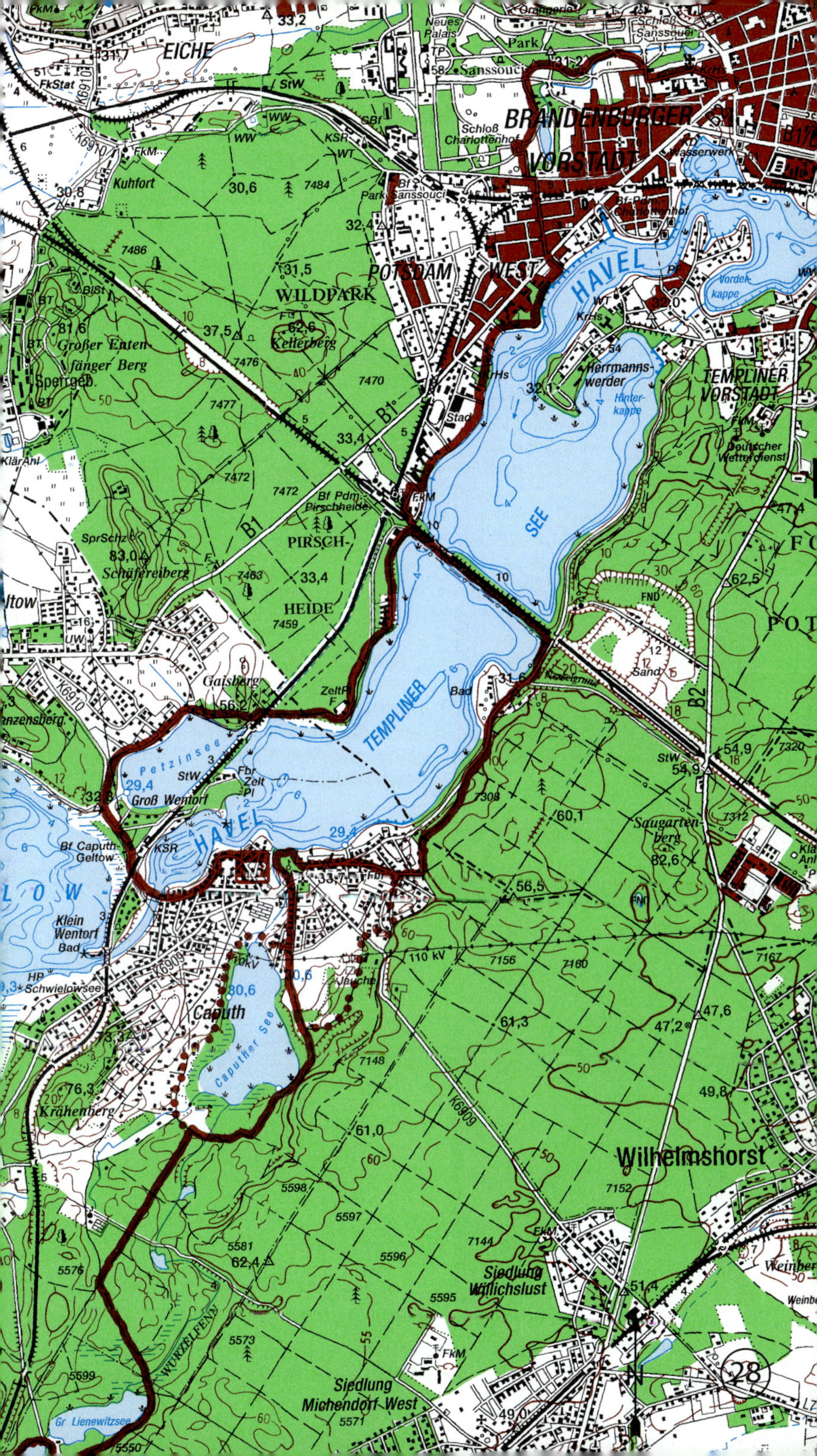
EICHE
Neues Palais
Park Sanssouci
Orangerie
Schloß Sanssouci
Schloß Charlottenhof
BRANDENBURGER VORSTADT
Wasserwerk
Bf Park Sanssouci
Bf Pdm Charlottenhof
Kuhfort
POTSDAM WEST
HAVEL
Vorderkappe
WILDPARK
Kellerberg
Großer Entenfänger Berg
Sperrgeb.
Herrmannswerder
Hinterkappe
TEMPLINER VORSTADT
Deutscher Wetterdienst
SEE
Bf Pdm Pirschheide
PIRSCH-
HEIDE
Schäfereiberg
Gaisberg
Petzinsee
Groß Wentorf
TEMPLINER
Kesselgrund
Sand
Bf Caputh Geltow
Klein Wentorf
HP Schwielowsee
Caputh
Caputher See
Krähenberg
Saugartenberg
Wilhelmshorst
Siedlung Wilhelmslust
WURZELFENN
Siedlung Michendorf West
Gr Lienewitzsee
28

Trescher Verlag

Reihe Berlin-Brandenburg

Baden in und um Berlin
Pack die Badehose ein
ISBN 3-928409-71-9

Brandenburg einst & jetzt
Das Bild der Mark in historischen und aktuellen Farbfotografien
ISBN 3-928409-92-1

Brandenburg entdecken (I)
Prignitz, Ruppiner Land, Uckermark, Barnim
ISBN 3-928409-63-8

Brandenburg entdecken (II)
Märkische Schweiz, Spreewald, Lausitz
ISBN 3-928409-64-6

Brandenburg entdecken (III)
Potsdam, Elbe-Elster-Gebiet, Fläming, Havelland
ISBN 3-928409-65-4

Burgenführer Brandenburg
Holde Frauen, finstere Ritter, verwunschene Schätze
ISBN 3-89794-006-X

Essen in Brandenburg
Ein kulinarischer Wegweiser
ISBN 3-928409-87-5

Große Radtour um Berlin
Um die Hauptstadt in 42 Tagen
ISBN 3-928409-77-8

Potsdam entdecken
Streifzüge durch die brandenburgische Hauptstadt
ISBN 3-89794-010-8

Wandern in der Schorfheide
Touren durch eine ungewohnliche Landschaft
ISBN 3-89794-009-4

Trescher Verlag im Internet unter www.trescherverlag.de mit ausführlichen Infos über alle unsere Bücher und Onlineshop